LA FRANCE QUI A FAIM

DE LA MÊME AUTRICE

Le Blé dans la tourmente
La violence sur le « paysage » du Kurdistan irakien
Éditions du Panthéon, 2018

Bénédicte Bonzi

LA FRANCE QUI A FAIM

Le don à l'épreuve des violences alimentaires

Éditions du Seuil
57, rue Gaston-Tessier, Paris XIXe

ISBN 978-2-02-148083-2

www.seuil.com

INTRODUCTION

C'EST L'HISTOIRE DE PAULO, VOUS LA CONNAISSEZ ?

Mardi 17 janvier 2017, 20 h 30, le camion de la maraude[1] des Restos du cœur effectue son premier gros arrêt. Des enfants jouent pendant que leurs mères discutent en polonais. À quelques mètres, des hommes de toutes origines boivent et fument. Au milieu de cette place, une femme vêtue comme une petite fille attend toute droite, l'air inquiet, tandis qu'un ancien magistrat brisé par la perte brutale de son fils circule avec un Caddie de supermarché chargé de pains qu'il vient de récupérer à la boulangerie pour lui et les autres. Plus loin, deux frères chômeurs de l'industrie automobile sont là, le regard effacé, aux côtés de toutes ces personnes que nous reconnaissons, nous les bénévoles habillés de nos gilets jaunes[2].

Pour ne pas perturber trop longtemps l'espace public, et pour que les personnes n'attendent pas plus longtemps dans le froid, nous allons vite. Face à nous s'organise une file d'attente. Une file installée dans des dispositifs d'urgence qui durent. Sur cet arrêt, la moitié des personnes sont logées en hôtel social et n'ont les moyens ni de s'acheter à manger ni de cuisiner.

Après un repas vite englouti, c'est l'attroupement à la porte du camion. Ces personnes demandent du lait, des céréales, du papier toilette, des chaufferettes... Il faut jongler. Privilégier les familles avec enfants pour

le lait et les céréales, cacher du papier toilette pour en avoir encore aux autres arrêts. Il est plus de 21 heures quand nous repartons.
Dans une maraude, dès le premier arrêt, le tempo est lancé, il faut bricoler, s'adapter, pour essayer de satisfaire le mieux possible, ou le moins mal...
Une fois remontés dans le camion, nous nous préparons pour le prochain arrêt. J'ignore alors que je vais vivre un moment marquant. Je ne sais pas que dans quelques minutes mon estomac va se nouer d'angoisse et rester ainsi plusieurs jours durant. Je sais simplement que je vais à la rencontre de Paulo.
Comme indiqué sur notre fiche de route, je lui téléphone pour lui annoncer notre passage imminent. Il ne répond pas. J'appelle plusieurs fois. Je laisse un message. Alors que nous arrivons à proximité du lieu habituel, un abribus, je sors du camion et le cherche. Personne. Alors que je renonce, mon téléphone sonne. Il est bien là, sur cette place, mais je ne l'ai pas vu car il se cache. Il pense être la cible de harcèlement téléphonique. Il me raconte son angoisse, ses stratégies pour y faire face, sa solitude aussi. Gueule cassée, visage crispé, vêtements grisâtres, et cabas plein de sacs plastique. Épuisé et apeuré, Paulo explique avec force arguments les rejets qu'il subit d'une institution à l'autre. Il a froid et mal à un bras qu'il tient en écharpe. Il sort de l'hôpital. Je touche sa main enflée, elle est très chaude, ce qui m'inquiète, mais pas lui. J'essaie de savoir ce qui s'est passé. Il me répond avec détachement, voire une certaine fierté : « Une fracture, une broche, ça faisait trop mal, j'ai retiré la broche moi-même. » Faut-il le croire ? J'imagine cette opération l'alcool aidant, la solitude de la rue, la douleur terrible. Je frémis. La distance avec laquelle il nous parle de cette inquiétante blessure physique contraste avec la douleur avec laquelle il nous a dépeint son isolement, cette impossibilité d'être quelque part. Nous lui demandons s'il a faim, il dit oui, mais il dit surtout qu'il a besoin de dormir au chaud. Il n'en peut plus. Il insiste. Je téléphone au 115, mais il n'y a pas de place.

> C'est à mon tour d'insister, « Ce monsieur sort de l'hôpital, nous sommes en alerte grand froid, il n'y a vraiment aucune possibilité ? » L'écoutante est assez confuse : quelqu'un n'aurait pas donné l'ordre de déplier les lits. Je regarde Paulo, et je m'applique à ne pas montrer ma colère, mon incompréhension, je peine à trouver les mots. Il a compris. Alors il me dit : « OK, sers-moi une grande bouteille de café, je vais marcher toute la nuit pour pas crever. » Ces paroles nous glacent, mon collègue et moi. Je m'exécute, je mets beaucoup de sucre, comme si ça pouvait compenser... Mon collègue lui donne un deuxième sac dessert. Nous comblons le vide en essayant de faire plus quand nous avons juste le sentiment de ne pas faire ce qu'il faut. Nous poursuivons notre maraude la peur au ventre. Qui serait responsable si Paulo était retrouvé mort demain ?
>
> Extrait de journal de terrain.

Ce qui est arrivé cette nuit-là m'a questionné sur ma responsabilité, sur mon rôle de bénévole, de chercheuse, de citoyenne. Parce qu'il s'agit d'un événement parmi tant d'autres, il aurait pu s'estomper avec le temps. Mais il s'est retrouvé au cœur de l'article d'une journaliste qui, exceptionnellement[3], nous accompagnait. L'invisible est devenu visible. Et quand, quelques semaines plus tard, j'assiste à une réunion de bilan du plan hivernal organisé par la Direction régionale et interdépartementale de l'hébergement et du logement (DRIHL), je ne peux pas me taire. Une chargée de mission du Service intégré de l'accueil et de l'orientation (SIAO)[4] présente des chiffres pour la période de grand froid niveau 2, du 17 au 27 janvier : « 233 orientations pour 158 places disponibles, qui nous ont permis de répondre à 100 % de la demande au 115 pendant sept jours. » Traduction : « 233 orientations sur 158 places disponibles » signifie que plusieurs personnes ont « tourné » sur la même place. « Une réponse de 100 % pendant sept jours du 17 au 27 janvier » indique en creux que trois jours n'ont pas été couverts. Les chiffres révèlent un manque de places et certainement des remises à la rue. Le 17 janvier, c'est cette nuit où Paulo aurait pu mourir. Pourtant, sous l'annonce d'un taux de réponse à la demande de 100 % sur sept jours, personne ne peut savoir ce qui est arrivé à Paulo, son histoire devient invisible. Je prends donc la parole. Je raconte cette nuit du 17 janvier, mon appel, la phrase de Paulo, et je demande : « Qui est responsable si ce monsieur meurt ? » On me répond que tout le monde est conscient qu'on ne répond pas à 100 % de la demande, mais qu'il faut souligner l'action menée collectivement, l'énergie collective déployée.

Très bien, mais qui est au juste ce collectif ? Qui a vraiment rencontré Paulo et connaît son histoire ? Chaque soir, les bénévoles engagés pour distribuer de la nourriture sont témoins de la répétition de situations d'extrême urgence, ils affrontent les mêmes difficultés année après année. Ils alertent et constatent qu'aucune réponse n'est apportée dans le long terme. Les milliers de repas distribués sont indispensables, mais les causes du mal perdurent. Des chiffres produits par une institution masquent les manques que les bénévoles dénoncent haut et fort. Outre le cas de Paulo, cette maraude dévoile dans la pratique même des bénévoles l'obligation de devoir faire des choix faute de moyens. Alors qu'ils viennent aider en donnant un peu de leur temps, les bénévoles doivent arbitrer qui aura le droit à un rouleau de papier toilette ! Comment respecter la dignité de l'autre quand on ne peut pas répondre à ce genre de demande ? Comment gérer cette impression d'humilier celui qui se montre « nu »[5] dans un besoin aussi basique que celui de papier toilette ?

Dans la file de l'aide alimentaire, la personne cherchant à se procurer à manger a de nombreux besoins (logement, hygiène, santé, etc.). Poser un regard critique sur l'aide humanitaire en général et l'aide alimentaire en particulier requiert une vision complexe et sans tabou sur tout un système. Comment aidons-nous, comment aimons-nous, comment et avec qui faisons-nous société lorsque nous partageons le pain ?

La lorgnette de l'alimentation et du don qui lui est associé permet de visualiser les fils qui relient l'aide alimentaire à un système alimentaire[6] composé d'acteurs bien réels et puissants. L'enjeu n'est pas de critiquer l'aide portée par les bénévoles, mais de proposer une critique de ce qui structure l'aide alimentaire et d'interroger sa place et son rôle dans le système alimentaire dont elle est une composante. Ce livre souhaite aider à comprendre pourquoi les choses empirent depuis trente ans malgré tout ce qui est fait ! Les Restaurants du cœur, tout comme leur fondateur, Coluche, sont devenus des monuments – visibles surtout de l'extérieur. À travers le concert des Enfoirés et la collecte nationale, tout le monde pense savoir ce qu'est l'aide alimentaire et pouvoir agir à travers un don. Pourtant, ce qui fait battre le cœur de cette structure est moins glamour. Il s'agit de l'engagement des bénévoles, qui affrontent au quotidien des situations *anormales*. Ethnographier la vulnérabilité[7], rendre visible l'invisible, déconstruire un discours officiel par des observations fines, sortir de la logique des comptages et des pourcentages, montrer les hommes, les femmes et les enfants dans leur souffrance et leur résistance, c'est ce à quoi l'histoire de Paulo et des autres nous oblige. Observer cette réalité que notre société tient à la marge, c'est tirer des leçons pour se corriger. Bénévole, donateur, donataire, prescripteur, nous sommes tous d'une manière ou d'une autre concernés de près ou de loin par l'aide alimentaire, parce qu'elle est constitutive de la politique alimentaire. La crise sanitaire a permis de se poser de nouvelles questions, et cet ouvrage propose modestement des éléments pour réfléchir collectivement à ce qu'il est impérieux de changer.

La réalité des « violences » sur le terrain de l'aide alimentaire

Voici le contexte : certains ont de la nourriture tandis que d'autres n'en ont pas, dans un pays où elle abonde. D'après les chiffres de l'Agence de l'environnement et de la maîtrise de l'énergie (ADEME), 10 millions de tonnes de nourriture sont jetées chaque année[8]. Si le petit déjeuner pèse environ 500 grammes et chacun des autres repas 1 kg, un individu mange chaque jour 2,5 kg de nourriture, soit 912,5 kg par an. Avec ces 10 millions de tonnes ce sont près de 11 millions de personnes qui pourraient se nourrir s'ils avaient accès à cette nourriture. Face à ce chiffre, un autre. D'après un seuil de pauvreté conventionnellement fixé à 60 % du revenu médian, l'Insee estime entre 5 et 8,9 millions de personnes pauvres, c'est-à-dire de personnes touchant moins de 1 015 euros par mois. Au lendemain de la crise sanitaire du Covid-19, les associations chiffrent à environ 7,9 millions le nombre de personnes ayant recours à l'aide alimentaire. (Ce chiffre était de 2 millions avant la crise de 2008, de 4,5 millions en 2008, et au lendemain de la crise sanitaire, il aurait encore une fois doublé !) La pauvreté rend l'accès à la nourriture difficile, et ce n'est pas tout. La pauvreté assigne à ceux qui en souffrent une certaine qualité d'aliments : souvent les moins sains, et ceux qui sont produits dans les conditions les plus polluantes. Lorsque la loi de lutte contre le gaspillage alimentaire oriente le don de produits dont personne n'a voulu vers les pauvres, le message est brutal. « Quand on rentre chez nous et qu'on voit ces produits avec les dates dépassées, on se dit, mais on est quoi pour qu'on nous donne ça, c'est bon ou c'est pas bon ? » m'a confié un jour Malika. Pourquoi l'aide alimentaire devrait-elle nécessairement recycler les surplus de production, les invendus ? Cette logique rend tout choix alimentaire impossible, alors que les textes nationaux et internationaux qui concernent les droits fondamentaux des personnes à l'alimentation mettent les choix et la dignité au centre. Cet écart entre la prescription et les moyens alloués plonge les bénévoles dans une équation impossible, car elle les dépasse.

Les aspects historiques et contemporains de l'accès à l'alimentation, largement décrits par Paul Ariès[9], montrent à quel point la nourriture est au cœur des politiques et des dominations sociales : une politique agricole qui impose de produire toujours plus, une politique libérale qui laisse le marché fixer les règles de l'offre et de la demande, et une politique sociale basée sur le don, soucieuse de coûter de moins en moins cher, voire de devenir rentable. La quête de rentabilité, de profit et de création de nouveaux marchés qui structure notre système alimentaire génère ce qu'il faut bien appeler des violences alimentaires, que le travail anthropologique peut aider à rendre visibles et pensables, en décrivant précisément ce que vivent les personnes qui en sont les victimes.

L'anthropologie dévoile alors que la première chose que permet l'aide alimentaire, c'est le maintien de la paix sociale. Donner de la nourriture ne permet pas aujourd'hui en France de lutter contre la pauvreté, cela permet qu'il n'y ait pas d'émeutes de la faim, de vols. En d'autres termes, cela réfrène la violence liée à un droit non pourvu. Observer les acteurs de l'aide alimentaire dans la distribution de denrées met face aux choix politiques de l'État dans sa gestion de la pauvreté, mais aussi de l'agriculture, car l'alimentation ne vient pas de nulle part et elle ne va pas n'importe où. Dès le début de la chaîne, au niveau de la production, la tonalité est donnée. Pour nourrir tout le monde, il faut aussi produire pas cher, donc en masse, au détriment d'une certaine qualité, avec les aides de la politique agricole commune (PAC). La valeur des productions du système alimentaire est tellement basse que celui qui produit de quoi manger ne peut pas en vivre dignement, et que, malgré tout, ce prix est trop élevé pour que presque 8 millions de personnes puissent y avoir accès.

Le fait que des personnes ne puissent pas subvenir elles-mêmes à leurs besoins alimentaires et se retrouvent à faire la queue pour prétendre à des aides atteste que l'accès à l'alimentation n'est pas garanti par l'État français. Ce dernier en a pourtant pris l'engagement à travers l'article 25-1 de la Déclaration universelle des droits de l'homme de 1948, mais aussi par l'article L 230-1 de la loi n° 2010-874 de modernisation de l'agriculture et de la pêche, qui stipule que :

> La politique publique de l'alimentation vise à assurer à la population l'accès, dans des conditions économiquement acceptables par tous, à une alimentation sûre, diversifiée, en quantité suffisante, de bonne qualité gustative et nutritionnelle, produite dans des conditions durables. Elle vise à offrir à chacun les conditions du choix de son alimentation en fonction de ses souhaits, de ses contraintes et de ses besoins nutritionnels, pour son bien-être et sa santé. [...]

Les inégalités liées au non-respect de ces textes se perçoivent dans l'aide alimentaire, lorsqu'une bagarre éclate entre deux hommes pour un éclair au chocolat. L'injustice qui lui est associée saute aux yeux d'une bénévole pour qui la violence, c'est de voir des enfants, des jeunes, ceux qui n'ont encore fait aucun choix dans leur vie, obligés à venir chercher de la nourriture au camion des Restos du cœur la nuit. L'iniquité est palpable au sein d'une file d'attente devant un centre de distribution, quand 200 personnes attendent plus de deux heures dans le froid pour quelques kilos de nourriture, et cela deux fois par semaine. La violence subie est mise en mots par cette mère de famille qui confie la difficulté de venir pousser la porte des Restos : « Quand tu viens là, tu avales ta face, mais faut le faire pour les enfants ! »

Si l'action des Restos du cœur et d'autres structures de l'aide alimentaire semble contenir jusqu'à présent la violence subie en apportant une forme d'accès à l'alimentation, ne nous y trompons pas : le don de nourriture n'est pas l'« accès » signifié par la loi. D'où cette violence systémique et structurelle[10] vécue tant par les Restos du cœur en tant qu'organisation, que par les bénévoles et les bénéficiaires. Une violence éthique[11] générée par ce décalage entre un système d'idées posé comme universel (le devoir de ne pas laisser mourir de faim), et la réalité vécue par les individus. L'inadéquation entre l'universel et la réalité vécue installe une situation de tension, palpable sur le terrain, explosive lorsqu'une simple étincelle fait éclater la colère, la détresse, la douleur.

Alors de quoi le don de nourriture est-il le nom ? Qu'est-ce qui préexiste à l'obtention d'une aide et la conditionne dans une certaine forme ? Décrire ces violences à partir du « point de vue des offensés[12] », qui ne se révoltent pas ou peu, propose une perspective judiciarisable. La description par les bénéficiaires de l'aide alimentaire d'atteintes morales et physiques engendrées par l'expérience du non-respect d'un droit fondamental rend visible un fait. Ce qui permet d'interroger les responsabilités à la racine de cette tragédie[13] : vivre dans l'abondance mais ne pas faire en sorte que chacun mange à sa faim.

Ce fait permet également de considérer la relation de don qui relie bénévoles et bénéficiaires comme une résistance, un agir viscéral. Les bénévoles éprouvent et gèrent cette violence. Ils sont au cœur du cyclone, ils déploient une énergie incroyable pour rester debout et ne pas lâcher les mains qui s'accrochent à eux. Ils résistent sans pouvoir s'attaquer aux origines d'un phénomène qui les dépasse, mais ils ne lâchent rien. Pourquoi ? Qu'est-ce qui fait que certains « donnent » : la charité, l'humanisme, le droit, l'abattement fiscal ? Et qu'est-ce que donner : offrir, « faire alliance », rendre ? Qu'est-ce que l'on donne : des produits destinés à être jetés, des surplus de production, des invendus, des produits « neufs » ? À qui est-ce que l'on donne : à tous ceux qui se présentent, aux pauvres, aux sans-papiers, aux sans domicile fixe ? Comment est-ce que l'on donne ? Quels sont les gestes ? Que signifient-ils dans l'échange ? Qu'est-ce qui permet de contenir, dans la situation du don, la domination que recèle toute relation d'aide, voire de faire du don un moteur de dignité et de citoyenneté ? Et enfin, que révèle l'exercice du don de nourriture aujourd'hui, dans une société d'abondance et un monde agricole en grande difficulté ?

Pour répondre à ces questions, ce livre, divisé en quatre parties, propose de penser autrement l'aide alimentaire, de la relier aux choix de la politique alimentaire et à ses incidences sur les hommes et l'environnement.

Pour mieux comprendre ce qu'est le don alimentaire, la première partie rappelle pourquoi et comment le don est essentiel en anthropologie. Elle présente les Restaurants du cœur depuis leur naissance en 1985, ainsi que les transformations concomitantes du monde agricole. Lier les éléments de la chaîne alimentaire les plus éloignés – la production alimentaire et l'aide alimentaire – permet de comprendre le système alimentaire dans sa globalité. Cette première partie discute enfin l'intérêt de mobiliser l'anthropologie du don pour parler d'une question habituellement débattue dans le cadre de l'humanitaire.

C'est ensuite la faim des bénéficiaires de l'aide alimentaire qui est décrite à travers une ethnographie du non-respect de leurs droits. Cette deuxième partie décrit des situations de pauvreté dans leurs diversités, sans prétendre à une quelconque exhaustivité. Elle parle moins des pauvres que des personnes aux prises avec la pauvreté. Mon choix est de décrire les personnes dans la situation qui les place à un certain endroit et rôle dans les rouages de l'aide alimentaire. Dans cette ethnographie, les lieux propres aux distributions alimentaires sont visités, les principaux protagonistes présentés.

L'agir des bénévoles est l'objet de la troisième partie, qui montre pourquoi et comment ils agissent face à l'injustice. Cherchent-ils à mieux ordonner les choses, à revendiquer la capabilité[14] des bénéficiaires de l'aide alimentaire ou à résister ? Le propos est de faire ressortir que, malgré la force de travail du bénévolat, la puissance de chaque individu mise bout à bout ne permet pas de répondre au droit à l'alimentation, tout en permettant beaucoup de choses.

Notre dernière partie, quant à elle, caractérise les violences alimentaires dans leurs modes opératoires et leurs conséquences sur les personnes. Cette proposition conceptuelle d'un nouvel objet, les violences alimentaires, s'appuie sur la description de ce qui s'apparente à un marché de la faim. L'analyse, plus politique, nous plonge dans une asymétrie sociale. Car force est de constater que, lorsque les bénévoles distribuent leur plat de résistance, c'est avant tout une population économiquement à l'abri qu'ils protègent des conséquences de la pauvreté (vols, révoltes, émeutes de la faim). Est-ce vraiment leur but, et, si non, vers quelle nouvelle forme de résistance se diriger aujourd'hui, plus de trente ans après la création des Restos ?

L'histoire de Paulo doit transformer le regard porté habituellement sur l'aide alimentaire. Comment sortir d'une urgence qui dure depuis plus de trente ans et condamne des millions de personnes à l'invisibilité ? Ce livre souhaite alerter sur les conséquences d'une politique alimentaire qui fait usage de l'aide alimentaire à d'autres fins que l'éradication de la pauvreté. L'objectif est de façonner un regard capable d'inclure l'enjeu de la production agricole à l'enjeu humaniste de ceux qui résistent aux effets de ce système et composent des possibles malgré tout.

Une enquête au cœur des Restos

Cet ouvrage résulte d'un travail de thèse d'anthropologie sociale réalisé dans le cadre d'une bourse PICRI (partenariats institutions-citoyens pour la recherche et l'innovation). Cette bourse a permis de travailler *avec* des bénévoles des Restos du cœur et certains bénéficiaires et non pas *sur* eux. L'intérêt d'un tel dispositif est de donner de la place aux acteurs et les faire dialoguer pour qu'ils orientent les axes de la recherche et pourvoient les chercheurs de leurs connaissances. Plus que des enquêtés, ils sont des parties prenantes, des experts. Mon implication à leur côté s'est effectuée dans des rapports les plus symétriques possibles (il serait illusoire de penser que la casquette d'universitaire puisse complètement disparaître et qu'elle n'influerait pas sur le terrain). Notre équilibre tenait au fait qu'ils participaient à la recherche, et que je participais à leurs actions. Nous avons pour cela créé des temps propres aux échanges. Mes engagements se sont déroulés en milieu urbain, en Seine-Saint-Denis, et en milieu rural dans le sud-est du territoire. J'ai participé au cours des cinq ans de recherche aux activités de centres de distribution alimentaire, et aux maraudes alimentaires du 93 qui consistent en la distribution de repas chauds chaque soir (de 20 heures à 1 heure du matin) en camion, à travers sept tournées d'environ 40 à 80 kilomètres.

J'ai recours dans ce livre à la citation d'extraits de mon carnet d'enquête. Il ne faut en rien y voir une envie de me mettre en scène ou en avant, mais au contraire, le besoin de déjouer la position trop confortable, en surplomb et distanciée, de celui qui conduit la recherche. Lucide sur le fait que mes postures et mes actions ont induit des choses tout au long de mon travail sur le terrain, il me semblait honnête d'en faire état et de traiter mes ressentis comme mes autres matériaux et ainsi de les donner à voir.

Outre cette spécificité, ma méthode d'enquête s'appuie sur les outils classiques de l'anthropologie. Consciente des risques que représentent les zones d'ombre en termes de sous- ou surinterprétation, je me suis appliquée à constituer des corpus denses et diversifiés. Le principal intérêt étant de ne pas glisser dans des affects, mais de les utiliser pour mesurer, éprouver et comprendre les situations. J'ai ainsi écrit des journaux de terrain différenciés pour chacun des lieux, et cette distinction m'a permis de voir les évolutions propres à chacune des structures avec lesquelles j'œuvrais. Ce travail d'écriture a été complété par la prise de nombreuses photos, films et par la conduite d'entretiens non et semi-directifs.

Enfin, le cadre de la recherche-action[15] a donné lieu à la création d'outils avec les bénévoles en réponse à des problématiques identifiées ensemble sur le terrain. Plusieurs actions ont été conduites : groupe d'analyse des pratiques, module de formation, écriture d'un livret, élaboration d'un jeu de plateau. Ces actions ouvrent un accès à des matériaux d'une grande richesse sur l'engagement des bénévoles et la réflexivité des groupes. Ce qui se dit et s'échange dans les interactions de groupe révèle une dimension que les entretiens ne permettent pas d'obtenir. Les interactions sur les réseaux sociaux, WhatsApp, ou encore les échanges de courriels ont été également des moyens de saisir les enjeux de ces maraudeurs, leur manière de communiquer et de s'organiser.

Ainsi, l'enquête et la collecte de mes matériaux révèlent trois niveaux de sens[16] entrecroisés dans le présent ouvrage. Tout d'abord, le sens donné par les bénévoles de l'aide alimentaire, saisi grâce à une immersion longue et à une forte imprégnation de leur culture de la solidarité. Un sens que j'ai dû partager pour agir avec et comme eux durant plusieurs années. Ensuite, le sens donné par les personnes bénéficiaires de l'aide. Un sens bien différent à saisir, car je n'ai jamais vécu ce que ces personnes traversent, et je tiens à souligner l'humilité et la prudence que je mets dans mes propos face à des parcours dont les douleurs et les épreuves sont souvent inimaginables. Enfin, le sens donné par les institutions, celui à partir duquel des mesures sont prises, celui de la gouvernance de l'aide alimentaire qui produit un discours pragmatique et des dispositifs efficients. Ces trois niveaux permettent de souligner une diversité de points de vue face à une situation commune et d'en extraire les enjeux politiques liés à un projet de société déclaré, prôné, subi ou désiré. Je propose ici de briser la chaîne alimentaire qui entrave d'un côté le monde paysan et de l'autre les bénéficiaires de l'aide alimentaire, pour découvrir un système avec ses forces, ses faiblesses et ses possibles, et ainsi mettre au jour les transformations qu'il nécessite.

Première partie

POLITIQUES DU DON À L'HEURE DU NÉOLIBÉRALISME

> La question du don, c'est de savoir s'il existe une autre intention que celle de donner chez le donneur, et notamment l'intention de recevoir ; autrement dit, si l'intention de donner est non pas le but, mais un moyen elle aussi. Et un moyen pour quelle intention ?
>
> JACQUES T. GODBOUT[17]

1.

1985 : « IL EST MIDI, L'HEURE DE LA FAIM DANS LE MONDE[18] »

Qui d'entre nous n'a jamais donné de l'argent, un Ticket restaurant, un paquet de pâtes pour *ceux qui en ont besoin* ? Parce que nous avons tous été un jour donateurs, nous pouvons aujourd'hui nous demander à quoi a servi notre geste. S'il était encore là, il est probable que Coluche poserait la même question aux Restaurants du cœur. À quoi et à qui servent ces 2 200 antennes et ces 70 000 bénévoles[19] ? Lui qui avait un regard sarcastique sur le monde, que dirait-il d'une société où le dépannage ponctuel est devenu le moyen de nourrir environ 5,5 millions de personnes (d'après les derniers chiffres de la Direction générale des affaires sociales)[20] ? Y verrait-il une injustice ? Dirait-il que c'est violent ? Décrirait-il ce que cela fait aux personnes physiquement et psychologiquement de fréquenter de tels lieux année après année ? Quelle blague aurait-il trouvée pour raconter qu'il y a un ministre, un mec intelligent, qui s'est dit : « Comme on jette trop de bouffe et que ça coûte du fric, et comme y en a qu'ont pas à bouffer, eh bien on va arrêter de jeter et on va aider ceux qui jettent à donner ! » Qu'aurait-il ajouté comme chute ? « Ah mais oui... mais c'est mieux comme ça... ça évite aux mecs d'aller faire les poubelles ! » ou « Non, mais, si... mais non... mais sinon on aurait aussi pu aider les mecs à acheter la bouffe avant de la jeter ?... non ?... moi je dis ça, mais je suis pas allé à l'école ! »

Depuis la création des Restos, les contextes politique, économique et social ont changé. Les dons d'hier ne sont pas les dons d'aujourd'hui. Si la rigueur des bénévoles n'a pas pris une ride, qu'est devenu l'objet politique de la structure ? Car, *in fine*, l'aide alimentaire est là, on ne s'interroge plus sur son bien-fondé, ni sur ses infondés.

Les Restaurants du cœur, naissance et politique d'un mouvement *a*-politique

Michel Colucci, dit Coluche, est humoriste, animateur radio, acteur, co-fondateur de SOS racisme, puis en 1985 des Restaurants du cœur[21]. Il est devenu célèbre lors de la présidentielle de 1974. Il fallait meubler. Un de ses sketchs est diffusé à la télévision : *L'histoire d'un mec.* À cette époque il apporte quelque chose de nouveau. Ses personnages parlent au public. Il incarne la France populaire, il touche. Dès ses débuts Coluche est un funambule, il marche sur un fil qui lie humour, provocation et dénonciation politique. Il le sait et le dit : « On a beau dire que quand on rit de tout, on ne fait pas de politique, on finit toujours par en faire un peu[22]. » Il se sert de ses talents d'imitateur et d'une vivacité d'esprit incroyable pour parler vrai. L'usage qu'il fait des médias pour lancer les Restos du cœur est exceptionnel. Un appel ciblé, une équipe pleine de savoir-faire prête à agir : l'espace d'un instant, la frontière entre ce qui se fait et ce qui se dit s'efface. La machine gigantesque qu'il lance prouve que l'on peut faire quelque chose, que l'on peut toucher aux stocks alimentaires, repenser la répartition !

Pour bien comprendre le contexte dans lequel émerge l'association, revenons en arrière. Au début des années 1980, la France est en crise, le chômage ne cesse d'augmenter, le néolibéralisme s'impose comme la seule voie possible. Si la gauche arrivée au pouvoir en 1981 promettait le changement, sa politique est surtout marquée par le tournant de la rigueur[23]. Dans ces années le racisme s'intensifie : les travailleurs immigrés prendraient le travail des Français. Coluche traite de ces sujets dans ses spectacles, il parle de la classe populaire, à la classe populaire, pour la classe populaire. Il change le ton, il invente un nouvel espace de mise en cause. Habituellement, les artistes qui s'essaient à l'engagement le font dans un espace concédé ; pour Coluche, l'enjeu est de dépasser certains obstacles afin de passer du déclaratif à la mobilisation.

Pour avoir su faire plus que lever des fonds, Coluche est devenu une icône. Il se frotte au pouvoir, parle franchement, ose dire à voix haute ce que tout le monde pense tout bas, et meurt trop tôt, de manière brutale. Autour de son histoire se construit un mythe. Mort accidentelle ou pas ? Spontané et imprévisible, Coluche avait su prouver qu'il pouvait aller très loin, comme en 1981, où il se porte candidat à la présidentielle. Son projet : représenter les abstentionnistes en étant le candidat nul. Lors de sa campagne, il incarne l'espoir d'une alternative au pouvoir tel qu'il s'exerce alors. Il monte dans les sondages. Pour Félix Guattari, Gilles Deleuze, Pierre Bourdieu, Gérard Soulier, Jean-Pierre Faye, Jean Chesneaux qui le soutiennent, il est l'incarnation de l'esprit de 1968. Ces derniers lui proposent de fonder un parti, de lancer un journal. Pour Coluche, l'important n'est pas de séduire ces intellectuels, ni de structurer un mouvement, mais que tout le monde se retrouve sur des préoccupations communes et basiques. Il défend une organisation par le bas qu'il ne veut voir récupérée par personne. Coluche fait peur aux partis politiques, car sa candidature rebat les cartes, il a trouvé une façon de rassembler et d'impliquer des personnes qui ne votent pas, et il atteint 11 à 12 % des intentions de vote. Coluche porte un message puissant en termes de démocratie. Il pense la politique pour tous et par tous. Son franc-parler, son côté provocateur rendent cette campagne de 1981 singulière. Alors qu'une oligarchie communique en son sein depuis des années, Coluche parle à ceux qui ont cessé de voter. Cette prise en compte est révolutionnaire !

> Ma candidature est une plaisanterie à caractère social [...] Alors, comme on a voté pendant trente ans pour des gens compétents et intelligents, je propose qu'on vote pour un imbécile qui n'y connaît rien, c'est-à-dire moi[24].

C'est cela qui enthousiasme le peuple, mais fait de moins en moins rire les hommes politiques. La gauche a peur : peut-il faire perdre François Mitterrand ? Coluche a montré dans ses sketchs qu'il connaît la société française, du flic à l'ouvrier en passant par l'alcoolique, l'ancien combattant, les femmes, etc. Il s'intéresse aux *gens*, à tous les gens. Il sait comment ils vivent, comment ils s'expriment, il connaît leurs us et coutumes. Fils d'immigrés, il appartient à la classe populaire, a un passif de voyou, et il revendique ce parcours comme on revendique l'ENA. Il n'a pas le profil d'un futur président. Lorsqu'il est interrogé par un journaliste quant à un report de voix au profit d'un candidat « sérieux », il répond :

> Je ne me désisterai pour personne [...] Il y a des choses de la vie sur lesquelles ils doivent pouvoir s'engager : foutre la paix aux marginaux, aux immigrés, s'occuper des vieux et des jeunes, désarmer la police, réaliser les transports gratuits, etc.[25].

Malgré ce côté provocateur, en accompagnant les gens vers les urnes, Coluche montre qu'il croit au pouvoir politique lorsqu'il est exercé par le peuple. Il invite les gens à s'en saisir. L'effervescence autour de cette blague est aussi enivrante qu'inattendue pour Coluche et ses proches. Mais en plein élan, la perte d'un ami le fragilise. Il essaie de tenir, mais il abdique suite aux pressions et à la censure dont il est victime durant la campagne (censure qui le conduit à une grève de la faim). Il aura ces mots qui reflètent sa profonde désillusion : « Je suis déçu de mes droits civiques, j'arrête parce que je ne peux pas aller plus loin[26]. » Notons que ce jour-là sa déception est partagée par les abstentionnistes, qui vont pour nombre d'entre eux le rester. Suite à cet épisode, et alors que la pression de cette aventure retombe, sa femme le quitte, Coluche s'effondre. Il traverse des années noires avant son retour marqué par un oscar pour un rôle qui le révèle sérieux, sensible, triste dans le film dramatique de Claude Berri, *Tchao Pantin*. Nous sommes en 1983.

Lors de cette campagne et dans les épreuves de vie qui lui succèdent, Jean-Michel Vaguelsy, ami de jeunesse et bras droit de Coluche, est à ses côtés. Pour lui, la vie de l'artiste est une revendication politique, certes théâtrale, mais une revendication politique dont les Restos sont un aboutissement[27]. Et c'est vrai que le parcours de Coluche est ponctué de dénonciations et de prises de position, entre commentaires à la radio sur la vie politique, sketchs engagés qui traitent de sujets politiques et polémiques, et campagne présidentielle. De plus, avant la naissance des Restos, Coluche est de ceux qui ont créé SOS Racisme, le 15 octobre 1984, et Chanteurs sans frontières en 1985 pour récolter de l'argent pour l'Éthiopie. Des actions dont il doit percevoir les limites, car elles ne remettent pas en cause la gestion politique de l'État français, la famine hors du territoire n'engageant pas le gouvernement sur ses prérogatives. D'ailleurs, dénoncer le racisme, lutter contre la faim dans le monde correspond à certaines valeurs du socialisme, qui vient de prendre la tête du pays. Or, pour Coluche, les socialistes au pouvoir ne prennent pas suffisamment en compte la souffrance des Français plongés dans une crise qui perdure. Jean-Michel Vaguelsy se rappelle les questions de Coluche quant à la création d'une structure d'aide alimentaire bien avant 1985. Après coup, il pense que Coluche attendait le bon moment, et l'histoire prouve qu'il a eu raison d'attendre.

Ainsi, le mouvement des Restos du cœur s'inscrit dans la continuité du parcours d'un homme humaniste et concret. L'absence de politique politicienne, le caractère *a*-politique n'avait pas pour objectif de *dé*-politiser le mouvement, mais bien au contraire de faire de la politique par le bas, avec les mains, pas avec la bouche. Et de le faire en rassemblant tout le monde sans jugement de valeur, sans étiquette.

La recette de Coluche

En 1985, Coluche sait qu'il peut dénoncer, qu'il dispose d'une certaine liberté de parole en jouant au « bouffon du roi ». Il a appris à trouver le ton juste. Il joue avec la liberté et la précarité qu'ont les humoristes à la radio, conscient qu'il peut disparaître des audiences. Il sait que les gens aiment et reconnaissent sa loyauté, il a leur confiance. Coluche n'a pas été le premier à penser la distribution alimentaire, le bénévolat, la défiscalisation, tout cela existe depuis longtemps. Coluche le gourmand, cet homme qui revendiquait son embonpoint, propose une nouvelle recette :

> Parce que quand j'ai dit qu'il ne s'agit pas de charité, mais de redistribution, il s'agit d'excédents de production alimentaire européens bloqués pour des raisons économiques capitalistes. Ils sont bloqués de manière à ne pas être écoulés à des cours inférieurs au marché, parce qu'il y a des quantités excédentaires. Donc cet excédent, il appartient à la société, même si vous êtes pas agriculteur, il appartient à nous tous. Donc c'est normal que ceux à qui la société n'a pas trouvé de travail le bouffent. C'est un minimum. Il s'agit bien de redistribution et pas de charité[28] !

Dans cette perspective de redistribuer, il se démarque par sa manière de mélanger les ingrédients des médias, du showbiz et de l'engagement citoyen dans une grande simplicité. Sa notoriété lui permet d'être aux commandes. S'il a subi une défaite en se trompant de sphère publique lors de son expérience électorale de 1981, cette fois-ci il sait parfaitement comment opérer. Son retour sur la scène médiatique s'accompagne de sa participation au *Jeu de la vérité*, un jeu télévisé où il se montre dans sa réussite et dans sa vulnérabilité avec une honnêteté qui plaît au public. Sa force, c'est d'accepter de ne pas être tout-puissant et de penser que le pouvoir se prend à plusieurs dans l'intérêt de tous.

Coluche, à 41 ans, a trouvé un levier pour inciter à agir. Un levier dont il parle lors d'une conférence, le 27 février 1986, au Grand Orient de France. Il y explicite son projet politique : ce qui indigne peut être combattu, simplement parce que ce n'est pas normal ; la pauvreté n'est pas une composante contre laquelle rien ne peut être fait. Il affirme un refus de la fatalité. Mettre le gouvernement devant le fait accompli, l'obliger à agir ou, *a minima*, à donner les moyens d'agir, a offert la démonstration que des choses sont possibles pour ne pas voir les gens sombrer dans la misère. Il montre avec la première campagne d'hiver des Restos, que des élans de solidarité ne demandaient qu'à naître. Les bénévoles ont révélé qu'ils étaient nombreux à suivre leur cœur et à agir avec leurs tripes. Fort de ce constat, Coluche parle alors de la deuxième étape de son plan. Il prévoit de s'attaquer au chômage, étape qu'il ne veut pas lancer trop tôt car il soutient que deux effets s'annulent, une théorie tirée de son expérience de scène. Les Restos doivent être consolidés, il attend pour la suite. Ainsi, dans sa dernière apparition télévisée, il déclare à propos de son spectacle à venir : « Je me suis retrouvé dans une situation avec les Restos du cœur où ils m'ont tous fait des promesses, alors maintenant je vais les régaler...[29] »

« Ils », ce sont les hommes politiques.

Coluche a su en 1981 réintéresser à la politique des abstentionnistes, et en 1985, il saura, avec les Restos, impliquer de manière concrète la population dans la lutte contre la pauvreté. Les Restos permettent de faire plus que nourrir, ils permettent de passer à l'action. Dans son esprit, tout le monde peut jouer un rôle à son échelle face aux conséquences de la pauvreté. Peu importe les convictions politiques des bénévoles, les personnes qui rejoignent le mouvement des Restaurants du cœur le font car elles ont ressenti un appel dans les mots simples d'un *mec* pour qui « ce n'est pas normal que dans le pays de la bouffe y en ait qui n'en aient pas assez ! ».

Ce « bras de fer » que Coluche propose d'engager contre l'État, nombre sont ceux qui en rêvent, non pas pour être contre l'État, mais pour « être ». Et ainsi prouver qu'il est possible de ne pas rester spectateur du désespoir. La démonstration est simple : il suffit de vouloir changer les choses anormales. Le sens qu'il donne aux actes va de paire avec ses sketchs « il faut faire les choses sérieusement sans se prendre au sérieux » ; par cette rigueur, l'artiste crée un rapport de force qui impose à l'État de s'organiser. Coluche repositionne ce que doit être la norme dans un pays qui produit suffisamment de nourriture et qui a des surplus bloqués à Bruxelles. Ces mots vibrent chez ceux qui s'engagent dans les Restos du cœur. Le moteur de ces bénévoles qui répondent présent fonctionne à l'implication viscérale. Agir répond à un mal-être profond ressenti face à la misère.

L'appel de Coluche fait écho à l'article 25-1 de la Déclaration universelle des droits de l'homme : garantir l'accès à l'alimentation. Comment agir, comment être utile, sont des questions que les personnes se posent face à un problème insurmontable dès lors qu'on est seul. On sent que ça ne va pas quand on croise des personnes à même le sol avec une pancarte « j'ai faim ». Et on a peur de ne pas faire ce qu'il faut, de ne pas faire assez en donnant ou en ne donnant pas. Aux Restos, tout le monde peut jouer un rôle : ceux qui ont du temps sont bénévoles, ceux qui ont un peu ou beaucoup d'argent contribuent financièrement, ceux qui savent chanter font des disques, bref « Y en a(ura) pour tout le monde[30] ». Le projet fonctionne grâce au collectif, et non grâce à Coluche, la preuve en est que le mouvement a survécu à sa disparition. Entouré de professionnels pour la logistique, pour la communication et pour le montage financier, Coluche a conjugué les savoir-faire techniques et le bricolage qui sont des ingrédients majeurs de cette réussite. Ces bricolages ne sont pas à ranger du côté des anecdotes, mais bien de l'identité du projet. Cette flexibilité, ces « oui » rendent possible l'exercice de la solidarité là où les normes et règles des institutions échouent, à cause des « non » censés protéger des risques sanitaires et qui font primer les lois du commerce sur les droits humains. Il fallait l'audace d'un Coluche pour dénoncer avec humour les incohérences du politique – « Écrivez-nous de quoi vous avez besoin, on vous expliquera comment s'en passer ! » –, et son aura pour entraîner des milliers de personnes dans l'action.

La mort de Coluche, dans un accident de moto le 19 juin 1986, a un impact sur l'histoire des Restos. Si l'« esprit Coluche » perdure à travers l'exercice quotidien des petites mains dans les multiples actions des Restos, s'il est célébré chaque année par les Enfoirés, il est néanmoins nécessaire de s'interroger sur ce qu'est devenu le rapport de force institué à l'époque.

Car, si aujourd'hui les Restos du cœur et leurs saltimbanques font partie du décor et permettent à TF1 de réaliser sa meilleure audience de l'année (avec près de 10 millions de téléspectateurs à chaque diffusion de spectacle), les dénonciations politiques des artistes sont éphémères. La pauvreté augmente et prend de nouvelles formes, l'urgence s'est installée, ce qui n'est pas normal. « Ne pas avoir assez à bouffer » devient la norme et des lois apparaissent pour structurer l'aide. Quand ce ne sont plus les richesses qui sont partagées mais les rebuts, voire les déchets, de nouvelles questions d'ordre éthique interpellent notre démocratie et ses politiques publiques de l'agriculture et de l'alimentation.

Dès la constitution des Restaurants du cœur, la critique existe autour des dérives potentielles liées au don. Retenons cet événement de 1995 lors d'une émission télévisée[31]. Romain Goupil, figure de Mai 68, et proche de Coluche lors de sa campagne de 1981, s'énerve et explique pourquoi il n'a pas suivi Coluche sur les Restos du cœur. Selon lui, en donnant 200 francs, les gens s'achètent une bonne conscience, un alibi pour dire qu'ils font quelque chose contre l'exclusion. Jean-Jacques Goldman lui répond que les Restos sont là pour donner à manger à ceux qui en ont besoin, ni plus ni moins. Il poursuit en revendiquant une vision cynique du rôle de l'État. Les mailles du filet de protection de l'État laissent passer les plus vulnérables, et il est nécessaire d'avoir une structure qui puisse les repêcher tout de suite. Cet entre-deux, loin de la charité, s'intéresse essentiellement aux liens qui permettent le partage, car il y a dans les liens des choses qui s'additionnent aux dons de nourriture. C'est de ces dons-là que les Restos ont le plus besoin, du temps, de l'implication, de l'espoir, et c'est cela l'esprit Coluche. La nourriture n'est qu'un prétexte, un moyen de, l'attention et le souci de l'autre et dont la valeur ne peut pas être chiffrée. Cet échange vaut bien plus de 200 francs et fait tenir debout des personnes basculant dans la pauvreté. Il nous révèle quelque chose d'essentiel : il est très difficile de savoir ce que c'est que donner à manger à ceux qui en ont besoin quand on ne l'a pas fait. Donner une boîte de conserve est difficile. Ce n'est pas parce que les Restos l'ont fait simplement que cet acte n'est rien et ne signifie rien. Il est aujourd'hui indispensable de penser le sens d'un tel geste. Ce dernier permet un maillage solide et efficace, une résistance indispensable faute de transformation immédiate. Il serait illusoire de penser que le système alimentaire puisse changer du jour au lendemain. Il serait prétentieux de se permettre de critiquer toutes ces années de luttes et de dons des structures de l'aide alimentaire sans lesquelles, jusqu'à aujourd'hui, aucune transformation n'aurait été possible.

Compromis avec l'injustice instituée, l'aide alimentaire s'inscrit aussi pour beaucoup dans un cadre de résistance. Car résister, ce n'est pas gagner, c'est se positionner, parfois au péril de sa vie, c'est risquer sa liberté pour ses idées. C'est ressentir au plus profond de son être que si on ne fait pas « ça », on ne pourra plus se regarder dans la glace. Si elle n'est pas pourvue de mots politisés, l'action des bénévoles est une revendication politique forte qui passe par le corps et les gestes. Ce phénomène qui unit des personnes de tous horizons est un agir viscéral[32]. Coluche, de même que les bénévoles, agissent par rapport à un contexte qui déclenche chez eux une émotion forte, ils sentent le devoir d'agir, mais aussi libres de le faire dans un mouvement commun. Le don de nourriture est un moyen simple de maintenir le lien social et de lier des personnes face à une injustice. Ensemble, ils existent et sont visibles. Ensemble, ils se battent pour assurer les conditions de survie de milliers de personnes.

Au-delà de cette force et de cette puissance dans l'organisation des Restos du cœur, il est tout de même important de s'autoriser à poser des questions d'ordre structurel, pour comprendre les enjeux concomitants à ce type d'aide et pour situer ce mouvement dans les époques qu'il traverse. En 2020, une frontière se dessine et assigne les gens du showbiz à l'amusement quand ils chantent : « Nous on fait le showohohoh ! » Les spectateurs viennent alors au « cirque » écouter les Enfoirés, quand la distribution du « pain » est assurée par des bénévoles et financée en quelques clics par le particulier et des entreprises privées – et de moins en moins par l'État. L'évolution de l'aide alimentaire doit questionner à la lumière de tout ce que l'on connaît. Elle n'est ni bonne ni mauvaise. Elle est un indicateur d'autre chose : de l'usage du don dans nos sociétés et de la réalité d'un système alimentaire à haute valeur politique ajoutée. Le don contemporain, tel celui de la Rome antique, l'évergétisme[33] décrit par le fait de donner du pain et de l'amusement, a un but : le maintien de la paix. Que dit-il de l'aspect ostentatoire d'un don de domination qui endette car il ne peut être rendu ? Bien entendu nous ne sommes pas au temps des évergètes, mais où sommes-nous ? Pour le comprendre, il est essentiel de s'intéresser à la nourriture dans sa production, de relier la boîte de conserve à un système alimentaire, de penser que la nourriture donnée engage le travail d'un autre, et de comprendre comment ce travail est rémunéré.

Car, pendant ce temps-là dans les champs : une autre politique d'aide s'organise

Nous avons évoqué à travers les propos de Coluche les excédents agricoles. Le modèle qu'il projette s'appuie sur le constat que la Politique agricole commune (PAC) produit des excédents dont on ne fait rien. À son époque, il s'agit de ce qu'on appelle des stocks d'intervention. Coluche propose de les diriger vers des structures capables d'organiser leur répartition. Son idée s'inscrit dans la création, en 1987, du Programme européen d'aide aux démunis (PEAD). Ce programme ne se contente pas de rediriger ces stocks, il permet de troquer ces produits contre d'autres. Ainsi, au départ, l'aide alimentaire est liée à ce que l'agriculture produit en trop, elle fait, à ce titre, partie de la PAC. Pour comprendre la « production » de ces stocks, soit la surproduction agricole, il est important de comprendre comment s'est constituée la

Politique agricole commune, et quelle a été son évolution. À quoi sont dus ces stocks d'intervention que Coluche souhaite utiliser en 1985 ? Comment les agriculteurs en sont venus à une telle production et pourquoi ? Qu'en est-il aujourd'hui ?

Des travaux approfondissent ces questions[34]. Afin d'y contribuer, je propose de partager avec vous l'effet que cette politique a sur les hommes, sur une profession, à travers l'histoire de l'un d'entre eux. C'est l'histoire d'Henri[35], vous la connaissez ?

Henri est producteur de céréales, de betteraves à sucre, de lin et surtout professionnel tributaire des aides de la PAC. La PAC a été initiée par les accords de Rome de 1957, et mise en œuvre à partir de 1962. Au départ, les pays fondateurs visaient l'autosuffisance alimentaire, l'élévation du niveau de vie, la sécurisation de l'approvisionnement et l'équilibre de la balance commerciale.

In fine, cette profonde réforme de l'agriculture permet le développement de la productivité à travers l'intensification des cultures, de l'élevage et la modernisation des fermes. Henri explique avec ironie :

> Ça a tant et si bien marché qu'en 1984 on est arrivé à une situation un peu ubuesque : la surproduction. Notamment pour le lait avec une surproduction de beurre, les États ont dû d'urgence mettre en place ce qu'on a appelé l'intervention : c'est-à-dire racheter le beurre, le stocker et plus tard le revendre sur le marché.

C'est à partir de cette situation ubuesque que les quotas laitiers sont appliqués. Concrètement, ils changent la vie des producteurs laitiers, qui produisent alors en fonction d'un litrage de référence entraînant des pénalités s'il est dépassé. « Pour éviter de payer une pénalité, eh bien, parfois on ouvrait les robinets et on laissait le lait couler dans le caniveau », avoue Henri, qui décrit ce qui pour lui est un des premiers problèmes néfastes de la PAC.

Ainsi, la PAC a conduit à capitaliser et à concentrer l'agriculture, à investir pour produire plus, et ce plus est très vite devenu un trop, un excédent. Nombre de producteurs de lait sont endettés et sans débouchés[36]. La surproduction intensifie la concurrence, le prix du litre de lait vendu est inférieur à son coût de production. Les éleveurs ont besoin des aides pour vivre car leur travail a cessé d'être rémunérateur. Leur surproduction stockée va servir à alimenter d'autres aides. L'aide alimentaire et la PAC sont donc extrêmement liées.

Pour les grandes cultures, c'est en 1992 qu'une prise de conscience du coût de la surproduction déclenche une réaction de la PAC. Un nouveau mécanisme permet alors de vendre les productions au prix du marché, parfois inférieur au coût de production, mais de compenser la perte de revenus sous forme d'aides directes. Henri donne un exemple :

> C'est-à-dire qu'en 1991 mon père vendait du blé à 200 euros le quintal, ça lui permettait de vivre, de couvrir ses charges, de nourrir la famille.

En 1992 lorsque cette réforme est arrivée, nous vendions le blé entre 150 et 140 euros la tonne (sachant qu'une tonne correspond à 10 quintaux), donc là évidemment on ne pouvait plus faire face aux charges.

Le système d'aides directes calculées en fonction de la rentabilité des terres et des cultures permet à Henri de percevoir tous les ans une aide, à condition bien sûr d'avoir déposé un dossier rempli de façon complète et sans triche. Pour cet agriculteur, le mécanisme de la PAC consiste à soutenir le fait que les prix ne sont plus rémunérateurs en compensant cette perte. Il précise que cette aide n'a pas complètement rattrapé la perte de revenu, la compensation est à hauteur de 70 % de la perte seulement. Cette réforme appauvrit donc les agriculteurs en retirant de la valeur à leur travail.

En 2003, c'est une nouvelle réforme qui survient : les États intègrent le découplage des aides. Henri explique ce système conditionné :

C'est-à-dire que vous toucherez les aides à condition que vous preniez en compte l'environnement, à condition que vous preniez en compte le bien-être animal. Donc il y a une partie payée par l'Europe et une partie désormais payée par les gouvernements. *Via* des régions, *via* tout un système.

En 2008, bilan amer : les réformes qui se succèdent depuis le début de la PAC se traduisent par une baisse des prix de vente, suivie d'une baisse des aides compensatrices qui, on l'a vu, devaient compléter la perte de revenu. En quelques années, Henri perd 40 à 45 % de son revenu alors qu'il travaille tout autant.

En 2015, c'est la fin des quotas laitiers. Les producteurs sont en prise directe avec le marché.

> L'agriculture en général demande beaucoup de capitaux. Les éleveurs laitiers sont dans une impasse totale, surendettés avec peu de perspectives, c'est la part de l'agriculture la plus déshéritée. Il faut savoir que tous les deux jours un agriculteur se suicide. Et 80 % des agriculteurs qui passent à l'acte sont des éleveurs laitiers ou bovins.

L'histoire d'Henri, c'est celle d'une politique agricole qui conduit au suicide ceux qui se retrouvent dans l'impossibilité de rembourser car les aides qu'ils ont reçues étaient conditionnelles. Henri témoigne de la détresse et de la vulnérabilité qui accompagnent une profession qu'il exerce avec passion. Il décrit une PAC faite exclusivement d'obligations, et le risque de voir certaines productions disparaître. Il prend pour exemple la betterave. Ainsi, 35 à 40 ans en arrière, cette culture avait été contingentée. Les producteurs s'étaient réunis en organisation afin de maintenir des prix corrects. Ensemble ils étaient parvenus à ne pas surcharger le marché. Chaque producteur s'était engagé à ne pas dépasser une certaine quantité, conforté par un prix établi à l'avance. Ce fonctionnement ne coûtait pas d'argent à l'État ni à l'Europe, mais le marché s'en est mêlé.

> Dans les années 2008-2009, des grands groupes industriels, Coca-Cola et un autre je crois, ont commencé à faire pression sur l'Europe pour pouvoir acheter le sucre beaucoup moins cher, ils estimaient que nous participions à maintenir des prix trop hauts. Eux voulaient acheter de la matière première à moindre prix.

Pour Henri, c'est dans ce contexte que des primes de la PAC sur la betterave ont été imposées. Il insiste sur le mot « imposé ».

> Je dis bien, tout nous a été imposé, hein ! On ne nous a jamais demandé notre avis. La PAC, les réformes, absolument tout ! Donc on a imposé de déclarer ces hectares de betteraves dans les assolements, de toucher des primes dessus, et en contrepartie nous avons dû accepter une baisse de prix de l'ordre de 40, 45 %.

Aujourd'hui, comme les producteurs de lait, Henri négocie ses prix avec les industriels. Les betteraves qu'il vendait avant la réforme, plus de 53 euros la tonne, se vendent entre 22 et 27 euros. Il s'agit d'une baisse de 55 %.

Aujourd'hui, le revenu d'Henri dépend des primes PAC et de son habileté à déposer un dossier de demande d'aides. Suite à ce dépôt arrivent les contrôles. Contrôles par papiers, contrôles par satellites de la superficie des champs et de la véracité des déclarations de cultures et également contrôles physiques dans les fermes pour surveiller les pratiques agricoles, la tenue du registre phytosanitaire, etc.

Une exploitation, pour être viable, a besoin de beaucoup d'argent. Les agriculteurs empruntent : pour acheter du matériel agricole, du foncier, parce que les primes PAC ne sont pas arrivées. Pour Henri, les conséquences de la politique agricole commune sont qu'aujourd'hui la majorité des agriculteurs sont sous perfusion et dépendent complètement des « primes » ou « aides » PAC pour vivre. Pour lui, la concentration de grosses fermes capables de répondre aux marchés mondiaux et d'encaisser des baisses de prix voulues par le politique est incompatible avec l'agriculture française composée de petites fermes. Imposer un tel système, c'est plonger des paysans dans l'urgence absolue. Ainsi, l'extrême pauvreté accompagnée de son lot de précarité est visible d'un bout à l'autre de la chaîne alimentaire.

Suite aux remaniements de la PAC, les stocks d'intervention constitués de produits achetés par l'Europe pour maintenir certains prix sur le marché n'existent plus. La PAC a cessé ces types d'aides de rachat – aides qui compensaient les pertes de revenus sur un travail fait – pour se concentrer sur des aides à l'hectare. L'aide alimentaire est constituée d'achats et d'appels d'offres sur des produits alimentaires qui ne sont pas payés au juste prix. C'est dans cette évolution que le Programme européen d'aide aux plus démunis s'est transformé en Fonds social d'aide aux plus démunis et qu'il est aujourd'hui sous la responsabilité des affaires sociales et non plus agricoles. Dans le cadre de l'aide alimentaire, l'alimentation a petit à petit été déconnectée de la production agricole.

Depuis les années 1980, l'agriculture a été sujette à de nombreuses réformes, au niveau européen et au niveau national. Victimes des conséquences de l'industrialisation et de la compétition mondialisée[37], les productions se sont spécialisées à travers l'essor de la monoculture intensive. Les agriculteurs ont dû investir dans des moyens de production très coûteux, pour produire assez on les oblige à produire trop. Dans un modèle libéral, une offre supérieure à la demande se traduit par la perte de valeur du produit qui ne constitue pas une rareté et est en compétition avec le même produit d'autres pays. À cela s'ajoutent les conséquences des lois Pisani, soit un remembrement aujourd'hui écologiquement insoutenable. Les paysages ont été transformés, la paysannerie aussi puisque les surfaces des exploitations ont augmenté. Aujourd'hui, on constate que, dans la grande majorité des cas, ces transformations accompagnées par des moyens économiques puissants n'ont pas permis au secteur agricole de sortir de la crise structurelle qu'il traverse, bien au contraire. Tout comme dans le cas de l'aide alimentaire, le constat est que les milliards d'aides octroyées par la PAC n'ont pas permis au secteur de se porter mieux.

Comment comprendre de telles dépenses pour un tel résultat ? Pourquoi le monde agricole souffre autant ?

Comment se fait-il que des personnes travaillant plus de soixante-dix heures par semaine ne puissent pas vivre dignement ? Quelles ont été et quelles sont les demandes des paysans ? Pourquoi sont-ils absents des discussions stratégiques qui les concernent ? Les hommes politiques censés les représenter sont pris au cœur d'enjeux économiques et diplomatiques nécessitant des compromis. Ils négocient les moyens de faire vivre ceux qui nous nourrissent. Or, les agriculteurs ne veulent pas survivre grâce à des aides négociées, Henri nous l'a bien expliqué. Ils sontdes professionnels qui veulent vivre de leur travail. Ils ne veulent pas être tributaires du marché mondial mais pouvoir fixer des prix justes que les consommateurs puissent payer.

Construire une politique alimentaire basée sur la distribution d'aides financières ou de nourriture génère de profondes inégalités et beaucoup de souffrance. Cela procède d'une déconnexion entre la terre, le producteur, la nourriture et le mangeur. Donner, aider, demander ne sont pas des actes anodins, ils rendent compte de toute une organisation sociale, qui a ajouté des intermédiaires à travers des choix politiques. Le don comprend des bonnes et des mauvaises intentions. Il a en lui une force symbolique qui se traduit par ce qu'il crée, mais il a aussi un potentiel destructeur, sa force diabolique[38], qui se traduit principalement dans l'expression de la domination. Michel

Colucci visait à travers le don « la générosité publique » comme vecteur de transformation sociale. Qu'en est-il trente-sept ans après ?

2.

« LA RAISON D'ÉTAT, C'EST DES TAS DE RAISONS »

Construits sur des aides européennes, des mesures de défiscalisation et de dons (en nature ou monétaires), les dispositifs de l'aide alimentaire sont à comprendre dans le cadre d'une politique alimentaire globale faite de normes et de règlements. Comme nous venons de le voir, avant février 2013, l'aide alimentaire provenait entre autres des surplus de l'agriculture. Les stocks de matières premières invendus étaient transformés en produits et redistribués. À cette période, le Programme européen d'aide aux plus démunis (PEAD) était directement indexé au budget de la politique agricole commune. Aujourd'hui, c'est le Fonds européen d'aide aux plus démunis (FEAD) qui s'est substitué à ce premier plan. L'aide est entrée dans le cadre d'un plan de financement européen où le fonds est alimenté par les États membres. Les contributions peuvent se faire en monnaie ou en nature. Ce fonds a pour objectif de lutter contre la pauvreté en couvrant un spectre plus large que les besoins alimentaires. Les États membres proposent divers projets validés au niveau européen, pour lesquels l'État demandeur doit financer au moins 15 %.

En France, le budget alloué par ce fonds est géré par FranceAgriMer[39]. Il s'élevait à 500 millions d'euros pour la période 2014-2020, la France y ajoutant 88 millions. (Les années que nous venons de traverser, marquées par la crise sanitaire, ont vu cette somme s'allonger par des aides ponctuelles et exceptionnelles.) Le choix d'orienter l'ensemble de l'aide vers des prestations alimentaires est resté quant à lui inchangé. Ces millions alloués à l'aide alimentaire indiquent que les denrées distribuées ne sont pas « gratuites ». Ce ne sont plus des excédents stockés rachetés pour soutenir l'agriculture, mais des appels d'offres soumis à la concurrence.

Gouverner par les externalités : défiscalisation et sécurité alimentaire

Dans l'organisation de la politique alimentaire, l'État choisit de faire reposer une partie du financement de l'aide alimentaire sur le mécanisme de défiscalisation. Il s'appuie sur ce qui a été nommé la « loi Coluche[40] » (loi de finances 1989, article 238 bis du Code général des impôts). Ainsi, certains types de produits donnés peuvent être défiscalisés par le donateur. Ce sont des dons alimentaires dans leur grande majorité, mais il peut également y avoir des tentes, des duvets, des chaussures, etc. La défiscalisation est un pilier dans l'organisation de l'aide alimentaire, qui permet aux contribuables d'orienter et d'alléger leurs impôts. Il suffit qu'ils disposent d'une attestation d'une organisation reconnue par l'État dans le cadre de l'aide alimentaire. À cela s'ajoutent des dons de temps *via* le bénévolat. Ainsi, d'après le rapport sur l'aide alimentaire de 2008 de la Cour des comptes, le système d'aide alimentaire en France est jugé efficient. Il coûte peu par rapport au service qu'il rend.

L'enquête menée avec les Restaurants du cœur de Seine-Saint-Denis révèle que derrière cette efficience économique qui dicte les choix d'un État gestionnaire, sur le terrain l'accès à l'aide alimentaire est difficile et conditionnel. Il n'est pas permanent, puisque des horaires et des jours structurent la distribution. Il est restrictif, puisqu'il partage ce qui est proposé et ne répond pas aux besoins spécifiques des personnes. La quantité semble acceptable, mais la qualité révèle une profonde carence de produits frais, et donc de vitamines. Ainsi, les bénéficiaires de l'aide alimentaire ont des problèmes de santé directement liés à l'alimentation, comme nous le verrons dans le chapitre 7.

Or, la défiscalisation faisant de l'État un « payeur aveugle », comme cela est indiqué dans le rapport de l'Inspection générale des affaires sociales, une certaine responsabilité d'un dispositif qui ne permet pas de répondre aux enjeux des droits fondamentaux des personnes semble lui être retirée.

Pourtant, l'analyse de ce qu'est devenue la loi Coluche révèle une orientation de la politique alimentaire dans sa gestion de la faim. En institutionnalisant le don par la défiscalisation, l'État se charge de rendre, il n'est donc pas si aveugle, il sait bien à qui va cet argent. En effectuant le contre-don, en incitant le don des plus riches vers les plus pauvres, l'État fait des choix politiques. Il développe une stratégie dans laquelle l'aide alimentaire est moins une fonction d'un État social dans un projet de société assurant les risques de façon collective, qu'une responsabilité désormais individuelle de ceux qui pourront choisir comment orienter leurs impôts. Dans son ouvrage *Le Prix de la démocratie,* l'économiste Julia Cagé[41] met le doigt sur un renversement de ce qu'imaginait Coluche : ce sont les ménages les moins riches qui économiquement participent le plus aux actions sociales. Coluche avait fait le même constat et il voulait les récompenser de leur générosité, en permettant que ce qu'ils donnent – leur temps, par exemple – ne leur coûte pas d'argent. Ainsi, les bénévoles des Restos du cœur peuvent déduire les kilomètres qu'ils parcourent pour l'association. Mais pour profiter de cet avantage, encore faut-il payer des impôts ! Force est de constater que c'est la réduction d'impôt qui incite les plus riches à donner et que cela devient un outil de gestion de la fiscalité qui n'a rien à voir avec la défense des plus pauvres ou l'amélioration de leurs conditions de vie. Pour ceux qui ne paient pas d'impôts, les déductions de leurs dépenses ne les avantagent en rien. Ils réalisent alors un véritable don car il leur coûte. À l'inverse, pour ceux qui bénéficient d'allègements fiscaux, une vision cynique ferait même dire que grâce aux pauvres les riches paient moins d'impôts.

Au-delà de la politique fiscale, une autre intervention indirecte de l'État dans la structuration de l'aide alimentaire concerne l'approvisionnement. L'État ne se charge pas des distributions alimentaires. Il impose son déroulement, ce qui peut être distribué et ce qui ne peut plus l'être. Pour cela, il s'appuie sur les règles sanitaires en vigueur dans le cadre de l'industrie agroalimentaire. L'institutionnalisation des normes liées à la sécurité alimentaire permet de gouverner une structure par ses externalités[42] en lui imposant une certaine organisation. Sur le terrain, les nombreux contrôles qui visent l'uniformisation de l'aide transforment petit à petit le don dans sa dimension morale puisque le contrôle s'oppose à la spontanéité. Les bénévoles ont le souci d'avoir assez de nourriture, de respecter l'équilibre alimentaire, de ne pas rendre malade avec des produits qui seraient périmés, d'appliquer les normes d'hygiène et de sécurité dans le transport, le stockage et la distribution. Ils seront tenus pour responsables si quelque chose arrive. Ils ne peuvent donc plus gérer par le bon sens, mais doivent appliquer scrupuleusement des règles qui n'ont été conçues ni pour ni par eux. Loin d'une véritable délégation de la gestion de l'aide alimentaire au milieu associatif, l'État, *via* ses leviers économiques, règlementaires et juridiques, s'avère très présent et hiérarchise l'application de certains textes nationaux et internationaux au détriment d'autres. Cela sera développé dans le chapitre 7, mais soulignons d'ores et déjà que les droits de l'homme semblent passer après les règles du commerce. Pris entre le marteau et l'enclume, les bénévoles ont le sentiment de ne jamais faire assez bien du point de vue de l'État qui impose des normes. De plus ils ne font jamais assez de leur propre point de vue par rapport aux besoins qu'ils identifient.

Les choix politiques de l'organisation de l'approvisionnement et de la distribution ont pour conséquence de détendre les mailles *du filet de sécurité* envers les plus démunis. En effet, dans la mission qui leur a été déléguée et les injonctions qui leur sont adressées, les structures ne peuvent pas répondre aux besoins et demandes des personnes. Ils sont obligés de trier, de fixer des barèmes pour identifier les plus pauvres parmi les pauvres. Les bénévoles voient augmenter le nombre de personnes englouties dans une spirale de droits non pourvus sans pouvoir désigner de responsables. Quant aux bénéficiaires de l'aide alimentaire, en ne mangeant pas ce qu'ils devraient avoir le droit de manger, ils intériorisent le fait d'avoir droit à moins qu'une autre personne. Ainsi, à l'instar de tous ces choix raisonnables, la responsabilité de nourrir ne semble plus reposer sur l'État qui s'en tient à contrôler les associations et leurs bénévoles. Une telle logique instituée a des conséquences sur les personnes.

La disqualification[43] et la désaffiliation s'abattent sur les personnes qui recourent à l'aide alimentaire. Si celles-ci s'accrochent comme elles le peuvent à l'État en espérant avoir droit à…, quand plus aucun fil ne tient, c'est le décrochage. De ces chutes successives, certaines personnes ne souhaitent même plus se relever, appréhendant un nouvel échec. L'État et le marché sont co-responsables *de la montée des incertitudes* bien analysée par Robert Castel[44] : les jours meilleurs n'existent plus. Tomber, c'est rester à terre pour ne pas vivre quelque chose de pire. Le capitalisme et les règles de la finance internationale ont une grande responsabilité dans l'impossibilité pour les États de mener des politiques sociales. Aider vraiment revient parfois à être sanctionné. Ainsi, il est très difficile de soutenir certaines filières agricoles sans être accusé de concurrence déloyale. Les aides sont donc conditionnelles et inversent la responsabilité en donnant des obligations à celui qui reçoit. La montée des incertitudes se traduit ainsi par ces lignes floues d'inversion de la faute, qui font des victimes des demandeurs à la merci du bon vouloir de ceux qui détiennent les richesses et confisquent directement ou indirectement la nourriture. Les « dons » sont alors des formes d'investissements desquels un retour est attendu. Il ne s'agit pas d'un retour dans le cadre d'un processus de réciprocité, mais d'une injonction avec une demande précise de ce qui doit être rendu, car l'argent investi doit revenir ! Dans cette perspective, la personne aidée est tenue responsable de son échec, tout comme celui qui l'aide. Notons que le bénévole pris par les situations dramatiques qu'il rencontre se sent responsable en cas d'échec. Pour Castel, au sein d'un État social, l'accès des personnes à leurs droits doit pouvoir se faire sans l'exigence d'aucun retour car elles ont justement le droit d'être secourues. Le discours actuel visant à responsabiliser les pauvres de leur pauvreté et à soupçonner les aidants d'un manque de professionnalisme indique le virage politique qui est en train d'être pris par les dirigeants[45]. Pour eux, le don est utilisé pour inciter à un financement en échange soit d'une contrepartie assurée à l'avance, soit d'un engagement qui soumet à certaines règles. Ce constat illustre ce que Castel a appelé « la grande transformation ». L'une de ses caractéristiques est que le risque social, qui avait donné lieu à une vraie prise en charge de l'État au lendemain de la Seconde Guerre mondiale par la création de la Sécurité sociale, est aujourd'hui de retour sous d'autres formes. La précarité alimentaire en est une expression parmi d'autres. La mise en œuvre de la loi Garot illustre la difficulté, voire l'impossibilité, de penser autrement le système d'aide et de don en se mettant à la place de celui qui reçoit.

La loi Garot, un nouveau risque

C'est en 2013 que Guillaume Garot, alors ministre délégué à l'Agroalimentaire, a lancé un pacte national de lutte contre le gaspillage alimentaire[46]. Son pacte poursuivait trois objectifs : s'attaquer aux dérives de la surconsommation, protéger l'environnement dans un bon usage de ses ressources et permettre d'augmenter le pouvoir d'achat. Dans les dix points de déclinaison de ce pacte, la question du don aux associations était déjà mentionnée comme un axe à faire connaître et à développer. Un rapport est commandé. Dès l'introduction du rapport qui précède la loi, une ambivalence peut être repérée. Selon le rapport, les déchets alimentaires sont une richesse, une opportunité d'emplois, « le gisement » d'une ressource à travers laquelle la création de richesse et la prospérité sont mises en avant. Les valorisations potentielles sont nombreuses, entre la consommation humaine, la consommation animale, la valorisation pour les industriels, pour le secteur énergétique, et la valorisation organique. Lutter contre le gaspillage alimentaire impliquerait donc de générer encore plus de profit avec un seul et même produit en étendant sa chaîne. Cette affirmation vient en contradiction avec l'enjeu de réduire la surproduction. En quoi serait-il opportun de réduire la production si des richesses peuvent découler des excès ? Quel avantage y aurait-il à faciliter une meilleure répartition sociale de la nourriture si plusieurs valeurs économiques rentabilisables s'ajoutent au produit à mesure que sa chaîne s'étend ?

La loi Garot, loi n° 2016-138, est entrée en vigueur le 11 février 2016. Ce texte organise le don alimentaire des grandes et moyennes surfaces aux structures de l'aide alimentaire en touchant à plusieurs sphères. L'importance de penser les contreparties à la défiscalisation offerte aux potentiels donateurs (principalement les industriels, magasins alimentaires et producteurs) est au cœur de la loi et prend la forme de conventions de dons, qui selon les mots des bénévoles en charge du ramassage « sont à l'avantage des supermarchés ». Ils tiennent ces propos pour deux raisons principales : la première est liée au fait qu'ils doivent assurer le transport des produits, sans avoir pour autant les moyens d'acheter les camions frigorifiques nécessaires, et la seconde est que la responsabilité, quant au respect de la chaîne du froid, pèse uniquement sur eux.

Par ailleurs, le nouveau modèle que propose ce texte fait émerger de nouveaux acteurs susceptibles de récupérer les denrées. Les chantiers d'insertion peuvent être un des lieux dans lesquels la transformation et le reconditionnement des produits deviennent une activité intéressante. Ainsi, l'économie sociale et solidaire se trouve emportée dans des enjeux qui la dépassent. En effet, en obtenant des marchandises gratuitement (car c'est l'État qui permet le don en rendant au donateur), redonner de la valeur marchande par la fabrication de compotes, de jus de fruits, de plats cuisinés est un plus pour des organisations dont le but premier est l'insertion sociale et non la génération de profits. Les marchandises qui leur servent de matières premières ne leur coûtent rien, ils peuvent les vendre moins cher car les emplois sont subventionnés, et ceux qui ont donné y ont trouvé un avantage. *Quid* de la concurrence avec les agriculteurs qui n'ont pu vendre au juste prix ?

Une perte ressentie également à l'autre bout de la chaîne par les Restaurants du cœur, comme le souligne Patrice Blanc, alors président national de l'association, inquiet des modifications induites tant pour l'approvisionnement qu'en termes de concurrence. En effet, manier des produits aux dates courtes représente des risques par rapport à l'hygiène du transport et à la distribution qui, elles, doivent être de plus en plus professionnelles dans les activités. Or, les moyens humains et logistiques s'amenuisent, comment faire ? Sur le terrain, à travers cette loi, c'est tout l'approvisionnement qui doit être repensé. Car parfois, dans ce schéma qui dit minimiser les pertes, les structures doivent jeter.

À la maraude du 93, entrer dans un modèle plus vertueux a tout de suite séduit Jeannot, le responsable. Il était très enthousiaste du projet qui lui a été présenté, « On va faire mieux pour zéro ! » disait-il. Le projet consiste à diminuer la part des achats pour favoriser des dons de meilleure qualité. Pendant les mois nécessaires à la mise en œuvre du projet, Jeannot a petit à petit déchanté, aujourd'hui son point de vue sur la question est assez mitigé. Plusieurs sites de restauration collective devaient lui fournir à terme les 500 repas dont il a besoin chaque jour. Sur le papier, la nourriture était plus variée et de meilleure qualité, ce qui lui permettait de cesser de se fournir et donc d'acheter dans un chantier d'insertion qui ne cuisine pas mais réchauffe du surgelé et des boîtes. Pour ce faire, les services d'hygiène sont venus à l'entrepôt. Ils ont demandé de nombreuses modifications, l'installation de matériel particulier et une mise aux normes de l'existant. Cet investissement colossal pour une structure qui ne fait pas de profit a nécessité du temps et de nombreux cofinancements (ADEME, Restos du cœur, Région Île-de-France). Une association, Excellents Excédents, est venue en aide à Jeannot pour monter ce dossier complexe. Au final, les personnes ayant accepté de donner des repas ont finalement changé de poste, ou d'emploi, la transmission ne s'est pas faite. Ces dons qu'il attendait abondants s'avèrent contraignants pour les structures donatrices ; plus de manutention, plus de temps de travail, aussi récupère-t-il avec difficulté entre 150 et 200 repas par jour, soit la moitié de ce qu'il escomptait. Ces économies ne sont pas à la hauteur de ce qu'il s'était fixé ! Au sein de son équipe, c'est toute une organisation qui a dû être repensée, un quotidien fait de mesures et de contrôles des températures – une arrivée des normes de l'agroalimentaire dans un entrepôt davantage organisé pour de la débrouille que pour une professionnalisation. Par suite de telles transformations, des bénévoles très compétents et très investis se retrouvent dans des rôles différents, ils deviennent alors exécutants ou partent.

La complexité générée par le fait de lier deux supposées bonnes actions invite à une lecture systémique des politiques de don alimentaire. Avec la loi Garot, ce sont des magasins de plus de 400 mètres carrés qui ont l'obligation de proposer aux associations le don de leurs produits encore consommables. Un document, qui se présente comme un contrat, oblige les associations au respect d'un cadre pour prétendre récupérer des marchandises qui n'ont pas pu être vendues. Les magasins doivent « céder à titre gratuit des denrées alimentaires », ces dons sont ensuite « librement consentis et acceptés ».

Le texte spécifie une absence de contrepartie. Sur le terrain, les associations doivent fournir une attestation de don qui va permettre au magasin de défiscaliser les produits. Ne s'agit-il pas d'une contrepartie ? La convention stipule que le magasin donne, *sans obligation minimale* ni exclusivité, des produits pouvant avoir une date limite de consommation (DLC) de 48 heures et répondant aux normes d'hygiène en vigueur. Rien ne mentionne que c'est parce qu'ils ne peuvent plus les vendre et ne peuvent pas les détruire sans payer de taxes, pourtant ce sont ces éléments qui motivent le don. Bien que les associations bénéficient d'une clause de refus, dans les faits, Paul, bénévole en charge des ramassages, explique :

> On pourrait refuser quand c'est pas nickel, mais si on le fait, demain, c'est plus à nous qu'ils donnent... alors parfois la date c'est le jour même, pas 48 heures avant, mais on prend, on complète l'attestation et on signe. C'est clair que certains produits ne sont pas scannés et qu'on les enlève quand même...

L'application de la loi est en faveur des magasins. Les supermarchés ont obtenu de réels avantages et une véritable position de force vis-à-vis des associations qui redoutent que d'autres structures plus efficaces viennent prendre leur place. Comment pourraient-ils remplir leur mission auprès des plus démunis quand il est si difficile d'obtenir de quoi les nourrir ?

La concurrence dont parle Patrice Blanc est d'abord interassociative mais concerne également les acteurs de l'économie circulaire, plus expérimentés dans le domaine. Habituées à pratiquer l'entraide et la solidarité interassociative, les structures de l'aide alimentaire se trouvent avec la loi de lutte contre le gaspillage alimentaire dans une posture précaire et inconfortable. Si les magasins ont reçu l'interdiction de jeter, c'est sur les bénévoles que repose désormais cette tâche. Le supermarché peut faire cuire des baguettes à 20 heures et prendre le risque de ne pas en vendre car le lendemain il les donnera aux organisations d'aide alimentaire. Ces dernières se voient donc jour après jour distribuer du pain mou et caoutchouteux parce que ceux qui peuvent choisir veulent de la baguette fraîche à toute heure. Une autre politique alimentaire pourrait faire le choix de produire le pain nécessaire à l'aide alimentaire pour que, comme n'importe qui, ceux qui y recourent mangent du bon pain, au moins du pain frais !

De tout temps le gaspillage a été un moyen de montrer son pouvoir[47], ce même geste qu'a identifié Marcel Mauss dans les dons alimentaires ostentatoires. Un geste qui consiste à montrer dans l'abondance sa force et ainsi dominer. C'est à ce titre qu'il est important de comprendre ce que signifie, dans la politique actuelle, la volonté de réduire le gaspillage sans autre véritable mesure que des dispositifs de dons. S'il est vrai que la loi de lutte contre le gaspillage alimentaire est venue combattre des pratiques assez radicales, comme verser de la javel sur les produits après avoir ouvert les emballages pour être certain que personne ne les consomme, la mise aux normes qu'elle impose dans le ramassage, l'obligation de donner et l'interdiction de jeter, prive ceux qui se servent seuls dans les poubelles et institutionnalise un système qui s'apparente à un nouveau marché.

Autre conséquence de la loi sur le terrain : la baisse des denrées à distribuer. Les petits plus disparaissent des distributions, car les supermarchés ont obtenu le droit de vendre à perte et de développer les rayons à dates courtes où les produits sont vendus peu cher, mais vendus. Les ramasses[48] sont des pratiques qui ont précédé la loi Garot. Elles restent une source d'approvisionnement indispensable aux distributions d'aide alimentaire, mais aujourd'hui les produits attrayants sont plus rares car ils ont pu être vendus. Les bénévoles doivent jeter car ce qu'ils reçoivent est souvent invendable, et donc *indonnable.*

La loi Garot révèle ce hiatus entre l'intention affichée de justice et sa déclinaison sur le terrain. Dans les récupérations, les bénévoles ressentent l'humiliation parce qu'ils sont à l'interface. Ils voient ce qui n'est pas su. Ils voient comment « on » traite les pauvres par des dons qui sont indignes. Mais par crainte de perdre ce qu'ils pourraient donner s'ils se plaignent, ils se taisent, et font.

Malgré les conventions, j'ai pu voir le fonctionnement de certaines grandes surfaces. Les denrées qui sont censées être prêtes à charger et bien présentées sont parfois loin d'être présentables. Les fruits et légumes en particulier nécessitent de mettre les mains dans le pourri, de trier les oranges bleues des autres. Chapeau à ces bénévoles qui s'y collent, par souci de celui qui reçoit, et veulent donner quelque chose de correct. L'empathie qu'ils ont à l'égard des bénéficiaires implique un engagement physique. Dos courbé pendant plusieurs heures, ils trient des caisses et répartissent là de la salade, ici des courgettes, et plus loin des agrumes. Ce travail est long et difficile, mais à la fin une nouvelle valeur a été donnée aux produits, une valeur morale, pour faire de la distribution quelque chose de digne.

En 2019, une évaluation est faite de la loi Garot, dans le sillage des États généraux de l'alimentation, qui révèle qu'il existe d'autres espaces de discussion et de réunion des organisations en prise avec l'aide alimentaire. Pourtant la structure de l'aide semble difficilement touchable. L'aide alimentaire est entrée dans les mœurs comme une boutique. Les normes de l'agro-industrie s'y appliquent comme dans n'importe quel commerce.

La politique menée par l'État engage la responsabilité individuelle et récompense les donateurs les plus riches ou les acteurs du capitalisme par des dispositions fiscales. Elle utilise le terme « don » et en détourne les obligations. Aussi, pour comprendre les enjeux de l'aide alimentaire, il est temps de se réapproprier ce que donner veut dire.

3.

« CE QUE DONNER VEUT DIRE »

Don de produits secs à la sortie d'un supermarché, don de temps du bénévole, convention de don lors des ramasses. Le terme « don » est porteur de sens différents. Donner est bien plus complexe que ce que l'on pense. C'est ce qui a fasciné Marcel Mauss, dont les travaux sont connus pour avoir su envisager dans le don un fait social total. À travers les échanges qu'il observait, c'était tout un monde qui s'offrait à lui. Se situer dans la poursuite des travaux de Marcel Mauss[49], Jacques T. Godbout[50], Maurice Godelier[51] et Alain Caillé[52] permet d'enrichir notre compréhension de l'aide alimentaire. Distinguer l'économie du don dans sa spécificité et la confronter à celle du marché libéral classique autorise alors à envisager d'autres possibles en termes de pouvoir et de contre-pouvoir. Cela permet de considérer avec autant d'importance et d'attention des échanges où circulent de la monnaie et les autres.

Le don se donne à voir dans ses contradictions : son adoption de règles et de normes capitalistes, et sa perspective d'en combattre les effets. Prendre en compte d'autres valeurs que celles purement matérielles liées à la recherche d'intérêts de *l'homo œconomicus* ou à la recherche d'efficacité par la production de résultats, de rapports, de bilans permet de sortir d'une vision utilitariste[53]. À travers de nouvelles figures telles que *l'homo donator* ou *l'homo equalicus,* les bénévoles et les personnes qui ont recours à l'aide alimentaire deviennent visibles, car ensemble ils vivent une relation riche d'échanges, chargée de symboles, de valeurs et de sens. Ils font société. Les voir en action apparaît alors comme une condition nécessaire pour mesurer l'impact et le rôle de ce qui pousse à donner.

Le don alimentaire est particulier, car il répond à un besoin vital : se nourrir. La nourriture devient gratuite à certaines conditions. Être nourri sans payer ne va pas de soi, et certaines conditions sont requises pour prétendre à ce dispositif. Comme les anthropologues précédemment cités l'ont montré, des univers symboliques et diaboliques sont transportés à travers les choses données. L'évolution d'un système de l'aide alimentaire français basé sur le « don » nécessite de s'entendre sur une définition. L'apparition de conventions de dons, la non-rencontre entre certains donateurs et leurs donataires, le processus de la défiscalisation sont autant d'éléments qui interrogent le bon usage du terme. La circulation de nourriture dans ses autorisations ou ses confiscations reflète une organisation de la société qui a pour conséquence d'exclure quand il est impossible d'accéder à une nourriture choisie, ou de rendre. Le don ne doit pas dissimuler une organisation contraire au respect des droits fondamentaux. Il importe au contraire, comme y a d'ailleurs appelé Marcel Mauss, de considérer les limites du don au regard du principe d'égalité.

L'exercice du don pratiqué par les bénévoles de l'aide alimentaire se révèle porteur d'une valeur associée à la nourriture qui est plus importante que les aliments eux-mêmes, quand bien même ces derniers répondent à un besoin vital. Basés sur des valeurs morales et sur un principe de justice, ces dons s'apparentent alors à l'économie morale décrite par Edward P. Thompson[54] (voir chapitre 11) et que James Scott[55] allie aux arts de la résistance (voir partie IV).

Ainsi, donner peut signifier : résister en faisant exister celui qui est rendu invisible. Eu égard à la force que génère le don en créant ou en détruisant, le définir et le comprendre, c'est se doter d'une grille de lecture de la politique alimentaire en place.

Le don, une circulation liée à la dette

Commençons avec Marcel Mauss. Son *Essai sur le don* publié en 1925, loin de s'intéresser uniquement à de lointains modes d'échange, est venu interroger l'ensemble des systèmes de prestations hors marché. Le changement de paradigme de Mauss consiste dans l'affirmation que la charité, telle qu'elle est alors exercée en Europe, est une forme d'humiliation. Pour lui, le don doit être envisagé comme le paiement d'une dette sociale. À son époque, la Sécurité sociale n'existe pas ; dès lors, la considération qui doit être portée aux salariés et aux chômeurs ne va pas de soi pour ses contemporains. Mauss impute à l'État une dette envers ceux et celles qui ont participé à un moment donné au développement de sa richesse. Dans le contexte actuel d'un profond déficit de la Sécurité sociale et de l'accroissement de populations qui n'ont pas toujours, pour de multiples raisons, participé à la production de richesses de l'État, comment considérer cette dette ?

Cette question a permis à Maurice Godelier[56] de voir dans le don des sociétés occidentales contemporaines un don impersonnel, une forme d'échange dans lequel le donateur et le donataire ne se croisent pas. Il souligne ainsi le réseau gigantesque qui s'est constitué, permettant de faire un don en un clic après une catastrophe survenue de l'autre côté de la planète. L'action d'un clic permet alors à celui qui a souffert de la souffrance de l'autre de s'en distancier car il n'y sera pas resté insensible. Ce moteur de l'agir[57] rend compte de dons au cours desquels les personnes ne se rencontrent pas. Le donateur a besoin de donner, la conséquence est qu'il génère une dette. Cette dette oblige-t-elle celui qui reçoit à rendre ? Ou bien avait-il le droit d'être secouru ? Que signifie un don destiné à une personne qui ne pourra pas rendre ? Doit-il être compris dans une circulation de tout au niveau mondial, ou bien la composante de l'État entre-t-elle ici en compte à travers la possibilité de défiscaliser, rendant confus la dette et l'absence de dette ?

Les distributions de repas chauds et de nourriture effectuées par les Restos du cœur pour l'année 2020 concernent 93 000 bénévoles qui ont servi 142 millions de repas à 1,2 million de personnes. Cette équation est possible parce qu'il y a eu en amont des dons impersonnels, faits par des inconnus (argent ou nourriture) qui ont répondu à la demande des Restos et ont permis aux distributions d'exister. Au-delà de la distribution en tant que telle des bénévoles aux aidés, l'aide alimentaire se déploie sur toute une *chaîne*, impliquant plusieurs sphères. Elle s'observe dans des interactions, et dans une chaîne opératoire au sein de laquelle les actions se succèdent. Dans cette succession à partir d'un produit, d'une personne, d'un programme politique, un circuit peut être reconstitué de la production à la restitution en passant par la distribution et la consommation. À chacune de ces étapes, selon les acteurs, selon leur angle de vue, apparaissent des continuités ou des frictions entre aide et injustice(s), parfois même une imbrication des deux. Par ailleurs, à travers ce face-à-face auquel se consacrent chaque nuit les bénévoles de la maraude des Restaurants du cœur du 93, des liens se tissent entre les personnes. On connaît Coco, Mamare, Paulo, et les autres, on sait ce qu'il ou elle préfère manger, on voit s'ils vont bien ce jour-là ou si quelque chose ne va pas. Décrire ces liens permet de montrer comment, dans le don de nourriture, circulent la valeur d'usage du produit qui va nourrir, la valeur d'échange qui devrait permettre à celui qui reçoit de pouvoir donner à son tour et la valeur du lien[58]. Considérer la valeur du lien transforme le paradigme selon lequel ce que l'individu recherche dans l'échange se réduit à son intérêt. Car, quel est l'intérêt du bénévole de sortir la nuit lorsque les températures sont négatives, pour arpenter des endroits plus ou moins éclairés et faire un travail difficile : distribuer de la nourriture dans le froid, dans le noir, avec des moyens limités ? Il pourrait tout autant en un clic donner à une association qui effectuerait le travail à sa place. Pourtant, les entretiens révèlent que le plus difficile pour les bénévoles n'est pas de faire ce qu'ils font, mais d'accepter que cela ne puisse parfois pas se faire, qu'une tournée soit annulée et que les personnes attendent dans le froid alors que leur ventre restera vide.

Pour comprendre d'où vient ce lien par lequel la souffrance se ressent des deux côtés, explorons d'abord les traits qui définissent le don, l'obligation de rendre, le fait de donner, la dangerosité de garder, l'importance de demander et l'absence de contrat – soit la liberté de donner dans la non-attente du retour à venir.

Rendre, une obligation, Marcel Mauss

Pour moi, ce n'est plus un choix, je suis obligée de le faire !

Rosa, maraudeuse

Lorsque Marcel Mauss introduit son célèbre *Essai sur le don,* il commence par ce qui peut à première vue sembler paradoxal ; tout don implique, d'une façon ou d'une autre, une « obligation de rendre ». Il voit dans cette obligation une charge puissante, une force inhérente au don qui le rend redoutable et redouté. Cette triade de donner, recevoir, rendre devient un formidable analyseur de la morphologie et des fonctionnements d'une société. Ce prisme s'éclaire par ce qui fait office de règle, de loi dans l'organisation sociale et l'économie qui en découle. C'est une économie paradoxale, puisque si la liberté et la gratuité semblent en être le préalable, la liberté est concomitante à une obligation, mais une *obligation volontaire,* liée à la menace du conflit, de la guerre. Aussi, il faut rendre ! Rendre pour des raisons politiques, mais aussi pour des raisons morales et/ou spirituelles pour éviter d'être poursuivi par l'esprit du donateur. Il emploie alors le terme « *emic* » et qualifie de « *hau* » la force invisible contenue dans le don. Pour lui : « Il y a une vertu qui force les dons à circuler, à être donnés et à être rendus[59]. »

Ce qu'il saisit alors, c'est le rôle de cette force qui fait circuler, organise les échanges et relie les personnes au sein de la société.

> Chacune de ces choses précieuses a d'ailleurs en soi une vertu productrice. Elle n'est pas que signe et gage ; elle est encore signe et gage de richesse, principe magique et religieux du rang et de l'abondance[60].

Dans le don, les personnes, les objets ne peuvent en rien se réduire à une valeur intrinsèque ; le don transporte une âme, il joue un rôle social dans les valeurs symboliques mises en circulation. Celui qui donne peut dominer, endetter, ou au contraire permettre un équilibre, une juste circulation. Marcel Mauss conclut que l'économie de marché, qui domine dans les sociétés occidentales, se caractérise par le fait qu'il faut rendre plus que ce qui est reçu afin de ne pas être endetté. Un paradoxe face à ce qu'il vient d'observer, tant dans la perte de valeur morale que dans la volonté de couper le lien au lieu de l'entretenir. Cette observation introduit chez lui une question de moralité : « [...] on peut dire que toute une partie du droit, droit des industriels et des commerçants, est, en ce temps, en conflit avec la morale[61]. »

Cette interruption des liens directs qu'il observe dans les lois du marché signifie que celui qui produit n'est plus en contact avec celui qui consomme. Pour lui, ce modèle économique tourné vers le profit matériel engendre la perte de relations de confiance et de défiance entre les hommes. C'est en ce sens qu'il prône alors la Sécurité sociale, l'établissement de nouvelles alliances entre les hommes afin de se préserver de la violence dont il perçoit l'ancrage : « La poursuite brutale des fins de l'individu est nuisible aux fins et à la paix de l'ensemble, au rythme de son travail et de ses joies et – par l'effet en retour – à l'individu lui-même[62]. »

Dans son *Essai sur le don*, il met l'accent sur le fait que, dans la société à laquelle il appartient, l'intérêt qui doit être recherché afin de maintenir la paix est l'intérêt commun, et c'est donc sur le mot de « civisme » qu'il ouvre le champ à de nombreux travaux.

Donner, un désir, Jacques. T. Godbout

Je suis passionnée par cet exercice du don, du service et du don de soi en allant vers l'autre.

MAGUIE, MARAUDEUSE

La discussion entamée par Mauss à propos de l'État providence et du rôle de l'État se poursuit dans un contexte sociopolitique qui subit la crise du modèle capitaliste avec ses répercussions économiques et sociales. Une limite est soulevée quant à l'État providence et son rôle de redistributeur. Enrichi des travaux de Titmuss sur le don du sang publiés en 1971, Godbout montre que la prise en charge du don par l'État peut avoir des effets négatifs. C'est certainement dans cette démonstration qu'il permet de saisir que la spécificité du don est de n'être en rien équivalent. En 1992, Jacques Godbout publie, avec la collaboration d'Alain Caillé, *L'Esprit du don*[63]. Dans cet ouvrage, le don est présenté comme un système à part entière qui s'articule aux côtés de ceux du marché, régi par l'intérêt, et de la planification, régie par la contrainte. La question est : mais alors, qu'est-ce qui régit le don ? Un des apports de Godbout va consister à se concentrer sur le désir de donner : « l'appât du don ». Dans cette approche, l'obligation de rendre est perçue bien différemment puisque ce qui conditionne le don selon l'auteur est bien le fait de ne pas avoir la garantie d'un retour, d'agir dans l'incertitude et malgré elle. Cette dimension est tout à fait présente dans l'action des bénévoles des Restos du cœur, et dans le fait qu'ils affirment tous recevoir bien plus qu'ils ne donnent. L'idée de la circulation et du sens des liens qui se tissent devient alors un axe de formulation important des nouvelles hypothèses pour comprendre *ce que donner veut dire*[64]. Si le rôle de l'État peut être à certains égards d'appliquer un droit, il le fera en fonction d'un principe d'égalité, mais non pas du désir de donner. Il le fera selon des critères objectifs et mesurables. Ce principe d'égalité est jugé ambivalent car les êtres sont inégaux. Aussi, l'application de l'équivalence dans un système de redistribution rapproche des logiques industrielles et des règles du marché, et s'éloigne ainsi des caractéristiques propres à l'économie bien particulière du don. Cette distinction est importante dans le cas du don alimentaire et de son organisation en France.

Batifoulier, Caillé et Chanial[65] prolongent cette analyse à propos des soins de santé. Ils parlent alors de *rentabilité de l'anti-utilitarisme*. Comme il a été mentionné plus haut, les bénévoles et les bénéficiaires de l'aide se nomment dans l'échange, car ils se connaissent. Dans le cadre d'un système d'intervention organisé par l'État, les personnes disparaissent en deux catégories : les contribuables et les administrés. Ceux qui donnent et les autres. La distinction majeure est que, dans le système du don, tous les participants peuvent être donateurs et donataires, quand, dans le système étatique, seul celui qui paie l'impôt peut donner. Cela exclut de nombreuses personnes de l'échange. Si le don est libre, l'impôt est obligatoire. Si le don est personnalisé et permet une circulation des objets matériels et immatériels afin de tisser du lien social, dans un système administré par l'État, l'échange qui s'opère est contractualisé. Il s'agit de faire son travail et non pas de se lier à une personne. L'humanité et l'identité de *l'usager, client, bénéficiaire*, etc. peuvent alors s'estomper dans l'importance accordée à une forme de professionnalisation. Parce qu'un salarié peut se contenter d'agir en fonction d'objectifs et de directives. Il devient normal qu'il ne s'attache pas, il lui est conseillé de mettre de la distance, d'autant que des indicateurs rationnels vont l'y contraindre. Il n'agit pas en fonction de ses valeurs, il exécute des décisions prises à un autre niveau dans un contexte objectivable. Mamare devient monsieur Untel, un dossier, un numéro, auquel on applique les mêmes règles qu'à tous les autres. Or, cela limite la circulation de certaines valeurs immatérielles, notamment la reconnaissance d'une identité propre, et participe à une forme de déshumanisation.

Pour Godbout, les transformations qu'a subies le don dans le développement des sociétés modernes peuvent être perçues comme des pertes des valeurs immatérielles en circulation, les valeurs du lien. Il situe ces changements au XVIIIe siècle. La première étape dans cette rupture consiste dans l'introduction du marché du libre-échange, tel que pensé par Adam Smith (1723-1790), où le rôle du producteur change. Ce dernier (le producteur) voit s'étendre ses possibilités dans un périmètre bien plus large, mais doit en contrepartie faire face à de nombreux concurrents. Les liens qu'il tisse ne vont plus se concentrer sur une clientèle locale qui le connaît ; celui qui utilise le produit, qu'il souhaitait satisfaire, devient un inconnu pour le producteur qui doit satisfaire le marché, se placer au niveau des prix, de la qualité, etc. Les marchands deviennent les intermédiaires, l'acte d'achat transforme les usagers en consommateurs sans lien avec le producteur. La seconde rupture des liens se produit avec le développement de l'industrie, qui décuple la force de production ainsi que les intermédiaires. L'objectif poursuivi dans ces transformations est de rompre avec un modèle jugé archaïque : le troc, le don, l'échange basé sur l'interdépendance. Pour Godbout, ce qui caractérise la modernité est une conception de la liberté se traduisant par une absence de dette envers ses pairs. Une situation paradoxale puisque tout pousse à l'endettement, à l'achat à crédit, où la personne a prouvé qu'elle pourra rendre plus que ce qui lui aura été donné. Un constat que Godbout observe même au sein de l'État providence, qui va d'une autre manière libérer les personnes de leurs obligations les unes envers les autres.

Dès lors, le don joue un rôle singulier face au marché. Dans un système où tout peut devenir une marchandise, même le service à la personne, il semble intéressant de comprendre ce qui va distinguer un acte d'un autre et de s'appuyer sur des caractéristiques particulières. J'ai pu observer que les dons opérés dans le cadre de l'aide alimentaire définissent des choses différentes : dans un cas, il s'agit d'une situation où le retour doit être garanti et conditionne le don, dans l'autre, d'un moyen de résister à ce qui délie la société dans sa sphère économique et politique, avec l'absence de certitude d'un quelconque retour. C'est pourtant parce que ce qui va être rendu est inconnu que la partie invisible de la chose donnée, le *hau*, se transforme et fait émerger autre chose. Le don crée. Quand bien même une chose est donnée, elle ne disparaît pas mais produit autre chose. Le retour est inattendu.

Ainsi, lors d'une maraude, quand je donne une assiette de pâtes collantes accompagnées d'un steak trop cuit, par ma parole, par mon sourire, je donne plus, j'engendre de la sympathie, de la bonne humeur, qui me reviennent rapidement et qui rayonnent sur l'ensemble du groupe que nous sommes alors en train de servir. C'est un peu comme ce conte pour enfants de la soupe de cailloux où l'étranger, le loup, arrive chez Mme Poule avec seulement un caillou à donner pour cuisiner, alors l'ensemble des animaux du village, inquiets et curieux, viennent et apportent finalement autre chose pour agrémenter ce plat qui a surtout pour fonction de rassembler. Du peu qu'ils auront donné, chacun repartira avec plus que de la nourriture. Le conte illustre le sentiment d'appartenance que procure le don à ceux qu'il relie. Il fait émerger un corps social, un réseau dans une économie créatrice de valeurs parce qu'elles circulent. Mais que se passe-t-il quand l'objet est gardé ?

Garder, une violence, Maurice Godelier

Tu me parles bien parce que moi, je pourrais être devant la télé, tranquille.

UN MARAUDEUR

Dans *L'Énigme du don*, Maurice Godelier s'empare de la théorie du don de Marcel Mauss et souligne les effets du capitalisme dans ce paradoxe : l'exclusion que subissent les personnes qui ne rentrent pas dans les règles établies par le capitalisme concerne l'ensemble de la société. Elle ne concerne pas uniquement les gens qui participent au marché selon certaines règles. Bien qu'elle se base essentiellement sur les sociétés pré-monétaires, son approche s'intéresse aux choses que l'on garde dans le don, lorsqu'il y a rupture de la circulation. Il reprend de Marcel Mauss l'idée de l'ambivalence du don, qui est à la fois acte de générosité et de violence. Ce qui l'impressionne alors n'est pas la violence qui explose, mais celle qui est masquée, une violence contenue dans le partage.

> Il peut être, à la fois ou successivement, acte de générosité ou acte de violence, mais dans ce cas d'une violence déguisée en un geste désintéressé puisqu'elle s'exerce au moyen et sous la forme d'un partage[66].

Selon Godelier, les forces énigmatiques qui font circuler les dons relèvent de la solidarité ou de la dépendance. La frontière entre les deux n'est pas claire. Le don incarne ainsi deux figures : celle du donateur bienfaiteur de l'humanité et celle du pauvre qui transporte la misère du monde et s'apitoie sur son sort. La violence tient à la division, et le don n'est pas seulement un idéal qui permet de rassembler, de relier, il comporte cette violence de la division et de l'assignation. Il s'agit des moments où celui qui donne décide de ce qui est bon pour l'autre et profite de sa vulnérabilité pour lui imposer certaines choses.

Cette violence, combien de fois l'ai-je détectée et ressentie ? Prenons cet épisode lors d'une distribution alimentaire au centre des Pâquerettes. Une dame âgée arrive. La bénévole en charge de donner des biscuits, du pain de mie, des biscottes, etc., est contente de pouvoir lui proposer un pain de mie qui provient de la ramasse. C'est un produit rare et aléatoire au centre. Et pour cette femme qui a des problèmes dentaires, c'est un vrai plus. Or, il s'agit d'un paquet de pain de mie au format familial. Avant même que la bénévole ait déposé le pain dans le sac de la dame, la co-responsable du centre arrive et s'oppose. « Elle est seule, elle n'a pas droit à un gros pain ! » Cette dernière applique ici une consigne à la lettre et ne prend pas en compte toute la valeur du don et les liens que ce pain aurait transportés par l'attention qu'il donnait à cette dame. C'est précisément ce qui est dangereux dans le don, qu'il puisse être brisé, chargé d'amertume, de rancœur, par l'application de normes et de règles. À aucun moment il n'a été demandé à cette personne si elle désirait le pain ; elle a assisté impuissante à la scène qui concernait son panier, gênée de ce qu'elle suscitait, humiliée par son intimité dévoilée. Elle n'a rien dit, ce qu'elle a gardé de ce pain est précisément ce qui ne lui a pas été donné : une charge diabolique.

En s'attachant particulièrement à la chose sacrée contenue dans l'objet donné, Godelier perçoit la part identitaire qui est assimilée par celui qui reçoit. « On donne de bon cœur », précise Alya, maraudeuse aux Restos. Cette part s'ajoute aux plats et celui qui le reçoit va la garder, l'assimiler, cela deviendra une part de lui. Maurice Godelier souligne alors que le don forge deux identités indispensables à l'individu, l'une individuelle, l'autre collective. La fragilité de l'être et l'impact de la violence vont donc résider précisément lorsque ce qui constitue le corps intime ou collectif de la personne est détruit. Une violence qui peut s'abattre lentement lorsque le corps glisse dans la pauvreté, ou brutalement quand il chute.

Par les limites qu'il touche, Maurice Godelier voit dans le don une nécessité indispensable afin de répondre aux incapacités et à la brutalité du marché et de l'État. Il s'interroge également sur le caractère transitoire que devrait avoir ce système, dans une société où la violence peut lui être inhérente.

La demande, un précédent du don, Alain Caillé

Sers-moi plus, j'ai faim !
PEDRO QUI VIENT CHERCHER À MANGER,
LORS D'UNE MARAUDE

En 2000, une nouvelle fois Jacques T. Godbout et Alain Caillé écrivent sur le don, mais ils ne le font pas ensemble.

Godbout publie *Le Don, la dette et l'identité* (La Découverte/Mauss). Alain Caillé propose une *Anthropologie du don* (La Découverte).

Dans son nouvel ouvrage, Godbout insiste sur le fait que les personnes ne sont pas déterminées à être des *homo œconomicus* dont le but est de thésauriser. Il propose la figure de *l'homo donator* et insiste à nouveau sur la motivation de donner, donc de ne rien conserver et de faire circuler. Il perçoit, lui aussi, la part de violence comme une limite à l'acte du don, et voit comment les identités entremêlées des personnes dans un échange font courir un risque. Il résume toutefois ce risque à l'impossibilité de rendre : il est indispensable que la personne puisse répliquer. Aussi, selon lui, l'importance de l'intervention de l'État répond à la nécessité, dans certaines situations, de ne pas s'endetter, de ne pas être dominé et de faire valoir un droit. Un droit que l'État doit pourvoir. Dans son *Anthropologie du don*, Alain Caillé dépasse la dimension symbolique du don, il parle de la création d'un système politique horizontal. Pour ce faire, il rappelle les définitions du don :

> Définition sociologique : Toute prestation de biens ou de services effectuée, sans garantie de retour, en vue de créer, d'entretenir ou de régénérer le lien social. Dans la relation de don, le lien importe plus que le bien. Définition générale : toute prestation effectuée sans obligation, garantie ou certitude de retour. Le paradigme du don insiste sur l'importance,

> positive et normative, sociologique, économique, éthique et philosophique de ce type de prestations[67].

Il souligne l'importance des symboles et leur entièreté constitutive à l'acte de donner. La chose donnée est le support d'autre chose. C'est donc un autre langage qui permet de faire société autour de codes communs qui engagent à rendre, par exemple. Le partage immatériel inhérent au don est non interchangeable, contrairement à un objet considéré en tant qu'objet. Ainsi, le don comporte quatre dimensions irréductibles qui sont l'obligation, la liberté, l'intérêt pour soi (réalisé dans un désintéressement qui n'est en rien un désintérêt) et l'intérêt pour l'autre.

Ces dimensions transparaissent dans l'acte de don des bénévoles des Restos, dans l'inconditionnalité de leurs dons de temps, de nourriture, etc., qui a pour condition un respect mutuel lié aux forces symboliques échangées. Elles sont également des éléments d'un projet de société, qui correspond à certains égards à l'idée de justice d'Amartya Sen (voir chapitre 7). Aussi, si celui qui donne ne se sent pas respecté, il se retire, et parce qu'il s'agit d'un contrat moral, il peut le faire. Le terrain du don alimentaire aux Restaurants du cœur illustre bien cet aspect car plusieurs bénévoles, qui ont arrêté alors que j'étais présente, ont pris cette décision non pas par rapport aux personnes qu'elles servaient mais par rapport à des conflits entre bénévoles, souvent des conflits de valeurs, des désaccords avec la hiérarchie. Il s'agissait de moments où ils ne se sont pas sentis respectés dans ce qu'ils étaient, pour ce qu'ils faisaient. Il leur était impossible de pouvoir donner la part singulière d'eux-mêmes, ils ressentaient alors le don comme un acte impossible. L'attente de reconnaissance ne se situe pas uniquement dans le moment de l'échange mais dans tout ce qui l'environne. Le don est un fait social total parce qu'il va au-delà d'un moment et de deux acteurs.

L'autre apport d'Alain Caillé est son analyse en quatre temps. Il ajoute à la triade maussienne « donner, recevoir, rendre » le fait de demander. Selon lui, la demande précède l'acte de donner, qui doit se faire de manière spontanée afin de répondre à l'intérêt du demandeur. Car, à travers ce qu'il reçoit, ce dernier se charge d'une obligation, d'une dette, une force qui l'oblige à rendre. Cette dette engendrée sera saine selon la posture de celui qui donne. Face à une demande, l'incertitude de ce qui va être donné est à envisager. Alain Caillé, comme tous ceux qui s'y sont confrontés, n'idéalise pas le don et mentionne que ce qui est donné n'est parfois en rien de l'amour :

> Ce qu'on donne, ce ne sont pas seulement des biens mais aussi des maux, des mots, des paroles, des injures, des blessures, la mort, des ensorcellements, des envoûtements ou des vengeances. Pas seulement de l'amour ou de l'amitié, mais aussi de la haine et du ressentiment. Le rôle du don, ce qui lui confère sa noblesse et sa valeur normative, est de transcender la rivalité et l'hostilité[68].

Il ne s'arrête pas à ses éventuels risques de maux puisqu'il désigne le don dans sa capacité transcendantale, cette force créatrice citée précédemment. Mais si du mal est donné, du mal risque d'être retourné. Ainsi, des bénévoles assistent à la survie de ceux qui demandent à manger. Ils les voient comme des victimes à qui un affront a été fait, et vont d'une part comprendre qu'ils retournent de la violence, et d'autre part chercher à rompre ce cercle vicieux et à créer un cercle vertueux. Dans le don, celui qui donne ce qui ne se donne pas, ou qui cesse de faire circuler en gardant plutôt que de rendre, porte une faute. Son acte ne porte pas uniquement atteinte à une personne mais à la société. Par la transgression opérée, il menace l'équilibre, la paix.

La déduction qui peut ici être faite est que les règles instituées dans le circuit d'échange peuvent être qualifiées d'économie du don et se comprendre dans une stratégie politique. C'est-à-dire un circuit où la demande, le don, la réception et le retour constituent un acte complet qui oblige les acteurs à les mettre en pratique afin de continuer à appartenir au corps social et à en préserver des valeurs morales, ou bien à assumer de les défier et rompre le lien. Contrairement aux règles du marché capitaliste et utilitariste, où la mise à l'écart, l'exclusion, découle de ne pas avoir pu prendre part au marché, dans cette autre manière de se relier c'est le fait de rompre un circuit et sa continuité qui met à l'écart. Le risque qui découle de cette transgression est qu'elle peut aller, selon Alain Caillé, jusqu'à la guerre par la création d'un manque et d'une rupture sociale. L'énigme d'une telle institution est qu'elle ne nécessite aucune contractualisation formelle, mais au contraire vit dans le lien, dans le ressenti. Il s'agit d'une chose qui ne se saisit pas, mais traverse et transforme ceux qui vivent ensemble l'expérience de l'échange dans lequel leurs identités ont été mélangées.

Le don, c'est l'absence de contrat

Je viens pour l'incroyable sentiment d'utilité que je retire vis-à-vis des bénéficiaires.

RODRIGUE, MARAUDEUR

Étant donné que ce qui oblige n'est pas inscrit, il est nécessaire, pour qu'il y ait don, de conserver un flou sur la chose donnée. Elle doit pouvoir se transformer dans l'appropriation que le donneur et le bénéficiaire feront de l'échange. L'absence de contrat, l'implicite qui accompagne le don, interpelle, voire dérange. Car, dans les règles du marché, le contrat protège les parties qui refusent de se livrer à certains risques et veulent être rassurées pour échanger. Comme cela a été expliqué dans le chapitre 2 à propos de la loi Garot, il est question dans la convention de don d'un contrat qui lie deux types de donateurs, dont l'un se trouve en position de donataire, et reçoit (une exemption fiscale) pour donner. S'agit-il encore d'un don ? La question de la contractualisation mérite un éclairage plus approfondi. Le dernier ouvrage de Godbout consacré au don est un apport précieux pour s'élancer sur cette piste. Après avoir défini l'appât du don en opposition à l'appât du gain dans *Ce qui circule entre nous* publié en 2007, l'auteur diversifie les exemples, croise les approches et démontre que l'étude de la circulation des valeurs ne peut pas se cantonner seulement aux sciences économiques. En effet, les sciences sociales ont également des choses à apporter dans ce domaine. Alors que les questions sont régulièrement formulées afin de saisir l'intérêt mercantile, il souhaite prendre les choses à l'opposé : « Au lieu de se demander pourquoi on donne, on se demande pourquoi on ne donne pas, pourquoi il est souvent préférable de priver l'autre de sa liberté de donner[69]. »

Alors qu'il rappelle que « *A gift is a non contracted good* », une analyse juridique qu'il emprunte à Oded Stark et Ita Falk, il permet de saisir la confusion que génère un contrat dans l'économie du don. Si les grandes surfaces préféraient ne pas donner, c'était pour ne pas avoir la responsabilité de ces dons, ne pas courir le risque que quelqu'un se retourne contre elles pour avoir consommé un produit avarié. La destruction par eau de Javel répondait à cette crainte. La loi a donc cherché à rassurer les magasins et les a déchargés d'une éventuelle responsabilité, endossée par le secteur associatif. Les magasins n'étaient en rien privés de leur liberté de donner, avant la loi Garot, mais ils ne voyaient pas d'intérêt à donner. Chercher à mesurer les bénéfices d'une action avant de s'y engager relève, d'une part, d'une approche conséquentialiste, et d'autre part de la mesure quantitative de choses dont la valeur va alors être fixée. Or un calcul fixe d'une valeur établie fige tout l'aspect symbolique mentionné plus haut. Pour Godbout, l'existence d'autres valeurs, dont celles liées à l'incertitude, sont des inconnues à accepter, à intégrer aux pratiques du don. Prendre en compte l'irrationnel ouvre d'autres champs, et permet d'inclure dans le débat ce qui ne rentre pas dans des tableaux, ce qui ne s'explique pas par une règle mais relève d'une organisation sociale qui impacte des personnes. La réciprocité apparaît comme un élément structurant du don.

Attention : la réciprocité ne signifie pas que le don soit réversible, ce qui est donné est donné et le retour ne sera pas équivalent à moins de donner la même chose ; mais on ne rend jamais exactement la même chose, à moins de rendre la chose donnée, ce qui relève de l'emprunt. Aussi, ce qui est réciproque, c'est le symbole, et à ce titre la dette peut être positive. Pour Godbout, la meilleure formule est atteinte lorsqu'il devient impossible de compter ce qui a été donné et ce qui a été reçu : « Chacun reçoit plus qu'il ne donne. » Son approche est perceptible dans des témoignages très fréquents de la part des bénévoles des Restaurants du cœur, dont ce courriel, envoyé par Selma qui ne peut plus venir pour des raisons personnelles :

> Moi, au-delà du besoin d'être généreuse envers autrui, ce qui me pousse à aller à la rencontre des SDF, c'est que ce sont pour moi les personnes les plus sincères que j'ai pu rencontrer. J'ai été tellement déçue en amour, en amitié ou même dans les relations professionnelles... que j'ai besoin de continuer à croire qu'il existe des gens bien, eh bien figurez-vous que pour moi, les meilleures personnes ce sont eux !!! Quand ils vous aiment ils vous le disent, quand ils ne vous aiment pas ils vous le disent aussi. Je les admire pour ça, ce sont des personnes avec qui l'on peut parler à cœur ouvert en toute SINCÉRITÉ... Car eux ne mentent pas, ne trichent pas. Ils ont la spontanéité d'un enfant... J'adore... Ils sont parfois tout perdus, mais ça reste des Hommes sincères. Des vrais !!!!! Merci à eux pour ce qu'ils m'apportent.

Selma remercie, elle a reçu une chose qu'elle ne reçoit pas partout, pas tout le temps, une chose dont elle a besoin : de la sincérité. La sincérité ne se mesure pas, elle n'a pas un équivalent opposable, pourtant elle est décrite comme une chose précieuse, rare, difficile à obtenir. Dans son don, elle a su accueillir ce que l'autre pouvait rendre, comme il le pouvait quand il le pouvait, ce qui a été moteur de son action pendant des années. À cette condition, le don est perçu par Godbout comme fondement de la morale, mais distinct de la justice. Cette distinction est intéressante car elle permet d'ouvrir une autre piste.

Dans le cadre de la maraude des Restaurants du cœur, les bénévoles disent tous qu'ils veulent lutter contre l'injustice. Toutefois, même pour un bénévole dont c'est la volonté, la justice est impossible à donner, l'enjeu est de la faire circuler autrement. Les personnes rencontrées dans la rue incarnent l'absence de justice de l'accès aux droits fondamentaux. Elles expriment leur grande désillusion, leur abandon parfois, en s'exposant aux yeux de tous. Par des gestes, des paroles, des attentions particulières, les bénévoles vont alors faire circuler ce qu'eux pensent juste, et ils peuvent le faire à travers le support de la nourriture. Même si parfois la réponse est trop décalée. Ainsi, lors d'une maraude, nous voyons sur le trottoir deux hommes avachis sur leurs sacs à dos en train de boire des bières, du vin. Ils ne se trouvent pas à un de nos points de rendez-vous, mais nous nous arrêtons pour leur proposer à manger et éventuellement les ajouter à la liste. Ils ne parlent pas très bien français, mais ils ne veulent rien – ah, si, des couvertures. Nous n'en avons pas. Ce moment est difficile, nous venons de générer une demande sans pouvoir y répondre, alors ma collègue va au camion et revient avec deux barquettes de purée dont ces hommes ne voulaient pas. Lorsque nous échangeons dans le camion, elle m'explique que, couverture ou purée, ce qui lui était apparu important était de leur donner quelque chose, même d'inutile, mais le leur donner, parce que la situation qu'ils vivaient lui était insupportable.

C'est ce qui conduit ce travail à percevoir dans le don une forme d'économie morale, notamment dans l'intérêt porté aux valeurs du don alimentaire.

Quand le bénévolat est quantifié en valeur monétaire – soit 546 millions d'euros en France d'après les chiffres du rapport de la Cour des comptes de 2008 –, il représente autant que la valeur monétaire totale de l'aide alimentaire, qui s'élève à 560 millions selon ce même rapport. L'efficience de l'aide alimentaire n'est plus à démontrer. Or au regard de ce que représente le don, n'est-il pas risqué de quantifier la valeur du bénévolat ? Ce chiffre rend compte uniquement d'un nombre d'heures multiplié par le taux horaire du SMIC. Les compétences des bénévoles seraient plus coûteuses dans le cadre du salariat, de plus s'y ajouteraient les contraintes liées au Code du travail[70]. Les analystes de ce rapport sont donc d'accord pour considérer que ce chiffre est un indicateur bas de la valeur réelle que représente l'investissement humain. Mais quelle valeur la Cour des comptes pourrait-elle donner à celui qui, dans son engagement, contient toute la violence d'un système ?

Le contre-don ou la violence d'un impossible

Selon Mauss, si dans le don qui s'opère le contre-don n'est pas possible, cette transaction est considérée comme incomplète. Elle peut alors être le théâtre de domination et/ou de violence. Il faut que la règle de l'échange garantisse une forme de réciprocité pour être vertueuse. Car le don vient déterminer différentes formes de relations, qui peuvent aller de l'alliance à la dépendance, voire à l'expression de rivalité. Ce qui va donner de la valeur à l'échange et permettre de lui donner sa fonction sociale se situe dans ce qui est en jeu entre les deux acteurs. Chacun des transferts apparaît comme la résolution de l'expression d'une violence sous-jacente, et « c'est à travers le fait qu'il y ait contrepartie ou pas que va naître la relation de dépendance[71] ».

La contrepartie est ce qui redonne une dignité à la personne qui a reçu le don. Toutefois, dans une perspective de dominant/dominé, il reste à définir ce qui fait office de contre-don dans l'échange. Dans le cas de l'aide alimentaire, les « donateurs » et les « donataires » peuvent être dans différentes formes d'interactions. L'échange peut se situer entre eux, mais il peut aussi révéler d'autres acteurs et positionner les bénévoles et les personnes qui viennent chercher à manger dans un même ensemble vis-à-vis de l'État ou du principe de justice. Penser l'alliance, le message politique recherché ou possible dans une situation de crise économique et sociale révèle les rapports de force.

Rien n'oblige les bénévoles à effectuer ce don de leur temps et de leur attention à l'autre puisque ce qui caractérise cet acte est la liberté qui le distingue du droit et du devoir.

Cet engagement s'illustre dans des attitudes de bienveillance, de bienfaisance ou de solidarité qui traduisent l'identité des structures. L'importance octroyée au contre-don est aujourd'hui très forte dans le milieu associatif, qui s'interroge de plus en plus sur la manière dont il peut sortir du don/dépendance. La réciprocité est ce qui rend le don important, comme le souligne Godbout :

> On en conclut que l'essence du don ne serait pas d'être un don. C'est ce qu'exprime l'idée de réciprocité comme fondement du don, réciprocité restreinte (dyade, symétrique) ou généralisée (ouverte, en chaîne sous la forme de transmission) ; mais réciprocité[72].

La singularité du don alimentaire est qu'il en va de la vie, ou de la survie des personnes : que signifie ici la réciprocité ? Selon Godbout, quand la réciprocité n'est pas possible ou trop incertaine, le système du droit doit être préféré. Il pondère alors des figures d'*homo œconomicus*, d'*homo æqualis* et d'*homo donator*.

J'ai observé, dans la force de donner qui anime les bénévoles, une part d'économie morale, un principe de justice qui les conduit majoritairement à contourner la règle si nécessaire, donc à désobéir si ce qui leur est demandé ne correspond pas à leur sens de la justice. « Vous pouvez faire certaines choses, mais il ne faut pas les écrire ! » m'explique une salariée du national. Aussi, l'*homo donator* version Restaurants du cœur répond à une logique particulière, qui privilégie une forme de contrat moral en dehors de ce qui est autorisé ou recommandé de faire par l'État. C'est alors un espace de liberté qui s'ouvre, dans lequel la dignité des personnes est centrale en raison de ce sens de la justice, et de la désillusion qu'ont les bénévoles face aux actions du gouvernement qualifiées de trop lentes, trop procédurières. Dans cette prise de position, il est intéressant d'observer la continuité qui existe dans ces valeurs et le moteur d'action de Coluche : « Nous on sait faire, alors on fait ! » Se nourrir et être nourri sont des questions d'indépendance ou de dépendance face à autrui. Penser la réciprocité c'est penser à un droit réciproque appliqué pour tous, dans lequel il est normal que l'autre accède à la même chose que soi. Il est donc normal d'agir. Zoé, une bénévole, m'explique :

> Avant, quand les gens me disaient « c'est bien ce que vous faites », je me disais « ah oui, c'est vachement bien ce que je fais... », mais aujourd'hui, ça m'énerve ! Je finis cette campagne d'hiver sur les rotules et on est nombreux comme ça. Alors j'ai envie de leur dire « eh bien, si c'est bien, faites-le ! »

Zoé sait que son injonction n'est pas si simple. Elle a développé une distribution lors de laquelle elle se rend auprès des personnes âgées qui ne peuvent plus se déplacer. « Il y a des choses, vraiment tu ne peux pas les imaginer ! » Face à une misère impensable, est-ce que tout le monde est à égalité pour s'y confronter, la voir, y pénétrer ? Zoé sait qu'il y a des gens plus fragiles qu'elle, qui s'effondreraient face à cette réalité. Aussi, parfois c'est le don direct qui est impossible, parce que les situations sont insupportables. Une médiation est alors nécessaire. Dans ce cas, il ne s'agit pas d'attendre la contrepartie de la défiscalisation, ou d'un don attribuable à la politique de la pitié, mais bien de la conscience et de l'appréhension que génère la situation à laquelle il va falloir faire face.

L'importance de l'établissement de contre-dons au sein de ces prestations non marchandes est donc un enjeu crucial pour sortir des liens de domination et voir ces situations autrement. Alors que celui qui reçoit semble prendre, peut-être permet-il à son donateur de faire quelque chose de bien. Le donataire donne alors en retour de l'estime de soi. Faut-il croire qu'il perdrait la sienne dans cet acte ? Ce qui caractérise le don alimentaire des sociétés contemporaines peut s'étendre non seulement dans ses quatre dimensions (demander, donner, recevoir et rendre), mais également dans un contexte d'incertitude du retour, de désir de donner, de besoin de circulation, d'absence de contrat et de potentiel créatif.

Le don aujourd'hui ne peut se réduire ni à une organisation impersonnelle, ni aux pratiques d'entraide dans la rencontre. Il est multiple et polymorphe. Il a une origine et porte en lui des éléments qui le constituent et légitiment son utilisation. Le mésusage du terme de don tend vers une manipulation des affects qu'il est essentiel d'expliciter, d'où l'importance de le resituer et de le réinterroger selon les critères précis qui l'ont forgé au fil du temps – le fait de donner, de demander, de recevoir et de rendre – et qui le mettent à l'épreuve des violences alimentaires.

Deuxième partie

« L'ARGENT NE FAIT PAS LE BONHEUR DES PAUVRES »

Manquer d'argent, c'est manquer de nourriture

> Le mot pauvreté est un mot vertigineux. Pour beaucoup, c'est le désespoir absolu, le labyrinthe sans issue que toute lumière a quitté. Pour d'autres, la misère qui ronge le corps et l'âme comme un rat affamé. Pour d'autres encore, un mot commode et rentable dont on a appris à se servir pour acheter des armes, augmenter le surendettement au nom de l'éradication de la pauvreté.
>
> MAJID RAHNEMA[73]

4.

« LE PEUPLE A FAIM »[74]

Durant ces années passées avec les Restos du cœur, j'ai croisé de nombreuses personnes qui recourent à l'aide alimentaire parce qu'elles ont faim. À l'occasion d'une distribution ou au coin d'une rue, certaines d'entre elles se sont confiées. Elles m'ont expliqué ce qui rend l'accès à la nourriture compliqué. Force est de constater la divergence de leurs parcours, tant dans les formes de pauvreté que dans les raisons qui les ont conduites à pousser la porte des Restos. Rassemblées sous des termes communs – bénéficiaires, usagers, invités, partenaires ou personnes accueillies, qualificatifs employés de manière différenciée par les acteurs associatifs et administratifs –, ces personnes disparaissent en tant que sujets de droit égaux dès lors qu'elles sont rattachées à un dispositif. Un processus par lequel la vulnérabilité due à leurs parcours tend à la désubjectivation d'une vie propre, notamment dans la perte d'intimité[75]. Il faut déballer ce qui fait honte, justifier de sa détresse pour recevoir un peu de nourriture. Ces personnes mises à nu apparaissent alors comme un tout modélisable. L'intrusion de personnes lambda dans la vie de ceux qui ont faim semble normale. « Avoir tout perdu » devient « n'avoir rien à cacher ».

L'utilisation du vocable « les pauvres » fait de la conséquence d'un moment difficile, un statut qui dissimule les formes de pauvreté et leurs causes. La pauvreté est une réalité économique mesurable, la précarité en intensifie ses effets[76]. Le glissement n'est pas un moment anodin, les personnes ne se sont pas réveillées un jour précaires, puis pauvres, elles ne l'ont pas toujours été non plus ; il s'agit d'un parcours fait de seuils et de points de bascule, de l'apparition de nouveaux risques pour les individus. Si la pauvreté demeure, à elle s'est ajouté l'inconnu, comme s'il devenait possible d'être plus pauvre que pauvre. Cela se comprend dans un système, qui dans certains cas, ne reconnaît plus les personnes comme sujets de droit. Le pauvre, en entrant dans un calcul, existe par rapport à des critères économiques des seuils, non pas par rapport à qui il est. Ce qu'il faut comprendre, c'est que s'il disparaît des cases, il disparaît tout court.

Il n'y a pas de mot politiquement correct ou incorrect pour qualifier ceux qui se nourrissent de l'aide alimentaire. Néanmoins, il est important de les voir autrement et de les décrire tels qu'ils se donnent à voir, ni dans une vision misérabiliste, ni dans un idéalisme naïf. J'ai ressenti dans le temps de cette recherche la fécondité d'un entre-deux apporté par la notion de « marge »[77]. Cet entre-deux tiraille tant dans l'espace et son occupation que dans des émotions fortes – aimer et haïr, comprendre et s'indigner de ces gens, de ces vies.

Parler d'un entre-deux, c'est partager le sentiment d'être passée de l'autre côté, là où les règles du droit commun sont inadaptées. Le parti pris est alors de ne pas considérer la personne comme inadaptée, mais le système. L'ambiguïté de ces situations est que des droits sont bafoués sans que cela soit perceptible. Justifier ce manquement en décrétant que les personnes devraient rentrer dans un cadre révèle un principe de double exclusion, un effacement des faits, une inversion de la faute.

En janvier 2018, le secrétaire d'État à la Cohésion sociale, Julien Denormandie, annonce sur les ondes de France Inter qu'il y aurait seulement 50 sans-abris à Paris. Il lance une polémique en affirmant qu'au-delà de ces 50 personnes, les autres vivent dans la rue par choix. La maire de Paris, en réponse, va recenser 3 000 personnes qui ne vivent pas la rue par choix. Ce chiffre correspond à celui annoncé par le baromètre du 115[78] qui déplore que chaque nuit 2 500 à 3 000 personnes dorment dehors sur ce territoire. La France compte 33 000 sans-abris, mais 133 000 personnes sans domicile fixe. Cette polémique a révélé la méconnaissance d'un phénomène difficile à dimensionner. Le sous-dimensionnement de ce qui se déroule sous les yeux des passants est étonnant et renforce cette idée d'une frontière, d'un entre-deux qui tend vers un ailleurs méconnu. Lorsque rien n'est mis derrière, ce que représente recevoir ou demander de l'aide, il est difficile de comprendre ceux qui restent dans la rue, et facile d'assimiler leur refus à un choix de vie.

L'enjeu ici sera de ne pas définir les pauvres mais de les laisser se dire, pour échapper aux représentations données par ceux qui côtoient la pauvreté par le haut, sans en faire l'expérience. Il y a dans la relation d'aide une facilité à penser que celui qui aide sait ce qui est bien pour celui à qui il vient en aide, parce qu'il est professionnel ou parce qu'il est généreux. C'est un sentiment humain et très rassurant pour les deux personnes. Toutefois, un des problèmes, dans l'aide à la personne, est bien que nul ne sait ce dont l'autre a besoin. C'est une limite à prendre en considération, mais surtout à accepter. L'autre, celui qui n'est pas soi, est le seul à pouvoir exprimer ses besoins. Dans les descriptions de ce chapitre, aucune exhaustivité mais l'expression singulière, parfois crue, de ceux qui habitent la marge.

Les visages de la pauvreté

De la galère...

Les personnes âgées

Mme Rochette est isolée géographiquement, elle vit dans un village de 90 habitants. Elle a travaillé toute sa vie, sans jour de repos ni vacances, puisqu'elle travaillait dans la ferme familiale. Aujourd'hui, elle vit toujours dans ce lieu qui l'a vue naître et qu'elle n'a pas quitté, sans avoir droit à une retraite digne, parce que le statut des aidantes dans la ferme – qu'il s'agisse des femmes, des épouses ou des filles – n'ouvrait pas de droits. Dans le centre de distribution, elle remplit son sac de provisions et se comporte comme dans une épicerie. Elle est une cliente, descendue de sa montagne, elle remontera avec des commissions, comme ça s'est toujours fait, peu importe qu'elles aient été données ou achetées. Sa contrainte est ici de s'adapter, car elle ne choisit pas en fonction de ce qu'il lui manque ou dont elle a besoin ou envie, mais elle récupère ce que des bénévoles lui attribuent en fonction des points que sa condition octroie. Lorsque je note sur la fiche ce qui correspond à ce dont elle peut disposer et que je cherche à l'impliquer, je vois bien qu'elle s'en moque. Elle semble moins intéressée par ce à quoi elle a droit que par ce qu'il y a. Ainsi, devant les gâteaux et les sucreries, elle sourit de voir qu'une tablette de chocolat lui est destinée. Elle ne formule rien, elle réceptionne. Touchée par la pauvreté qui a percuté les petits paysans, Mme Rochette apparaît comme une survivante d'une époque en train de disparaître, dans un village qui se meurt. Elle assume les charges trop lourdes d'une maison trop grande mais dans laquelle elle peut vivre comme elle l'entend. Une chance, voire un privilège, quand d'autres personnes âgées en ville ont perdu leur logement et se retrouvent sans domicile fixe.

C'est le cas de Christine, en région parisienne, qui vient régulièrement au camion de la maraude des Restos du cœur. Si elle m'a souvent parlé, je n'ai aucune certitude quant à ce qui l'a conduite dans ce parcours de rue. Le récit construit par l'équipe en recoupant les informations est qu'à la suite du décès de son compagnon, le fils de celui-ci l'a mise dehors pour récupérer les biens de son père. Christine évoque très régulièrement un procès à venir avec ce gendre, qui lui redonnerait droit à une vie digne. Dans cette attente, tout semble entre parenthèses. Nous la croisons courbée par le poids des sacs qu'elle porte et du Caddie qu'elle traîne derrière elle. Sur elle, aucun signe visible de cette vie hors norme. Elle se distingue lors des distributions par les critiques qu'elle ose formuler. Les repas des Restos : « Trop lourds, pas bons, en plus il n'y a pas le choix. » Elle qui est allergique au poisson doit se contenter de pas grand-chose les jours où on ne sert que ça. Elle se désole de la manière dont les pâtes sont trop cuites, le riz trop sec, et puis tous ces produits dont la date est dépassée, « ça fait mal au ventre, ça rend malade ». « Non mais, sincèrement, des haricots blancs le soir, comment vous voulez que l'on dorme bien après ça ? » Une autre fois, alors que nous nous garions pour lui servir à manger, Christine était en train de regarder le contenu d'un sac de vêtements que la Croix-Rouge venait de lui déposer. Elle soupirait. C'est en sortant un tee-shirt qui faisait deux fois sa taille qu'elle m'a prise à partie : « Ils se foutent de nous ! C'est parce qu'on est pauvre qu'on doit s'habiller si mal ? » Elle était vexée et énervée. Ce soir-là, elle a poursuivi son argumentation en expliquant que, lorsque l'on vit dehors, si on ne veut pas avoir de problèmes, il ne faut pas que ça se voie. Dans le cas contraire, on est chassé des lieux publics dans lesquels on peut prendre un peu de repos et ressentir un semblant de normalité. Si Christine sent qu'on l'assimile aux pauvres, elle s'insurge. Pour elle, elle n'est pas comme « eux ». Comment savoir si la honte qu'elle ressent de pouvoir être identifiée comme « bénéficiaire » l'expose ou la protège ? Elle préfère son indépendance aux hôtels où la promiscuité la gêne, et puis elle a peur d'attraper des parasites : poux, gale, punaises de lit. Christine est autonome dans son parcours de dispositif en dispositif, elle les frôle sans jamais s'y abandonner, elle décide. Si elle est absente, elle ne justifie rien ; insaisissable, elle ne doit rien à personne, et cela semble être sa fierté.

Pour d'autres, dépendre des dispositifs est une continuité, peut-être une sécurité, en tout cas une acceptation de cette situation particulière.

Quand je rencontre Clotilde, cela fait sept ans qu'elle est inscrite dans des centres de distribution alimentaire. Elle est une habituée des Restos du cœur, dans lesquels elle s'inscrit d'une ville à l'autre. Elle confie qu'elle n'a jamais été au chômage, mais suite à un accident, elle a été déclarée inapte au travail. Sans entrer dans les détails, elle ajoute que c'est une accumulation, qu'il n'y a pas eu que ça. À 62 ans, le passage à « la retraite » n'a pas amélioré sa situation. Son arrivée en zone rurale a un point positif : la prise en compte de ses problèmes de santé par l'équipe, qui adapte la distribution à ce qu'elle peut manger ou pas. La part à laquelle son statut de personne seule lui donne droit est majorée du fait de son handicap ; mais malgré ce plus, Clotilde ne mange pas tous les jours à sa faim. Elle s'interdit de dire que ce n'est pas suffisant car « iI y a plus miséreux », alors elle développe des stratégies : « Quand on est dans la galère, on se goinfre pas tout de suite ! » Elle a appris à ne pas craquer, à se contrôler et faire durer ou, quand cela a été nécessaire, à passer une semaine sans manger. Elle ne se limite pas à l'aide des Restos et reçoit occasionnellement des bons de la mairie. Elle peut alors aller au supermarché et acheter ce qu'elle désire, à l'exception de l'alcool et des produits pour animaux. Lorsque je lui demande si la nourriture qu'on lui donne est bonne, elle me répond : « Quand le ventre il a besoin faut pas faire sa difficile. » Et puis, cuisiner pour elle seule, non, alors si ce n'est pas toujours très bon, c'est aussi parce qu'elle ne fait rien pour.

Charly non plus ne cuisine plus, pourtant il ne vit pas seul, il a son épouse. Elle, nous ne l'avons jamais rencontrée au camion de la maraude. Madame ne sort pas et, d'après les dires de Charly, elle quitte rarement son lit. Charly, comme Christine, fait partie des personnes qui ont une place singulière dans la maraude. Une place gagnée au fil du temps par l'entraide qu'il a mise en place et les confidences qu'il a faites. S'il vient chercher à manger, il a pris l'habitude d'apporter tout un tas de choses et de distribuer lui aussi : du pain frais récupéré à la boulangerie, des vêtements, des cahiers, des livres. Pour ceux qui fréquentent cet arrêt, il est une personne-ressource tout autant attendue que le camion. Lorsqu'il nous rencontre, nous avons toujours droit à un flot de paroles gratifiantes pour les bénévoles, une sorte de mantra répété en boucle. Quand il répète cette litanie, le bénévole qui répond quelque chose constate rapidement que Charly n'écoute pas. Il poursuit simplement un discours extrêmement positif sur la solidarité, l'entraide, le partage, la justice qui se développe ici. La pauvreté apparaît alors comme une valeur morale, une garantie de ne pas faire semblant et de se comprendre par un vécu commun dans lequel les impostures sont impossibles. Charly m'a dit avoir travaillé dans les ministères à de hauts postes où il savait beaucoup de choses et avait appris comment cela fonctionnait dans l'élite. Puis, un jour, son fils est mort, une mort violente. Les circonstances du drame n'ont pas été résolues, cette injustice lui a été insupportable. Après ça, il s'est effondré, sa femme aussi – la dépression, la maladie, l'impossibilité de faire face pour le travail, l'isolement. Aujourd'hui ça va, il sait qu'il n'a pas besoin de grand-chose pour vivre, il ne veut plus rentrer dans le système. Il reçoit ici, il donne ailleurs, et ce système parallèle lui semble plus honnête que celui d'avant le drame.

La pauvreté des personnes âgées que j'ai rencontrées tient à plusieurs facteurs. Elle peut être la continuité d'une vie où l'argent a toujours manqué, un manque qui s'intensifie quand les bricolages d'avant deviennent impossibles. Il y a des disputes et des ruptures, mais aussi des enfants qui vivent la même pauvreté et qui ne peuvent prendre en charge celle de leurs parents. Le choc de la perte du conjoint ou de l'enfant est aussi un moment qui peut faire basculer la vie des personnes. Ce qui semble alors faire défaut, c'est la capacité de la société à préserver un maillage suffisamment serré pour que les personnes fragiles ne passent pas à travers dans ces moments difficiles. Or, en plus des tragédies personnelles, l'organisation administrative et le passage à l'informatique ont élargi les mailles. Ces personnes habituées à parler et à obtenir de l'aide dans une rencontre physique ne savent plus faire. Elles dépendent d'assistantes sociales débordées. L'histoire de Mme Zaoui l'illustre. Lors de son inscription au centre de distribution, Mme Zaoui tient ses documents serrés contre elle, elle vient d'attendre longtemps dans le froid. Assise face à nous, son visage est souffrance et angoisse. Alors qu'elle n'a pas d'argent pour vivre, les courriers lui en réclamant abondent. Elle vient de passer en commission de surendettement, pour des dettes de loyer, un logement qui n'a rien de confortable, mais qui l'abrite quand l'OPHLM ne lui propose rien à sa taille. Elle ne comprend pas ce qui lui est réclamé, parce qu'elle ne gaspille pas. Devant nous, elle sort les relances des factures, les menaces de coupures. D'origine algérienne, cela fait plus de vingt ans qu'elle vit en France, son français est impeccable, mais elle n'a pas su faire les documents qu'il fallait pour toucher le minimum vieillesse et recevoir la pension de réversion de son mari. Alors que nous calculons le reste à vivre de Mme Zaoui, nous tombons sur ce chiffre négatif : - 6 euros. Évidemment elle va recevoir une aide alimentaire, mais surtout elle va être orientée et accompagnée dans son accès aux droits. Car si la nourriture est centrale aux Restos du cœur, l'assistance pour l'accès aux droits est aussi devenue une nécessité.

La chute est ce qui effraie et oblige à demander de l'aide, quand ce n'est pas pour soi, c'est pour préserver ses enfants.

Familles monoparentales et travailleurs pauvres

Je rassemble ici ces personnes, car beaucoup ont des revenus, déclarés ou pas, et la possibilité de voir leur situation changer, contrairement aux personnes âgées. Dans ces populations, de nombreuses personnes exercent des activités qui ne sont pas déclarées, parfois mal payées, d'autres fois seulement précaires. Ce recours au travail au noir peut être lié au fait d'être sans papiers, et donc sans autorisation de travailler. Dans l'attente de jours meilleurs, les personnes acceptent de petites choses qui les dépannent. Les liens qu'elles tissent avec les bénévoles des Restos sont particuliers, il y a une forme de contrat tacite qui stipulerait qu'il ne s'agit que d'un coup de pouce. Ces personnes qui se rencontrent avec chaleur et bienveillance au moment de l'inscription ont des deux côtés du bureau ce même objectif : rapidement ne plus se voir, et ensemble changer les choses.

Laïla est mère, célibataire, en recherche d'emploi. De temps en temps, elle travaille au noir. La première fois que je l'ai vue arriver au centre de distribution, avec son panier en osier et son grand sourire, j'ai pensé qu'elle était bénévole. Pour cette maman de deux enfants, dont un qui ne va pas encore à l'école, venir aux Restos du cœur n'a pas été facile. Elle le vit comme un échec : « On met sa face devant la porte quand on vient, mais pour les enfants on vient. » Elle ne fera aucun commentaire sur la nourriture qui est donnée, elle en a besoin et elle « attend que ça passe ». Elle ironise sur le travail qui lui est proposé : « Que du black ! » Dans ce qu'elle parvient à bricoler, Laïla a un but : garder la main sur sa vie, sa manière de concevoir son avenir et celui de ses enfants. Comme Christine, elle ne veut pas rentrer dans les dispositifs, pour les enfants elle accepte un peu de nourriture, une fois par semaine, mais elle s'autorise à refuser les produits qui ne lui conviennent pas. Pour le reste, après l'avoir croisée sur le marché tenant un stand de confection de tresses pour les touristes, je crois qu'elle se débrouille.

La débrouille est certainement ce qui caractérise le mieux toutes ces femmes qui affluent dans un gros centre de distribution du 93. Il accueille, en 2016-2017, 721 familles et 174 bébés. Les mères sont essentiellement d'origine africaine, bien qu'il y ait également des femmes des pays de l'Est.

Les femmes africaines

J'ai pu constater à chaque distribution, la manière dont ces femmes utilisent l'espace et le moment pour se retrouver entre elles et s'imposer dans leur diversité. Leurs tenues, leurs coiffures, leurs maquillages sont souvent impeccables et très colorés. Ce qu'il me semble important de souligner est ce contraste entre elles et les autres. Une observation déjà faite par Jean-Michel Vaguelsy en 1986, soit l'année qui a suivi le lancement des Restos :

> Ce qui me frappe le plus, c'est de constater à quel point les gens que je rencontre sont cassés. [...] Exception à cette règle, les femmes immigrées d'Afrique du Nord ou d'ailleurs, qui ne parlent parfois pas un mot de français. Elles viennent la plupart du temps avec leurs enfants, papotent dans la queue, s'engueulent pour une place, ont la tête haute, sourient souvent et donnent l'impression d'assumer leur droit, de ne pas se sentir humiliées et d'avoir naturellement compris le message de Coluche[79].

Aujourd'hui encore, j'ai pu observer dans leur comportement cette façon de considérer avoir droit aux Restos, de la même manière que l'on a droit au RSA (revenu de solidarité active), aux allocations de la CAF (Caisse d'allocations familiales) ou à la Sécurité sociale. Il est vrai que l'inscription qui se pratique dans les centres, passage obligatoire dans lequel elles ont dû justifier leur situation en détail, laisse à penser que si ailleurs elles n'ont pu s'inscrire et ouvrir des droits, ici un guichet vient de les enregistrer. Elles considèrent la nourriture comme un dû, la France n'est-elle pas une terre d'accueil ? Pourrait-elle laisser une femme et ses enfants sans même de quoi manger ? Ainsi, elles observent le sac de la cliente qui les précède, et s'assurent de ne pas avoir été lésées. Elles refusent des produits abîmés en regardant le bénévole du coin de l'œil, ce n'est pas un regard frontal, mais un regard en biais qui dénonce : « Comment osez-vous nous proposer ça ? » Elles font ressentir la gêne de distribuer des fruits pourris sous prétexte qu'il faut juste trier un peu, ou du pain rassis. En d'autres termes, ces femmes ne sont pas venues demander l'aumône, mais réaliser un droit. À travers leurs revendications, elles mettent les bénévoles mal à l'aise, car le sentiment fort de pouvoir donner s'évapore quand un jugement est porté tant sur le produit que sur la manière de faire. Ces femmes choisissent volontiers leur bénévole distributeur, elles montrent elles aussi qu'il est possible d'utiliser un dispositif sans s'y confondre.

Les visages de passage et ceux qui restent

Le chômage et les licenciements conduisent aussi devant la porte des Restos du cœur. Selon la manière dont les choses se sont passées, il y a dans les récits des personnes beaucoup de désillusion quant à la société. Les Restos sont alors un îlot sur lequel venir faire escale ou même accoster. Stéphane fait partie de ceux que les bénévoles de ce petit centre en campagne nomment les « marginaux ». Je l'interroge sur ce qu'il pense des Restos. « Je ne pense que du bien, sinon je ne viendrais pas, merci Coluche ! Entre l'Abbé Pierre et lui il n'y a plus personne qui a fait autant, surtout pas le gouvernement ! Pas d'efforts, des fois qu'on leur pique leurs fourchettes en argent ! » Pour lui, les quantités sont correctes pour dépanner. La qualité est décrite par un : « Ça va, j'ai jamais été malade ! » Il y a beaucoup de conserves et pour certains produits il préfèrerait faire autrement, mais s'il vient là, c'est parce qu'il n'a pas le choix. Stéphane a 41 ans, il était barman et avait pu acquérir son propre bar, mais voilà, il est tombé malade, le diabète, des problèmes de reins. Alors qu'il apprenait à vivre avec sa maladie, il a eu un contrôle, il a tout perdu. Il raconte combien il est difficile de passer d'un gros salaire au RSA, mais maintenant il est habitué. La seule chose, c'est qu'avec son handicap il ne retrouve pas de travail, ni de quoi investir dans une nouvelle affaire, personne ne prend le risque.

Jean-Cri aussi a perdu son travail. Ancien ingénieur automobile, licencié, il a fréquenté la maraude. C'est un homme qui parlait beaucoup et qui rejoignait les bénévoles de leur arrivée à leur départ en racontant son licenciement et ses suites, un épisode qu'il qualifiait de mauvaise passe. Il ne se mélangeait pas à la file, comme par peur qu'elle ne le saisisse. Il venait justifier sa dégringolade, et la verbaliser semblait lui permettre de s'en distancier. Il savait ce qu'il lui était arrivé, la perte d'emploi, le divorce, un classique. Ce qu'il regrettait, c'était de ne pas pouvoir aider ses enfants, « des étudiants pauvres », disait-il. Jour après jour, il a économisé, remboursé ses dettes. Manger à la maraude a fait partie de sa stratégie pour s'en sortir : dépenser zéro. Jean-Cri est le seul durant mon travail de terrain qui aura établi un décompte jusqu'au jour où il n'aurait plus besoin des Restos du cœur ; quand ce jour est arrivé, nous ne l'avons plus vu.

À ces visages de passage se heurtent ceux qui restent et qui construisent leur place : les *bénévoles-bénéficiaires*[80]. Leur place est tout aussi singulière que leur rôle, puisqu'ils considèrent qu'ils viennent travailler. Ils ont un emploi du temps, des horaires, des jours de repos, et quand ils sont absents, ils disent avoir pris des vacances.

Monique est l'une d'entre eux. Elle me parlera de cette place singulière dans une grande ambivalence. Si elle fait état de rapports de force entre dominants et dominés au sein de la structure, elle décrit également un espace qui lui convient et qu'elle a fini par choisir. Monique a 58 ans. Ce n'est pas elle qui a fait la démarche de venir aux Restos, son voisin l'a accompagnée dans ce centre pour « sa première fois », il voulait lui présenter Michel, le responsable. Alors qu'elle était dans ce qu'elle qualifie de « merde générale », ce matin-là, elle a participé aux activités avec d'autres bénévoles. Cela fait trois ans qu'elle a mis le doigt dans l'engrenage. Désormais, elle est présente six jours sur sept, elle s'occupe particulièrement des fruits et légumes et des jouets pendant la période de Noël.

Son enlisement, comme elle le nomme, a commencé avec la mort de son mari. Lorsqu'elle avait choisi cet homme marocain, de vingt ans son aîné, les liens avec sa famille qui désapprouvait cette union s'étaient rompus. Elle a eu un fils, avec lequel elle n'a plus de contact, que sa famille a qualifié de bâtard, un mot qu'elle ne digère pas. Au moment du décès, elle s'est donc retrouvée seule. Abattue, déprimée, elle n'a pas fait ce qu'il fallait avec sa belle-famille, elle a essayé par la suite mais sans succès. Elle s'est retrouvée à la rue, surendettée et malade. Une amie lui a proposé de l'héberger, en échange de quoi elle devait garder les enfants. Par la suite, elle a accepté un travail à l'épicerie sociale. Je ne sais pas si elle était rémunérée, je pense que non, mais il est important de préciser que Monique parle de manière similaire d'un emploi rémunéré et du bénévolat. Pour elle, « travailler pour » signifie avoir un travail. Et puis ça lui permet de manger ! Ce que je tente de distinguer, elle le confond. Ainsi, elle me décrira avec un grand professionnalisme ses tâches, son rôle, ce qu'elle aimerait changer dans la structure. Au fur et à mesure que nous avançons dans son récit, je remarque que dans ce « travail de bénévole », elle restaure ce qui s'est effondré autour d'elle. La vie entre bénévoles est décrite comme une vie de famille, les repas sont pris ensemble, il y a des tensions, on se largue, mais on s'aime bien. Une personne fait à manger pour tout le monde, c'est gentil, mais on n'est pas obligé d'aimer, on peut vouloir manger plus simple, alors on fait des crêpes, des œufs durs, et dans ces moments-là, ce que Monique souligne c'est que les choses sont faites ensemble. Elle ne manque de rien : « Si tu demandes, elle [la responsable] va te dire oui ! » Et elle ajoute : « Quand tu as ta carte, tu as droit à plein de trucs. » L'ostéopathe, les cours de français, d'informatique, mais aussi le cinéma, les spectacles, les ateliers artistiques, l'esthéticienne et les vêtements. Sa préoccupation n'est pas de sortir du dispositif, mais plutôt de l'étendre. Car aujourd'hui, non seulement le centre ferme en été, mais avant même sa fermeture le nombre de personnes qui peuvent bénéficier de l'aide est considérablement réduit au cours de ce qui est appelé la campagne d'été. Il ne reste alors que des personnes « plus bas que bas, sans rien du tout ! Tu te rends compte, moins que le RSA ! ». Puis le centre ferme. Monique qualifie cette période de l'été de « congés forcés ». Elle prévoit et stocke les conserves de l'hiver pour pouvoir tenir, mais elle se bat pour que ça change ! Une bataille qui révèle à quel point elle se situe à la merci des responsables en ce qui concerne son droit à l'alimentation. Elle parle de privilèges, d'avantages et de faveurs donnant lieu à de la jalousie, car des abus réels ou imaginaires sont identifiés par ceux qui dépendent de l'aide alimentaire. Pour elle, le monde politique n'est que désillusion et corruption, elle n'a aucune attente quant à une amélioration. Mais ici, aux Restos, elle propose la venue d'une pédicure, l'élargissement des campagnes, du barème, de la qualité de certains produits. Dans cet espace, elle peut se saisir des problèmes qui la touchent, ou l'ont touchée, trouver des solutions, les expérimenter et les étendre. Ce statut de bénévole-bénéficiaire se perçoit dans une forte appropriation de la structure, un regard de l'intérieur de ceux qui n'ont d'autre choix que de s'assimiler quand le dispositif les nourrit et qu'ils en deviennent le corps.

Les 18-25 ans...

Ceux qui galèrent sont parfois très jeunes. Ils viennent une fois, maximum deux, parce qu'ils refusent de donner des papiers et de faire une inscription. Ils viennent chercher des colis alimentaires de dépannage. Ils vivent dans leurs camions, dans des squats ou sont hébergés. Ils vont de festival en festival. Ce qui les attache ou les détache est impossible à saisir pour les bénévoles. Ils n'ont pas droit au RSA. Leurs parcours et les questions qu'ils posent sont particulièrement bien traités dans l'ouvrage *Les Nomades du vide*[81]. Ces jeunes sont aussi experts dans les systèmes de récupération, poubelles de grandes surfaces, fins de marché.

*

Les personnes dans la galère que j'ai rencontrées semblent être dans un entre-deux. Entre une vie modeste et la survie dans un quotidien touché par la crise. Dans ces moments-là se dessine la marge du système social dont ils sont décrochés, dans laquelle ils sont assignés. La reconquête des droits fondamentaux apparaît alors en dehors d'un système de protection et de solidarité ; les droits ne sont plus une obligation mais un luxe, un signe de distinction. À travers leurs regards et leurs histoires, l'accès aux droits fondamentaux de l'Homme semble être soit un mouvement irréversible de pertes en cascade, soit une dure escalade individuelle. La solidarité et l'égalité s'affichent comme des principes et non comme des réalités. Quand les personnes confondent l'aide des associations et l'obligation de l'État, ils n'exigent plus grand-chose. Ils n'attendent plus rien du système dans lequel ils sentent bien qu'ils n'ont plus leur place. Alors ils assument cet ailleurs et le fait que d'autres règles y soient en vigueur, ils ont peur, comme le souligne Stéphane, que l'aide présente dans la marge ne disparaisse. Ils se situent dans cette situation précaire qui peut à tout moment basculer, et leur énergie semble se concentrer dans la préservation de ce fragile équilibre. Aussi s'attachent-ils à construire la marge, à la rendre plus solide. Redoutant un basculement qui, loin de les en sortir, les plongeraient un peu plus profondément dans la pauvreté, et à terme la misère. Ces personnes agissent alors comme des rescapés, des citoyens de seconde zone en perte de droits.

… à la misère

> La misère, c'est comme un grand vent qui vous déferle sur la gueule et qu'arrête pas de souffler toujours dans la même direction. Le problème, c'est d'essayer de faire quelque chose pour éviter de se faire renverser. La prendre de côté par exemple, comme le torero qui se met de profil pour que la mort ne lui rentre pas dedans[82].

Loin de moi l'idée d'évoquer un point de non-retour et une quelconque immuabilité à laquelle ces vies seraient condamnées. Il est toutefois important de comprendre qu'aujourd'hui la misère en France emporte dans un ailleurs d'où il n'est pas facile de revenir. Une frontière est franchie entre deux mondes. Dans l'un, le droit commun s'applique, dans l'autre, des zones de non-droit. Ces personnes habitent des espaces de manière illégale, elles ne peuvent assurer leurs besoins les plus primaires, les besoins vitaux. Elles ne vivent pas, elles survivent, et les règles de survie n'ont rien de commun avec celles des gens pour qui demain existe. Alors que leurs droits fondamentaux ne sont pas garantis, il leur est reproché de violer les propriétés privées, de troubler l'ordre public. Les tolérer semble une faveur, les dispositifs visant à les pousser hors des murs, la norme dans l'aménagement du territoire. Leurs lieux de vie, leur apparence, leur odeur ont la particularité de faire se détourner les regards, il devient normal de ne pas voir la misère au quotidien. C'est principalement dans le cadre de la maraude que se révèle, à la tombée de la nuit, l'envers du décor urbain, *l'envers de la démocratie*[83] dans laquelle les bénévoles font le choix de pénétrer. Voir un campement ou un espace occupé par un sans domicile fixe sur le bord de son chemin est une chose, y entrer en est une autre. L'expérience sensible d'entrer dans ces espaces occupés par ceux qui vivent la misère transforme. Il m'a été souvent reproché de décrire avec trop de froideur l'action de l'État dans mon travail. J'invite celui qui le pense à aller voir ce que j'ai vu, à vivre des rencontres avec ces personnes laissées à l'abandon, et s'il parvient encore à trouver mon travail trop dur vis-à-vis de l'institution, alors qu'il m'explique comment il justifie que dans un pays riche des personnes survivent dans des conditions extrêmes grâce à l'œuvre louable mais ô combien précaire du bénévolat.

Les grands exclus...

Ce terme se substitue à celui de clochard ou de SDF (sans domicile fixe), il met en avant l'ampleur du phénomène d'exclusion et indique que, s'il y a une marge, ces personnes se situent à l'extrémité. Une extrémité qui n'est pas une fin, mais un passage vers un espace de non-existence, de non-reconnaissance, où l'exclu est « à peine un homme » lorsque tout ce qui l'entoure montre une déshumanisation.

Invisibles

Figurez-vous une place, et sur cette place un muret arrondi, fermé par un petit portail d'une hauteur d'environ 1 mètre qui protège les passants d'un trou dans cette ville. Ce portail est fermé à clé, mais pour le curieux qui s'y aventure, il verra qu'il donne sur un escalier en colimaçon. En bas de cet escalier, un carton, des couvertures, des bouteilles d'eau, un homme. Je n'ai jamais vu Gilles ailleurs. J'ai appris à enjamber le portail, à descendre prudemment cet escalier en m'éclairant d'une lampe de poche et à lancer, munie d'un sac dessert, d'un plat chaud et d'eau : « Bonsoir, c'est les Restos du cœur ! » À ces mots, la couverture se met à bouger et rassure celui qui, sous prétexte d'apporter un peu de nourriture, vérifie que tout va « bien ». Gilles, qui vient d'être réveillé, accueille toujours avec chaleur et humour ceux qui ont pénétré dans sa cachette alors qu'il dormait. Je lui décris ce que j'apporte, il rit et dit : « Livré à domicile, c'est comme au McDonald's ! » En trois ans, je ne l'ai pas entendu se plaindre une fois. Je ne l'ai jamais vu attendre avec les autres au point de rencontre qui se situe à quelques mètres.

Diana non plus ne se mélange pas aux autres, elle est isolée, seule au milieu de tous. Cet hiver, alors que les températures descendent pour atteindre –7 °C, elle refuse les places d'hébergement. Sur notre fiche de maraude, il est inscrit en face de l'adresse : « dans le buisson », et c'est vrai, c'est dans un buisson qu'elle se réfugie chaque nuit. Les gens du quartier la connaissent, si de nouveaux maraudeurs ne parviennent pas à la trouver, ils les orientent. Avant qu'un jeune homme m'indique l'endroit, je n'aurais pas pensé que ce qui ressemblait à une poubelle de gravats abritait une femme. Je l'avais appelée mais je n'avais eu aucune réponse. Une fois certaine que Diana était sous cette bâche, je me suis adressée à elle. Un son rauque s'en est suivi : « J'veux rien ! » Une phrase sans appel, qui me disait « Dégage ! ». Alors que, complètement frigorifiée de ces dix minutes passées dehors simplement à la chercher, je la sentais en danger, j'ai dû partir et continuer la tournée. Ce n'est pas seulement son refus, c'est le ton, la situation, un sentiment d'impuissance énorme, et la peur liée à la vue de cette bâche grelotante sous une pluie glaciale qui met dans un état d'indignation.

Comme Gilles et Diana, de nombreuses personnes se confondent avec le paysage urbain. Elles recourent à un mimétisme qui demande un regard aguerri pour pouvoir les voir et tenter de rétablir un lien. D'autres, loin d'être invisibles, sont remarquables et remarquées, mais elles n'en sont pas moins difficiles à saisir et à rencontrer.

La folie comme frontière

Mamadou est devenu une icône de la maraude, celui qu'il faut voir, celui qui va marquer la mémoire, parce qu'il est impossible d'imaginer croiser un homme comme lui doté de tant d'apparat. Avant de le rencontrer, j'ai entendu parler de ce personnage au cours d'une réunion de régulation des maraudes. Il était question de son « déménagement ». Lui qui vivait sous un porche avait été déplacé à cause de travaux et de plaintes du voisinage. Il s'était installé de l'autre côté de la rue sous une passerelle, au bord du périphérique. Si ce recoin est abrité de la pluie, il est difficile de trouver un endroit plus bruyant, d'autant que durant la journée s'ajoute au bruit de la circulation celui du marché aux puces de la ville. Pourtant, cela ne semble déranger en rien Mamadou ;

posé ici, il vit un ailleurs. Un certain nombre de cartons délimitent son territoire. Un jour, une chaise de bureau est apparue, tel un trône. Il y a dans sa posture quelque chose de majestueux. Il dispose de nombreuses couvertures sous lesquelles nous le trouvons hiver comme été. Ses ornements, constitués de divers métaux enchaînés à son corps, et sa posture permettent en un regard d'entrer dans un royaume, le sien. Tel un roi il est redouté, car il peut tout aussi bien être charmant que colérique et agresser ceux qui s'approchent. Il parle « seul ». Son monde, il l'évoque parfois. Ainsi, après le jour de l'An, il me demande ce que j'ai fait, je lui réponds et lui pose la même question en retour. Il m'explique qu'il était loin, très loin, à Washington, pas celui que je connais, un autre, et que c'est bien, vraiment très bien là où il va, qu'il faudra que je vienne un jour, mais attention, le voyage n'est pas facile et le retour non plus. Il rit, je souris. Si Mamadou est toléré malgré son excentricité, d'autres ne connaissent pas le même sort.

Un hors-zone sans frontière

Les Restos du cœur ont obtenu que la police n'intervienne pas dans leurs lieux de distribution ou à proximité. Cette mesure vise à protéger les personnes sans papiers qui peuvent alors venir manger sans avoir peur d'une arrestation. Il est important d'avoir des arrêts multiples où les personnes puissent se rendre à pied, car le risque de contrôle dans les transports en commun est élevé.

Principalement constituée de jeunes hommes, cette population apparaît et disparaît par vagues qui vont certains soirs emporter toute la nourriture puis se retirer au large et ne plus revenir. Ils passent. Avec eux, pour toutes les femmes maraudeuses, la situation est cocasse, elles peuvent avoir à répondre à plusieurs demandes en mariage dans la soirée. Des jeux de séduction, teintés d'humour et de légèreté, qui animent ce moment où les compliments fusent. La plupart d'entre eux mangent halal. Ils sont friands des petits plus donnés par les boulangeries, car ce sont des boulangeries halal et ils peuvent alors manger des sandwichs garnis de viande ou de poisson.

Partant du rêve de devenir footballeur ou de l'obligation de fuir la guerre, la désillusion par rapport à la France est réelle, mais pour eux, c'est dans la distribution qu'ils sont face aux Français, alors ils expriment leurs demandes, leurs rêves. Et si leur ventre n'est pas toujours rempli de nourriture, ils disent alors être remplis d'espoir. Les bénévoles sont ainsi repérés comme la dernière interface quand l'ensemble des portes des administrations se sont successivement fermées.

La famille aux 23 DNP (demandes non pourvues)

Lors de l'hiver 2017-2018, un hiver marqué par les vagues successives de froid, une famille se présente au camion. Le père m'explique en anglais qu'ils ont besoin d'un hébergement. Je lui demande son nom, sa date de naissance, son pays d'origine, je prends ces mêmes renseignements pour sa femme et ses enfants. Je lui dis que je vais téléphoner au 115. Depuis le début du mois, cette famille a appelé le 115 chaque matin, et reçoit chaque jour un message l'invitant à téléphoner le lendemain, le service étant au regret de ne pouvoir donner suite à leur demande. Au vingt-troisième message identique, il n'y croit plus. Il me montre sa femme, diabétique, à la rue alors qu'elle vient d'accoucher, et leurs deux autres enfants. Ils dorment à l'hôpital, ils marchent. J'appelle tout de même la ligne directe du 115 : il n'y a pas de place pour des grandes familles. Les hôtels sont saturés. Tout de même, 23 demandes non pourvues ! « Mais vous savez, ils ne sont pas les seuls ! » Cette phrase de l'écoutante du 115 ne me console pas, j'aurais voulu qu'ils soient les seuls, j'aurais voulu qu'un toit leur soit proposé. J'annonce que je ne peux rien faire de plus, ils me remercient d'avoir essayé, mais je lis dans le regard de cet homme que venir rencontrer les Restos, c'était une dernière chance. Je continue à parler un peu avec lui, avec sa femme au visage si fatigué, puis, alors que je m'adresse à la petite fille en anglais, elle me répond dans un très bon français que demain elle va à l'école.

Quand les espoirs ne sont plus permis, arrive alors le moment des larmes.

Des hommes en pleurs

Il est indiqué sur la liste que Stanislas est dans une petite tente Quechua de l'autre côté du tramway. Je m'y rends avec un repas chaud, un sac dessert et une bouteille d'eau. Je repère très rapidement son abri, autour de nombreux détritus et dans une forte odeur, une odeur qui devient de plus en plus épaisse au fil des années passées dans la rue. Stanislas, que je rencontre, est donc dehors depuis longtemps. Il attend devant sa tente, un peu ivre. Il est souriant, content de me voir alors qu'il ne me connaît pas, content d'avoir à manger. Nous échangeons quelques mots dans une langue bien à lui qui mélange français, roumain, italien. Je ne comprends pas tout, mais le plus important dans notre échange n'est pas verbal. Je vais, pendant plusieurs semaines, venir à la rencontre de ce monsieur avec lequel je tisse un lien. Il me baise la main pour me dire bonjour, et retient cette main un moment avant de me la rendre, s'assurant que je ne dépose pas la nourriture trop vite et qu'il pourra discuter quelques minutes. Je m'habitue à cette rencontre, à la forme qu'il lui donne. Puis un jour, la tente pleure, elle est secouée par la souffrance d'un homme. Je l'appelle, il m'ouvre, mais reste couché, tordu par son mal. Il parle, un récit entrecoupé de sanglots. Il est question de ses enfants, de ce qu'il est devenu. Je lui tiens la main, et je ne sais pas comment partir. Je lui demande s'il veut que j'appelle les pompiers, il s'y oppose aussi fermement que son état le permet, je respecte[84]. Je crois qu'il sait qu'il va mourir. Moi aussi, à ce moment-là je le sais. À mon prochain passage, la tente n'est plus là.

Marco a trouvé comme activité de tenir la porte aux personnes qui entrent et sortent du cinéma. Il est fidèle au poste, et s'il ne s'avance pas jusqu'au camion, nous lui apportons son repas sur son lieu de travail. Je ne sais pas quelle est sa maladie, je sais qu'il a mal aux articulations, que ça le paralyse. Lui dit qu'il a des rhumatismes. Un soir, alors que je dépose auprès de lui la nourriture en détaillant ce que j'apporte, il s'effondre. Je suis face à lui, accroupie car il est toujours assis par terre, il tient ma main et pleure, sans rien dire. Nous resterons ainsi un long moment, le temps nécessaire. Lorsqu'il semble s'être apaisé, nous nous regardons et je me mets à plaisanter, pour laisser sur son visage un sourire et parce que je ne sais pas quoi faire d'autre.

Au cours de ma recherche j'ai rencontré Bella, une jeune femme d'une trentaine d'années, d'origine polonaise, vivant avec un groupe d'hommes polonais autour d'une bouche de métro. Parfois ils sont dedans, parfois ils sont au-dessus dans un terre-plein végétalisé. Bella fait partie des personnes qui troublent très régulièrement l'ordre public. Lorsqu'elle boit, elle crie, insulte, s'exhibe. Son état de santé est très inquiétant : elle a une cirrhose du foie à un stade avancé et un accident lui a laissé une jambe folle, elle boite et a besoin de béquilles pour se déplacer. J'ai vu cette jeune femme souffrir au milieu de l'espace public souvent, trop souvent ! Sa détresse m'a saisie, j'ai tenté de l'accompagner un peu plus, de suivre les hospitalisations, je me suis heurtée à des murs. J'ai été malmenée par des pompiers et du personnel de la RATP pour les avoir dérangés pour cette SDF qu'ils connaissaient bien à l'heure de la fermeture du métro. Selon eux, je ne devais pas avoir de vie pour déclencher une prise en charge d'une personne pour laquelle on ne pouvait rien faire. Alors qu'ils ont refusé de porter assistance à Bella, je suis devenue la fautive. Face à cette agressivité, j'ai pleuré. Pleuré de rage de ne rien pouvoir faire, pleuré d'impuissance face à une femme dont il aurait été si facile de soulager la douleur.

*

Les histoires de ces personnes révèlent des situations de non-respect des droits. Au cœur de la ville, dans un ailleurs lointain, celles et ceux qui ont basculé peinent à revenir, mais le peuvent-elles ? D'où cette interrogation sur le rôle de l'État : laisse-t-il mourir sous nos yeux ceux qui ne peuvent se soumettre à ses règles ? Alors que j'observe comment le droit à l'alimentation ne s'applique pas, ce phénomène rend visible à mes yeux un monde invisibilisé. La vulnérabilité de Stanislas, Marco, Bella ne devrait-elle pas être un indicateur de la nécessité de faire un petit peu plus et non un petit peu moins ?

J'ai dans mes carnets de quoi noircir encore des pages de ces histoires de personnes qui vivent bien au-dessous du seuil de pauvreté, dans une grande précarité, en dehors des marges, ailleurs, au-dessous d'un seuil d'humanité. Toutefois, leur faim ne les a pas conduits à la révolte, ils ont croisé avant cela des dispositifs, dont l'un, créé en 1985, se nomme les Restaurants du cœur. S'il ne devait pas durer, il se pérennise. Je vous propose maintenant de pénétrer dans les structures que j'ai côtoyées, centres de distribution et maraudes en camion.

5.

« EH BIEN QU'IL MANGE ! » – LA MARAUDE

La première fois que je me suis rendue au local de la maraude toute seule et à pied, c'était au mois d'octobre 2015, il faisait nuit. Je venais de prendre métro, RER et bus. Il était convenu avec Jeannot, le responsable de ce pôle d'activité, que je devais lui téléphoner à ma descente du bus et qu'il viendrait me chercher en voiture, le lieu-dit étant un peu difficile à trouver. J'ai appelé trois fois, sans succès, j'apprendrai par la suite que ce jour-là il avait oublié son téléphone dans sa voiture. Autour de moi des hôtels, des fast-foods, une station-service, des magasins de grossistes implantés dans une zone commerciale peu engageante, un rond-point, des axes routiers très fréquentés et de nombreux poids lourds garés entre les deux routes. Je ne savais pas où je devais aller et je ne voyais pas de piétons. Je n'avais pas l'adresse précise du lieu, je le cherchais donc sur mon téléphone afin que mon GPS m'oriente. Ce dernier m'indique la zone peu engageante. Aucun éclairage, je croise quelques voitures et des hommes seuls à l'intérieur, sur le côté beaucoup de déchets, aux magasins que je vois de la route succèdent des entrepôts déserts à cette heure de la journée. L'un d'entre eux semble être squatté, j'y aperçois des jeunes hommes, des matelas. Je poursuis ma route, je marche vite, assez inquiète, et espère qu'il s'agit de la bonne direction. C'est le cas : après quelques minutes de marche, je découvre le logo des Restos sur un des nombreux hangars, ainsi que les camions sortis et prêts pour leurs tournées. Ce premier ressenti d'un espace sombre, opaque mais habité sera une constante de nombreux points d'arrêts. La sensation de pénétrer dans un autre monde, un monde dur, pauvre, où les règles ne sont pas celles du droit commun, s'avère être plus particulière à la maraude ; ce premier soir, elle a été amplifiée par ce trajet. Par la suite, alors que j'emprunte souvent ce chemin, la présence de nombreux détritus que je dois enjamber, faisant alors détaler d'énormes rats devant mes pieds, caractérise cette arrivée dans la « cour des Miracles ».

Dans une maraude, les personnes ne s'inscrivent pas, elles passent et se présentent au camion pour recevoir un repas chaud. S'il y a des gros points d'arrêt, où il est nécessaire de gérer un flux important de personnes, d'autres rendez-vous sont beaucoup plus intimes, comme avec Mamadou, Gilles ou Diana. Ces rendez-vous de grande ou petite ampleur sont rendus possibles grâce à une importante logistique. Je vais ici décrire la maraude, de ses préparatifs à son déroulement, afin de détailler précisément l'espace et le rôle des personnes qui l'occupent ou le traversent.

L'entrepôt

L'entrepôt dispose d'une petite porte d'entrée sur le côté gauche, mais la plupart du temps l'important volet roulant, qui fait la moitié de la surface du bâtiment, est relevé. En surplomb, dès que l'on pénètre dans l'espace, un tableau représentant Coluche met celui qui rentre comme celui qui sort sous le regard de l'artiste.

Sur ce côté, avant qu'ils ne soient sortis pour la maraude, les camions sont garés par ordre, de la tournée 1, plus proche de la porte de sortie, à la 5. Puis, à côté du camion 5, le 6 et derrière le 6 et à côté du 4, le 7. Au-dessus des camions, en hauteur, une grande rangée de grilles sert d'étagères de stockage de bouteilles de plastique vides. Dans le fond du hangar et sur le côté droit des camions, de grandes étagères de trois niveaux permettent de stocker des denrées, mais aussi des congélateurs dont les règles d'hygiène ont interdit l'usage.

Lorsque l'on rentre, à droite de la porte, un point d'eau est aménagé avec un évier et un Kärcher. C'est ici que les bouteilles d'eau sont remplies, que le soir les containers qui contiennent les plats chauds sont lavés, ainsi que les sols des camions passés eux aussi systématiquement au Kärcher. Dans la continuité, deux Algeco ont été déposés, dont chacun dispose de deux portes. Dans le premier est stocké le matériel de bureau, des stocks d'affaires pour la maraude et des produits d'entretien. Une petite pièce dans le recoin à gauche contient une machine à laver et un WC. La seconde porte ouvre sur l'espace de stockage du papier toilette, distribué en quantité chaque soir, et une autre porte à l'intérieur au fond à droite donne sur une petite salle d'eau pourvue d'un autre WC et d'une douche. Les deux autres portes ouvrent sur le bureau, qui est aussi la salle de réunion. Cette pièce est le lieu de rassemblement des maraudeurs, de pause des bénévoles qui sont là en journée, et un refuge pour les trois résidents des camions qui ont élu domicile ici devant l'entrepôt, et qui utilisent cet espace pour s'y restaurer, fumer ou prendre un café. La douche leur est aussi destinée. Dans ce lieu, les uns se mélangent aux autres au fil de la journée et font de cette pièce un espace de rencontre. Au milieu, dans la longueur, quatre tables entourées de chaises ; à droite dans le coin, le bureau du chef, Jeannot, d'où il organise chaque soir les tournées ; à droite du bureau à côté de la première porte, un frigo. Dans le fond à gauche, une étagère contient les gilets des maraudeurs et leurs fiches de tournées, un photocopieur a été installé devant. Les murs sont recouverts de différents documents propres à la maraude ou aux Restos du cœur, ainsi que d'une carte du département sur laquelle l'ensemble des arrêts sont indiqués. À l'autre extrémité de la pièce, du côté de la deuxième porte, à chacun des angles, deux étagères qui contiennent de quoi remplir les bacs de service des camions. Puis, tout de suite à côté de la porte, une table avec de quoi faire du café et du thé pour les bénévoles ; au-dessus de cette table quelques brochures de presse sur lesquelles la maraude est mise en valeur.

Derrière ces Algeco, un stock de produits pour préparer à manger pour ceux qui habitent ce lieu en journée ou davantage, dans leur prolongement une gazinière et un grand plan de travail. Au-dessus, une mezzanine a été installée, qui permet de stocker et d'organiser tout ce qui concerne les colis de vêtements, ainsi que les kits d'hygiène.

Le rôle de l'entrepôt est de stocker les denrées et autres produits nécessaires aux bénévoles dans les distributions. Le besoin principal étant celui de nourriture, c'est elle qui occupe le plus de place. Elle a cinq origines : la ramasse, les collectes, les commandes, le FEAD et les dons.

La ramasse est un moyen de donner davantage aux personnes qui se présentent au camion sans dépenser plus d'argent. Ici, deux types de ramasses se distinguent. L'une est « classique » et presque quotidienne. Il s'agit d'une tournée au cours de laquelle deux ou trois bénévoles se rendent dans des grandes surfaces ou bien des magasins spécialisés qui les attendent. Le personnel a préparé les produits qui ne peuvent plus être commercialisés pour différentes raisons, principalement : l'aspect et les dates. L'équipe récupère tout, le tri se fait par la suite au hangar. Les bénévoles chargés de ce travail partent à 8 heures et rentrent vers 11 heures. Et puis, il y a ce que Gérard, le responsable du stock, nomme « les exceptionnelles », comme le parc des expositions à la porte de Versailles, le Téléthon national, qui donnent accès à des produits qui ne sont ni abimés ni en date courte. Les quantités proposées nécessitent réactivité et organisation, refuser c'est prendre le risque de ne plus être prévenu les fois suivantes.

Une fois ces produits récupérés, il faut ensuite en organiser le stockage. Ainsi les ramasses, quelles qu'elles soient, nécessitent une véritable flexibilité de la part de Gérard, qui travaille sans cesse dans la prévision de l'imprévu. Il s'adapte et remodèle son espace en fonction des surplus venus de l'extérieur et de l'ordre dans lequel ces marchandises devront ensuite repartir. Le hangar en ce sens m'est apparu à plusieurs reprises comme un gros ventre obligé d'engloutir ce qui déborde d'ailleurs, le digérer et le régurgiter ensuite par petits paquets après avoir découpé des gros ensembles. Les produits peuvent être des bouteilles d'eau, des paquets de chips ou de biscuits, des sandwichs, des fruits, des compotes, etc.

Le deuxième mode d'approvisionnement provient de commandes qui sont faites au niveau de l'association départementale. Il s'agit de produits référencés par les Restos parce qu'ils les achètent ou qu'ils leur sont donnés en grosses quantités, et des produits du FEAD. La maraude commande principalement des soupes, des boîtes de poisson, des compotes, du lait, des barres de céréales. Dans le catalogue « Aides gens de la rue », il leur est aussi possible d'obtenir du papier WC, de quoi faire les kits d'hygiène, des sacs de couchage.

Enfin, la gestion la plus importante et la plus délicate est celle qui entoure les repas chauds, ce que Alya, bénévole, nomme les « plats de résistance » ! Pour elle, la maraude alimentaire des Restos se distingue des autres maraudes dites sociales grâce à ce plat complet distribué chaque nuit, le plat de résistance, un menu équilibré, qui remplit quand d'autres distribuent des soupes, du café, du pain, en somme des encas. Au début de mon travail sur le terrain, ces repas provenaient tous d'un centre de réinsertion sociale d'une ville voisine. Livrés par la Sodexo[85], ils étaient maintenus au chaud jusqu'au soir dans des containers. Ces repas coûtent 2 euros chacun. Pour agrémenter ou bien simplement compenser des écarts entre ce qui avait dû être commandé à l'avance et semblait insuffisant par rapport aux demandes du terrain, Paul, le responsable des repas chauds, cuisinait des produits de la ramasse (des plats souvent largement préférés par les personnes). Or, cette pratique est désormais interdite à cause des normes d'hygiène. Le rôle de Paul est donc aujourd'hui autre. Cet ancien cuisinier, interdit de cuisine, réceptionne, répartit, maintient au chaud les plats commandés.

Je note ici que certaines situations de tension et d'explosion de la violence sont liées au manque de repas. L'application des normes, la diminution des denrées n'est donc pas sans incidence pour les bénévoles distributeurs. Lors de la formation des maraudeurs, Robert, bénévole distributeur, explique ce que génère le manque :

> Plusieurs fois j'ai cru que j'allais m'en manger une, quand on manquait de bouffe ! Quand tu arrives sur un point et que de 50 personnes à servir tu passes à 150, t'as plus rien dès le début de la tournée. Moi ça c'est ma terreur ! Revivre cette époque-là ! Où on a le camion vide, on appelle les collègues, les autres camions sont vides, on arrive à un point où il y a 30 personnes et on n'a à bouffer que pour 10 ! Vous vous souvenez on disait « Les femmes et les enfants d'abord ! » et du coup faut expliquer à un mec qui attend depuis trois heures, qui a faim, qu'il va pas avoir à bouffer ! Moi je pense que c'est source de violence ! Ventre vide n'a pas d'oreilles ! T'arrives avec un gilet jaune, normalement c'est un gilet pas banal parce que tu viens apporter à manger, si tu viens avec des phrases pour dire « les femmes sont plus fragiles, les enfants machins... » tu vas t'en manger une !

Cette difficulté divise sur le terrain. Paul, qui prépare les camions et fait de son mieux malgré les contraintes auxquelles il ne peut déroger, rend les bénévoles distributeurs responsables du manque de repas. Il sous-entend qu'eux auraient mal géré, pas lui ! « Ceux-là, faut pas les servir ! » lance-t-il parfois. Pour lui qui donne un nombre établi de repas, cette réalité doit être la ligne directrice et doit impliquer des choix pragmatiques sur le terrain. Ainsi, l'application de la norme et la réalité d'un budget non extensible impactent la maraude, qui ne peut pas toujours répondre à une demande croissante. Préparateurs et distributeurs semblent alors s'accuser mutuellement d'être responsables des tensions quand ni les uns ni les autres ne le sont. Les véritables causes de cette situation se situent plus haut, au système global. Soucieux du devenir de cette activité, Jeannot a donc cherché de nouvelles perspectives.

Ainsi, j'ai assisté à la mise en œuvre d'un nouveau système, celui du don de repas chauds par des cuisines centrales. L'objectif est de passer progressivement de 100 repas distribués aux 500 nécessaires. Pour le moment, les choses s'installent doucement. Des travaux ont dû être entrepris et ont considérablement modifié l'entrepôt, qui a franchi les barrières des normes sanitaires pour avoir le droit de remettre des plats à température. C'est à travers une entreprise d'économie sociale et solidaire que Jeannot a été mis en contact avec la cuisine centrale d'une collectivité, d'un lycée et d'une entreprise, tous demandeurs de faire profiter de leurs marges incompressibles, jugeant indigne de devoir détruire des repas tout à fait propres à la consommation.

Le plus complexe reste d'organiser chaque jour l'acheminement des denrées au local dans des camions frigorifiques. Pour le moment, parmi les potentiels donateurs, seule une collectivité a choisi de s'en charger en optimisant l'usage de ses véhicules, mais pour les autres cantines qui pourraient vouloir donner, assurer le transport apparaît impossible.

Toutefois, depuis plusieurs mois quelques barquettes d'une meilleure qualité sont livrées chaque jour. Elles ont l'intérêt d'être variées et donc de représenter un choix possible pour ceux qui viennent chercher à manger. J'ai pu lors de mes maraudes mesurer la différence entre la distribution de nos plats habituels à 2 euros (boîtes réchauffées, surgelés cuits, mais pas de plats cuisinés) et ces autres menus. Sans accuser qui que ce soit ni poser un jugement sur les aliments, je tiens à relater mon ressenti et mon expérience, qui correspondent aussi à ce que certains bénévoles m'ont confié. Lorsque nous ouvrons les barquettes des plats achetés 2 euros, nous sentons la même odeur, quel que soit le contenu. Nous associons cette odeur à cette phrase : « Ça sent la bouffe des restos », une odeur qui colle à nos vêtements et au camion, une odeur épaisse avec une impression de gras. Aussi, lorsque j'ai ouvert pour la première fois les barquettes en provenance des cuisines centrales à 0 euro, j'ai senti un profond contraste, j'ai salivé, chose qui ne m'arrive pas d'ordinaire à la maraude. J'ai ensuite observé le changement sur le point de distribution. La faculté offerte aux personnes de choisir entre de la viande, du poisson, des œufs, agrémentés d'un ou plusieurs accompagnements a réduit la tension habituelle. Cette autre formule, complexe à organiser mais qui réduit le coût du repas, apparaît sur le terrain comme une bonne solution qui permet un approvisionnement en quantité suffisante des repas, les excédents potentiels des établissements précédemment cités atteignant largement les 500 repas.

Comme je l'indiquais, dans le local, des travaux ont été nécessaires. Ils ont été financés par la région Île-de-France, l'ADEME (Agence de l'environnement et de la maîtrise de l'énergie) et les Restos du cœur national. Désormais, derrière les Algeco, on découvre du matériel professionnel, des frigos, puis une pièce munie d'une chambre froide qui permet de conserver et qui donne la possibilité de réchauffer dans un four spécifique. Ces installations sont toutes accompagnées de protocoles d'usage.

Les piliers de la maraude

Jeannot, responsable de ce pôle d'activité, Gérard, des stocks et de la logistique, et Paul, de la nourriture, sont les trois personnes qui rendent possible l'ensemble des tournées chaque soir.

Jeannot

Il a pour habitude de se présenter ainsi :

> Je suis là pour occuper ma retraite, bien sûr, mais pas seulement. Je ne supporte pas l'injustice et comme je suis un môme de Belleville, j'ai connu la misère. Pas chez moi, mais chez mes copains, ça m'a toujours insupporté, et ça continue. Et puis, je suis à la retraite mais j'ai toujours beaucoup travaillé, j'ai fait quatre-vingts heures par semaine, j'étais artisan. Ce qui fait qu'être à la retraite, rien foutre et toucher des sous, eh bien j'ai pas supporté, alors je renvoie un peu l'ascenseur !

Il est présent jusqu'à soixante-dix heures par semaine et s'occupe de la coordination globale, en lien avec les instances départementales ou régionales dont dépend l'activité de maraude. Il transmet les informations nécessaires et va chercher celles dont son équipe a besoin pour bien fonctionner. Il participe à de nombreuses réunions avec Interlogement, l'organisme en charge de la coordination des maraudes, mais aussi à des rendez-vous organisés par la DRIHL (direction régionale et interdépartementale de l'hébergement et du logement) ou les Restos du cœur. Son autre mission est de gérer les bénévoles, mission qu'il qualifie de dure et passionnante. En effet, prévoir les tournées s'avère être un véritable casse-tête. Les bénévoles présents ne sont jamais les mêmes d'une semaine à l'autre. Ils ne connaissent pas toutes les tournées et ils peuvent avoir des demandes particulières – ne pas être avec untel ou au contraire être avec untel. Jeannot fera rire toute l'équipe lorsqu'il expliquera que les choses peuvent être encore plus compliquées lorsque « machin appelle pour être avec machine, qui vient de téléphoner pour ne pas être avec machin » ! Si Jeannot est appelé le chef, l'absence d'une hiérarchie dans les tâches s'observe par son implication dans l'organisation pratique des tournées. Car au-delà des tâches qui correspondent à un rôle de directeur, Jeannot range les cabines des camions, prépare les bacs de service et fait le plein des véhicules.

Gérard

« J'ai passé pas mal de temps de ma vie à lutter contre l'injustice, c'est un fil rouge dans ma vie ! » Retraité et ancien syndicaliste, Gérard, préparateur dans l'équipe de jour, est celui grâce auquel j'ai pu saisir la complexité entre salariat/bénévolat et justice. Une équation compliquée qui transparaît lorsqu'il tente d'expliquer aux distributeurs de l'équipe de nuit :

> On n'arrive pas à vous retranscrire notre problème de la journée, on s'y prend mal, on sait pas le faire, ou... je sais pas quoi ! Je pense que toi et moi on est de bonne foi, après toi tu travailles, moi je ne travaille plus et je peux passer mon temps ici, c'est pas un problème, chacun fait ce qu'il peut ! Mais l'échange et la construction, elles restent pas évidentes et on doit s'améliorer !

Ces mots sont importants car Gérard rend explicites ces écarts entre ceux pour qui la maraude a pris la place d'une activité professionnelle et ceux pour qui elle est un engagement bénévole ponctuel. S'il passe moins de temps que Jeannot au local, sa présence avoisine les trente-cinq heures par semaine. Ici, Gérard range, déplace et re-range les milliers de tonnes de produits qui circulent chaque année. Il est équipé d'un manitou et d'un transpalette, des instruments qu'il faut connaître et être capable d'utiliser. Il supervise les ramasses et prospecte pour trouver de nouveaux débouchés. Il s'occupe de l'entretien des camions, des commandes avec Jeannot, mais aussi de remplir les bouteilles d'eau indispensables à chaque tournée et de préparer les sacs d'hygiène distribués une fois par mois.

Paul

Il n'hésite pas à dire aux bénévoles : « Je suis là pour vous surveiller, vous faites trop de conneries ! » Ancien gendarme à la retraite, cet *asocial,* comme le qualifie Jeannot, a commencé la maraude en étant bénéficiaire. Il vivait dans une voiture proche du commissariat où il était servi chaque soir. Jeannot et d'autres ont réussi à établir un lien de confiance et à l'attirer au local. Il s'y est installé et y travaille, comme il en avait l'habitude à la caserne. Lorsque je m'entretiens avec lui, Paul ne me révèle rien de ce passage dans la rue, il me parle de la période où il travaillait comme cuisinier pour le préfet, une période difficile et éprouvante.

Aujourd'hui, il apprécie le rythme qu'il a trouvé. Même si les transformations récentes ne lui conviennent pas, il s'est adapté, gère son poste en évolution, car sa grande qualité est qu'il obéit au chef. Il a cessé de cuisiner pour les personnes qui viennent au camion et se contente de faire à manger aux bénévoles qui sont là en journée. Très régulièrement, il prépare des crêpes ou des gâteaux accompagnés de thé à la menthe pour le départ ou le retour des maraudeurs tard dans la nuit, souvent il les attend ou leur téléphone lors de retards inexpliqués.

Ces trois hommes, à travers lesquels l'identité du local est construite, ont tous vécu la retraite comme un obstacle à la vie. Ils ont eu besoin de reproduire un cadre de travail dans lequel ils s'étaient épanouis. Jeannot, ancien patron d'une petite entreprise, est devenu chef ; Gérard, ancien salarié, a utilisé dans ce poste toutes ses compétences techniques et organisationnelles qui ont permis que l'activité se développe et passe de 80 repas à 500 par soirée. Enfin, Paul s'est remis au poste de cuisinier dans la « caserne » où il vit, à l'exception d'un soir par semaine où il se rend à l'hôtel, il « flique » les bénévoles, jugeant ce comportement normal. Leur investissement a permis d'organiser un modèle de distribution unique en France et très autonome par rapport aux Restaurants du cœur national. La particularité de la maraude est également de s'adapter à l'évolution d'un territoire sinistré, le 93, résistant aux recommandations du national qui demande de limiter les arrêts et de renforcer les équipes sur les gros points. Une proposition qui correspond à l'application des normes de sécurité en vigueur, mais à laquelle les équipes de jour comme de nuit résistent. Ils perdraient ici leur âme, leur désir de distribuer ce plat de résistance à tous et chaque soir. À travers leur façon de fonctionner et de se distancier des consignes, ce pôle d'activité renforce cette impression d'une petite entreprise gérée en famille.

La préparation des camions

Chaque matin, ce sont des gestes répétitifs. Paul arrive, regarde combien de bénévoles seront présents afin de connaître le nombre de repas qu'il doit réchauffer, puis il commence à organiser la cuisine. Les préposés à la ramasse viennent récupérer le camion qu'ils vont remplir, ils seront de retour dans quelques heures. C'est en général pendant ces heures que les livraisons des repas donnés et des commandes arrivent, les lots doivent être réceptionnés et contrôlés. Au retour de la ramasse, un nouveau contrôle des dates et de la fraîcheur a lieu sur les produits qui sont triés et répartis en fonction des tournées. Pendant ce temps, Jeannot vient faire son premier passage ; il arrive vers 10 heures et repart vers 12 h 30, il vérifie les cabines des camions, si les bénévoles ont bien indiqué les kilomètres effectués, s'il reste du carburant. Il renouvelle les gels hydrauliques si nécessaire, remet des sacs poubelles dans les portières et parfois doit jeter des mouchoirs en papier, bouteilles vides et peaux de banane laissés la veille par les bénévoles. Il jette aussi un coup d'œil global pour remettre en place les objets qui ont été rangés au mauvais endroit. Puis il se rend dans le bureau où il réaligne les gilets jaunes pour que les maraudeurs du soir trouvent les choses rangées, avant de relancer son texto à l'ensemble des membres de l'équipe du lendemain : « Seras-tu là demain ? Jeannot ». Ensuite, il fait le point sur les présents du soir, passe quelques coups de téléphone si les bénévoles ne sont pas au rendez-vous et commence à organiser les binômes des tournées. Souvent, après ces tâches, il est environ 13 heures, Paul déjeune sur place, ceux qui désirent partager le repas sont les bienvenus, Jeannot rentre chez lui. L'activité de la maraude reprendra vers 15 heures avec l'arrivée de Gérard et de l'équipe de préparation des sacs desserts. Chacun sait exactement ce qu'il a à faire et les choses s'enchaînent et s'imbriquent jusqu'au départ des camions prévu à 20 heures. Gérard et Paul décident de ce que contiendront les sacs desserts en fonction de la ramasse et du stock, et vont donner la consigne aux bénévoles venus les préparer. Ces derniers devront alors préparer 500 sacs au contenu plus ou moins similaire (produit laitier, biscuits, boîte de pâté ou de poisson, friandise, couverts en plastique et serviette). Ils seront chargés également de remplir de petites bouteilles de lait, car donner un litre de lait à des personnes qui n'ont rien pour le conserver n'est pas utile, il faut donc le répartir en quantités adaptées. Souvent, il faut aider Gérard à remplir l'eau au robinet. Puis tout ce qui vient d'être préparé est réparti dans les camions en fonction des besoins de chaque tournée. Alors que cette équipe s'active à ces tâches, Jeannot ou des bénévoles préparent les bacs de service. Il y en a deux par camion : le premier, pour servir les plats, contient des couverts de service, des assiettes, des cuillères en plastique, des serviettes, du sel, du poivre, de la moutarde et de la vinaigrette. Le second, prévu pour la soupe et le café, contient un seau avec un entonnoir et une louche à l'intérieur, qui permettent de servir de la soupe en petite bouteille pour les personnes qui souhaitent l'emporter, et puis des bols, du sucre, des cuillères et des gobelets pour le café. Jeannot laisse souvent ces bacs sur la table, et ce sont les bénévoles distributeurs qui les dispatchent à leur arrivée. L'autre chose qui va être faite par l'équipe de nuit, ce qui nécessite que certains arrivent à 19 heures, consiste en la préparation des containers de soupe et de café préparés à la dernière minute afin de rester chauds. Dans le camion, Paul se charge de mettre les repas chauds dans les containers dédiés, généralement avant 19 heures, dès l'arrivée de ceux qui sont allés récupérer les plats commandés au chantier d'insertion.

Parfois, au cours de ces après-midi, des bénévoles viennent préparer les commandes de vêtements, mais aussi trier les dons et organiser le vestiaire de l'étage.

Vers 19 h 30, les camions sont généralement prêts, les bénévoles distributeurs arrivent, vérifient le camion de la tournée pour laquelle ils ont été prévus et le sortent du hangar, prêt à partir. À 19 h 55, Jeannot appelle l'équipe du soir « Au rapport ! », il redonne souvent les mêmes consignes et des précisions sur les nouveaux points des tournées. Des répétitions indispensables dans des équipes où je constate depuis le début de mon engagement un important turn-over.

Les tournées

Sept tournées différentes permettent de rayonner sur une grande partie du département et de répondre autant que possible aux besoins alimentaires des personnes. Il y a de grosses tournées sur lesquelles 50 à 100 repas peuvent être servis avec des arrêts prolongés, et de petites tournées qui vont distribuer 20 à 40 repas. Ces tournées privilégient la rencontre avec ceux qui vivent dans la rue et sont assez dispersés en termes de surface. Toutes les personnes qui viennent chercher un repas ne sont pas sans solution d'hébergement, il y a des familles logées en hôtel social qui ne disposent d'aucun accessoire pour faire réchauffer les aliments, des personnes sans papiers qui vivent en squats, d'autres en situation de grande précarité mais qui n'osent pas aller s'inscrire dans un centre et préfèrent l'anonymat de la maraude, des travailleurs pauvres qui vivent dans leur voiture et viennent chercher un peu de chaleur. Toutes ces personnes se déplacent dans le territoire, tout comme les camions qui modifient régulièrement leurs itinéraires et lieux de rendez-vous, adaptant ainsi le trajet des tournées à une population en mouvement.

Afin de rendre compte des tournées, je choisis ici de décrire l'une d'entre elles, à travers un extrait de journal de terrain du mercredi 13 janvier 2016, où j'effectuais avec Éric[86] la tournée n° 5, réputée pour être une grosse tournée.

> 20 heures, après avoir vérifié que rien ne manque dans notre camion et assisté au rapport de Jeannot, nous partons. Dans le camion, avant d'atteindre notre premier point de distribution, nous discutons de vélos, car c'est le métier d'Éric, et nous évoquons aussi ma thèse.
> 20 h 19, nous garons le camion devant des magasins sur une zone de livraison après un rond-point, la rue est déserte. Éric sert le plat chaud : des boulettes de viande avec de la purée, et moi je prépare les sacs desserts (je dénoue le nœud et ajoute du pain, un yaourt et un fruit de la ramasse) et sers la soupe et le café. Nous retrouvons *le monsieur barbu au regard triste*, toujours présent à cet arrêt. Je n'ai jamais osé lui demander son prénom tant j'ai le sentiment que ma question serait intrusive. Ce jour-là, dans ce froid glacial, je me contente de lui souhaiter bonne année,

nous échangeons quelques mots, il sourit mais ses yeux restent éteints. Il repart seul, d'autres arrivent. Je distingue *« notre » monsieur Bavard*, Charly, il est chargé de pain qu'il est heureux de redistribuer aux gens qui arrivent et à nous pour la suite de la tournée. Nous servons 7 repas.
20 h 50, notre prochain arrêt est situé en dessous d'une gare de RER, au fond d'un parking, dans un cul-de-sac. Mais ce soir-là, le parking est fermé pour cause de travaux, nous n'avons pas été prévenus. Nous voyons deux habitués, alors nous garons le camion au bord de la rue au niveau d'un arrêt de bus. Mais le patron d'un restaurant situé en face sort de sa boutique en colère et nous lance que l'arrêt n'est pas ici mais de l'autre côté des rails, que nous devons partir, selon cet homme nous amenons les rats ! Nous servons tout de même ces deux hommes qui ne comprennent pas où nous retrouver. En repartant, nous croisons deux autres personnes et nous leur signalons que nous devons nous arrêter de l'autre côté du pont. L'un d'eux s'énerve contre les travaux mais ces deux hommes font tout de même demi-tour pour nous retrouver. Nous leur servons à manger et celui qui s'est énervé contre les travaux me tend un ticket de commande de vêtements, c'est surtout pour ça qu'il nous attendait. Je n'ai pas son colis. Cette fois-ci, c'est moi qui suis contrariée. Il gèle et cet homme n'a rien de chaud sur lui, ce colis lui manque vraiment. Chaussures chaudes, pulls, vestes, chaussettes et de quoi dormir sont les demandes les plus courantes. La vie est dure dans la rue, leurs affaires sont systématiquement volées ou jetées par ceux qui nettoient (employés municipaux ou agents de la RATP). Je vois au fil du temps les visages de ces hommes changer, éprouvés par le froid, la chaleur. Vivre dehors, c'est vieillir en accéléré et faire chaque jour plus vieux que son âge ! À cause de ce déplacement lié aux travaux, il y a beaucoup moins de monde que d'habitude, nous servons 6 repas.
21 h 21, nous arrivons devant le cinéma, et à notre surprise certaines personnes de l'arrêt précédent sont venues jusqu'ici. Janine nous explique qu'elle ne comprend pas où l'on s'arrête maintenant, alors elle est venue là, pour ne pas nous manquer. Par contre, il manque Marcello, *le « hobo »*

italien qui vient à vélo et vit dans un bois, ainsi que *le monsieur roumain* qui fait la manche devant le cinéma. Les habitués de ce point nous expliquent qu'il a été hospitalisé, car hier il allait très mal. Nous servons 8 repas.
L'autre équipe nous téléphone, ils font « notre arrêt sous le périphérique » (car il est indiqué sur notre feuille de route), nous devons les rejoindre directement à l'arrêt de l'église.
22 heures, nous arrivons à l'église avant nos collègues du deuxième camion. Omar, habitué de cet arrêt, vient tout de suite au camion, il ouvre ma portière, se place de sorte que je ne peux ni sortir, ni fermer la porte. Il nous impose de discuter en exclusivité avec lui. Il sent fort l'alcool, son comportement est assez agressif, surtout vis-à-vis d'Éric. Il porte une veste très chaude, un bombardier dont il est très fier et une casquette blanche. Sa veste est ouverte sur un petit pull et un tee-shirt, il ne semble pas sentir le froid. Au bout d'un moment, je trouve la situation oppressante et je pense lui avoir accordé suffisamment d'intérêt pour sortir sans déclencher de crise, je descends, ce qui m'oblige à le bousculer un peu. Omar manifeste son mécontentement, mais reste calme. Il se met tout de même rapidement à dire du mal des autres personnes que je salue et avec lesquelles j'échange quelques mots. Il s'adresse à elles d'un ton arrogant, leur coupe la parole... Bref, ce soir Omar nous fait du Grand Omar ! Alors qu'Éric, conciliant, tente d'échanger avec lui sur l'Algérie dont il est en train de parler, il lui dit : « *Tais-toi, tu connais quoi toi ! Tais-toi !* » Bref, charmant ! Éric poursuit, toujours aussi souriant, il précise qu'il parle de lieux qu'il connaît pour les avoir visités. Mais Omar ne veut pas parler avec lui, il cherche mon attention, celle de la femme. Le deuxième camion arrive, j'hésite à sortir les tables de service car il y a seulement 5 personnes, j'interroge l'un des hommes venus chercher à manger qui me répond : « Ici, tu sais comment c'est, y a personne, et puis tu tournes la tête et ils sont plein ! » Sa remarque est juste, je souris. Nous disposons une table à l'arrière du camion pour servir les plats chauds et nous servirons les sacs desserts, le thé et le café de l'intérieur du camion sur le côté. Finalement ils ne seront pas très nombreux, ce qui va nous permettre de proposer

un double service en plat chaud. C'est agréable de pouvoir faire cette proposition, le seul problème c'est que nous n'avons pas de viande halal et que sur cet arrêt, ils mangent majoritairement halal. Dès son arrivée, Mathieu, bénévole de l'autre camion, a pris le relais avec Omar. Étant donné que son père pharmacien embauche Omar pour quelques heures de ménage, il a un lien particulier avec lui. Ce relais est bénéfique pour l'ensemble du groupe !

Les médiateurs de la ville arrivent alors que nous achevons notre distribution. Ils viennent à cet arrêt pour renforcer la sécurité, car des incidents ont eu lieu lors d'une maraude. C'était il y a quelques mois, une bagarre a éclaté, Omar a reçu un coup de hache sur la tête, il s'est retrouvé scalpé, l'équipe a appelé les pompiers et a dû gérer l'urgence. Ce soir, les médiateurs sont accompagnés d'une jeune fille à qui ils expliquent comment cela fonctionne. Au cours de leurs passages, les médiateurs nous renseignent sur la présence ou l'absence des personnes, et éventuellement sur de nouveaux arrêts à faire. Ce soir-là, ils prennent le repas d'une dame qui ne peut pas se déplacer afin de nous éviter un détour.

Nous rangeons, il y a quelques problèmes à cause des colis de vêtements, et nous repartons. Nous avons servi 25 repas.

22 h 40, nous arrivons devant l'Armée du salut, il n'y a qu'un seul matelas, et qu'un seul gars, les autres sont descendus dans le métro pour avoir plus chaud. Peter nous dit qu'ils sont deux, que Georgeo est parti « taxer des clopes » mais qu'il va revenir. Il nous informe qu'il voit Christine rue de la Lune le midi (il s'agit d'une distribution de repas chauds des Restos du cœur qui se tient le midi). Nous chercherons tout de même un peu Christine dans les rues, mais nous ne la verrons pas. Nous servons 2 repas.

22 h 46, à la Société générale, impossible de réveiller cet homme allongé sur son matelas, au milieu de ses déchets. De l'eau a coulé autour de lui et peut être au-dessous de lui. Nous voyons juste une masse sous le sac de couchage, des pieds qui dépassent, seule preuve qu'il s'agit bien d'un homme ! Nous nous demandons comment il parvient à rester devant cette banque. Il y a parfois dans ces choix d'installation des sans domi-

cile fixe des lieux improbables ! Nous lui laissons uniquement des choses emballées car de la nourriture sans protection serait mangée par les rats avant qu'il puisse y toucher.

23 heures, nous arrivons à notre dernier arrêt, sous la halle du marché, nous avons téléphoné à Ahmed, un bénévole qui vient nous aider sur ce point uniquement. Il nous y rejoint. Habituellement, nous pouvons allumer les lumières sous les halles, car la municipalité nous a donné la clé du local technique, mais elle a été cassée dans la serrure, alors nous devons nous débrouiller avec l'éclairage de la rue et changer notre position habituelle. Les personnes arrivent au compte-gouttes ce soir. À notre arrivée, il y avait une dame avec son chien, cheveux très courts, traits tirés, quatre dents éparses sur le devant de la mâchoire. Elle va et vient, nous le savons, ce soir elle a besoin d'exploser, elle vient de nous choisir pour public. Elle attend comme nous qu'il y ait plus de monde, puis elle demande sa soupe, que nous lui servons, je lui propose son sac dessert tout en me disant que peut-être nous avons fait erreur, mais c'est à ce moment que cela survient ! Son message est simple : « Daesh a raison, il faut tout faire péter car ici il n'y a pas de solidarité, on nous donne de la bouffe, mais les gens ils veulent un travail et de l'argent ! » Elle ne prend pas grand-chose de ce que nous proposons et nous ne parvenons pas à la calmer, elle s'éloigne très agitée et la suite de la distribution se passe bien.

Alors que nous commençons à ranger, un jeune homme qui tient à la main un livre, *Le Lion*, s'approche et nous dit qu'il veut bien prendre toute la nourriture qu'il nous reste. Nous ne pouvons pas tout lui donner, mais nous lui donnons de quoi nourrir les habitants du squat dans lequel il vit. Nous servons sous les halles 38 repas.

Nous réaliserons un arrêt supplémentaire, deux hommes qu'Éric a repérés par terre en bord de rue, un peu plus loin. L'un est vraiment mal en point, très alcoolisé. Ni lui ni le deuxième homme ne parlent bien français, nous les servons copieusement, ils nous remercient chaleureusement, enfin surtout celui qui est sobre.

0 h 15, nous sommes de retour à l'entrepôt, nous vidons le camion, nettoyons les containers, les couverts de service et le sol. On doit aussi noter nos kilomètres dans le cahier de suivi à l'intérieur du camion et répertorier nos arrêts sur un grand classeur de suivi destiné à assurer une visibilité à l'ensemble des maraudeurs. Les autres bénévoles arrivent à leur tour, et nous les aidons avant de nous en aller chacun dans nos maisons. Il est 1 h 30, nous avons servi cette nuit 89 repas sur notre tournée, quand un peu plus de 400 ont été distribués par l'ensemble de l'équipe.

Chaque maraude suit un itinéraire précis et respecte des horaires de passage, mais elles sont toutes différentes. Les personnes qui viennent chercher un repas, les lieux, l'atmosphère, tout peut changer du jour au lendemain. Selon la manière dont ils donnent, les bénévoles induisent certaines choses, et puis la météo, le moment de l'année ont également une incidence. Le fait de disposer de nourriture en quantité et en qualité est aussi un élément déterminant, favorable au bon déroulement. Enfin, l'expérience permet de gérer les situations de tension et de les contenir. Comme nous l'avons vu avec Omar, chaque mot et chaque geste comptent, car ils peuvent être l'étincelle. Si nous avons su, avec cet homme que nous connaissons bien, maintenir un climat serein, nous en avons été incapables sous les halles face au désespoir de cette femme que nous voyions pour la première fois. Nous nous sommes contentés d'être ce qu'elle semblait attendre de nous : des spectateurs. Nous ne l'avons pas contredite, nous l'avons écoutée comme nous aurions écouté un grand orateur, nous avons reconnu sa souffrance et nous lui avons donné raison de le crier car c'était pour nous le seul moyen de l'apaiser, c'est peut-être parce qu'elle cherchait la bagarre qu'elle est partie ? Nous n'avons pas ri, nous ne nous sommes pas détournés vers d'autres occupations, car finalement cette dame mettait en mots cette sensation que nous avons chaque nuit dans la maraude : distribuer ces plats de résistance n'est pas une fin mais une étape. Moi, les bénévoles, nous voudrions que ces gens soient juste de passage.

6.

« MAIS, IL NE PEUT PAS ! »

Dans les centres et dans la rue, à l'occasion des distributions alimentaires, les personnes se croisent, se posent et racontent comment la pauvreté les a un jour percutées et laissées à terre. Une expérience singulière propre à chacun, mais qui pourtant résonne chez tous ceux qui l'ont vécue. Tous s'accordent à dire que se relever est long, ils décrivent un engrenage et le sentiment de rester plaqués au sol, collés, happés sans pouvoir se relever seuls. La pauvreté semble alors être une chose gluante qui prend possession du corps, de la vie, comme une maladie que l'on attrape, qui se transmet honteusement. Un fléau inévitable qui s'abat sans que l'on sache vraiment pourquoi. Stopper la chute, se stabiliser est une étape importante à laquelle les Restos du cœur, comme d'autres structures, participent. Les bénévoles des associations tendent une main parfois difficile à saisir pour celui qui a perdu confiance dans la société et qui a intériorisé sa situation comme une nouvelle réalité. Car une autre particularité dans le parcours de ces personnes est leur rapport au temps, il y a un passé souvent évoqué, mais le futur est si lointain qu'il s'apparente à un rêve irréalisable. Les personnes vivent alors un présent interminable, un jour sans fin où les choses se répètent. Comme le souligne le professeur Jacques Hassin, chef de service au centre d'accueil et de soins hospitaliers de Nanterre[87], il s'agit simplement qu'aujourd'hui ressemble à hier car on y a survécu, étant donné que pour eux tout ce qui peut arriver demain risque d'être pire qu'aujourd'hui. Restaurer des étapes, réaliser des petits pas réguliers afin de ne pas basculer à nouveau, impose une discipline. La reconquête d'une place, d'un rôle dans la société, d'une vie bien à soi dans laquelle guérir de la pauvreté et ne pas rechuter est possible, mais se heurte à de nombreux écueils.

Ce chapitre va s'intéresser aux causes qui rendent pauvre. Je ne me limiterai pas au besoin de se nourrir, mais j'aborderai tout ce qui gouverne le quotidien : se loger, travailler, s'instruire et se soigner. Des briques indispensables les unes aux autres pour construire une sortie du temps de la survie. Pour cela, imaginez-vous un instant participer au jeu de l'oie de la vie dans la rue. Ce jeu représente le labyrinthe administratif dans lequel une personne peut errer pendant des jours, des mois, des années à la reconquête de droits qui s'étiolent. Car lorsqu'on n'a pas de logement, on ne trouve pas de travail, et si on n'a pas de travail, alors on ne peut pas s'acheter à manger, donc on se retrouve à faire la queue dans des structures d'aide alimentaire, et pendant qu'on fait la queue, on ne fait pas autre chose. Le quotidien est épuisant, complexe, les files d'attente sont nombreuses, et parfois sans fin, comme à la préfecture de Bobigny (93) où, dès la nuit tombée, des personnes s'installent devant ses portes et y dorment afin d'espérer avoir une entrevue avec un opérateur le lendemain. Dormir, se réfugier au chaud, se mettre à l'abri de la rue – une nécessité qui peut être la seule activité et le seul objectif à atteindre dans la journée. Une question récurrente pour des familles avec enfants qui restent dehors sans solution face à un énorme manque de places. En septembre 2018, dans le département du 93, chaque nuit ce sont 250 à 300 demandes recueillies par le 115 qui restent sans solution (ce chiffre ne prend pas en compte les personnes qui n'ont pas appelé ou les appels qui n'ont pas été décrochés). Suite à leurs appels de la première heure qu'ils réitèrent chaque matin, l'espoir d'une réponse positive dans la journée renaît. Les personnes s'y accrochent et attendent sans oser bouger, mis à part pour l'école des enfants et éventuellement un rendez-vous avec des agents des services sociaux. Puis, à 20 heures, la sentence tombe par texto : « Il n'y a plus de place disponible aujourd'hui, nous vous invitons à réitérer votre demande demain matin. » Selon les personnes, la désillusion s'installe plus ou moins vite. Beaucoup d'entre eux pensent longtemps qu'ils sont dans le pays des droits de l'homme et qu'ils doivent être patients, d'autres très vite ne croient plus en rien et ne demandent plus rien. Ils courent alors le risque de devenir invisibles.

Car le réseau de l'aide sociale, constitué d'une multitude d'acteurs et qui se développe depuis des années, est saturé en permanence dans ce département, il ne parvient pas à répondre à ses missions. Loin de dresser un simple constat, ce chapitre questionne cette saturation et son organisation en dévoilant son mécanisme. La réflexion propre à ce chapitre s'orientera sur le fait de disparaître ou d'être « fait disparu », une mise en invisibilité de la marge qui mérite d'être décrite afin de proposer un autre regard sur la ville et ses interstices, sur la politique et ses actions.

Le labyrinthe administratif

Avant de devenir une entrave physique, c'est à travers des mots que le labyrinthe administratif prend forme. Des mots qui enferment, car ils classent et ordonnent les corps, et des mots qui imposent une structure, des normes, un fonctionnement. L'usage d'acronymes rend certains dialogues incompréhensibles aux non-initiés. Une seule phrase suffit à les perdre. Les mots utilisés pour dire une chose sont si éloignés de leur attribution au sens commun que trouver la sortie de ce labyrinthe devient impossible. Les personnes pénètrent dans les différents dispositifs, s'enlisent, ne parviennent pas à participer faute de comprendre. Elles subissent et deviennent passives dans un système qui les dépasse. Le jargon ne perd pas seulement les récipiendaires, mais souvent aussi les donateurs. Par exemple, lorsqu'en réunion une personne déclare : « La bulle est embolisée par les personnes dublinées », que dit-elle ? Il faut savoir que la bulle va désigner ici le microcosme dans lequel des places d'urgence sont affectées et doivent permettre un passage vers d'autres modes d'hébergement, et qu'une personne dublinée est une personne qui dépend de la convention de Dublin[88]. Il s'agit d'une convention européenne qui indique qu'une demande d'asile ne peut être déposée que dans un seul pays et que le pays où la demande a été déposée en premier est le seul à pouvoir gérer la situation du demandeur. Les personnes dublinées sont donc bloquées soit dans un pays en attente d'une réponse, soit dans un autre pays qui ne peut pas leur répondre. Cette attente les situe dans l'urgence et ne permet pas de les inscrire dans un parcours d'accompagnement, d'où ce qualificatif d'embolie, qui rend compte du gel des places pour lesquelles une souplesse est attendue. Un mécanisme qui a une conséquence politique, puisque les réfugiés se trouvent ainsi en concurrence de place avec les sans domicile fixe.

C'est après avoir accompagné Jeannot, le responsable de la maraude des Restos du 93, pour la première fois en réunion de régulation des équipes mobiles d'aide (REMA) que m'est apparue l'importance de traduire le vocabulaire utilisé et de créer un lexique. Car lorsque la chargée de mission annonce : « Il y a en plus 5 places au gymnase Sevran du SIF et 4 places au Refuge, en plus des places SAS niveau 2 », comment comprendre, pour une personne non formée au travail social, à qui sont destinées quelles places, quand et comment ? Jeannot ne pouvait rien faire d'une telle information. J'ai gagné une place singulière au sein de la maraude en produisant des comptes rendus de ces réunions dans lesquelles je prenais soin de traduire ce qu'il se disait et de dire en quelques mots ce que cela signifierait sur le terrain. Soit, pour cette dernière phrase : « Les gens qui vont téléphoner le soir ne pourront pas être orientés vers des places, il y en a trop peu. » Ce travail a permis une avancée importante grâce à la prise en compte des données du 115 par la maraude des Restos, et de celles des maraudes alimentaires par le 115. Aujourd'hui, la maraude des Restos n'est plus spectatrice de la régulation des autres maraudes non alimentaires, les rencontres des bénévoles sur le terrain avec toutes ces personnes qui n'appellent plus pour avoir un hébergement sont considérées. Auparavant, seules les personnes rencontrées au cours des maraudes salariées apparaissaient dans les bilans. Soit, chaque nuit, entre 10 et 20 contacts, or une maraude alimentaire peut voir 500 personnes. Toutes ne sont pas à la rue, mais toutes vivent des situations de grande précarité. Ces 500 personnes qui viennent chercher un repas la nuit dans le froid sont un indicateur important de l'état d'un territoire. Aujourd'hui, dans le bilan du service intégré d'accueil et d'orientation (SIAO), cette vue globale apparaît enfin et met en exergue des invisibles, et des besoins bien plus préoccupants que ce que la rencontre d'une vingtaine de personnes révélait. Cet écart indique que de nombreuses personnes ne formulent plus aucune demande. Une réalité difficile pour faire remonter les besoins du territoire, aussi le chargé de mission urgence se rend actuellement dans les accueils de jour pour expliquer leur fonctionnement, les délais d'attente sur la plateforme téléphonique, faute de moyens adaptés. Le SIAO-115 tente d'impliquer les demandeurs dans une bataille politique qui consiste à obtenir de quoi agir et non à pallier une situation alarmante. Mais comment convaincre une personne qui va de toute façon devoir dormir dehors que c'est important qu'elle attende parfois plusieurs heures au téléphone pour faire cette demande qui n'aboutira pas ?

La perte des droits, une cascade vers l'invisibilité

Rester dans le dispositif de droit commun implique de savoir se repérer, adresser ses demandes au bon moment et au bon endroit. Nous venons de le voir, répondre à cette temporalité est souvent impossible du fait des aléas de la vie et de la précarité qui estompent les repères et le rapport au temps. Dans son essai *Journal d'un SDF*, Marc Augé[89] décrit la chute de celui qui ne peut plus payer son loyer et va alors vivre dans sa voiture. La nouvelle existence que cet homme s'apprête à vivre occupe toutes ses pensées, son temps, son énergie, il s'y prépare même et se déconnecte du présent, de ce qui s'apparente à la réalité. Bien qu'il s'agisse d'une fiction, cet essai traduit parfaitement la sortie d'une réalité vers une autre, tout aussi concrète. Il montre comment la pauvreté s'abat sur une personne et prend possession de son corps et de son esprit. Ainsi, cet homme qui tait honteusement sa condition survit à un phénomène qui relève de l'impensable (impossible à penser), qui l'isole et l'écarte de ses droits fondamentaux, de sa condition d'homme. Lorsque les personnes perdent un travail, divorcent et doivent quitter leur logement, le tourbillon est si grand qu'il est très dur de garder en tête tout ce qu'il faudrait faire. Les dispositifs d'action publique sous-financés et pensés pour gérer une masse informe de gens ne rattrapent pas les personnes au cas par cas, remonter une marche puis une autre n'est pas facile. Il est illusoire de penser que, dans un tel moment, celui sur qui les difficultés s'abattent aura la capacité d'apprendre et de comprendre le nouveau contexte dans lequel il est en train d'atterrir. Il va lui falloir du temps pour sortir du choc et de l'effroi engendrés par la chute. De plus, les inégalités dans les parcours de vie ne permettront pas à tous de saisir les nouvelles règles, de percevoir les pièges qui vont alors gouverner le quotidien. Les chutes et rechutes sont fréquentes et la peur de chuter devient alors plus forte que l'envie de s'en sortir.

Philippe vit dans un camion devant le local de la maraude depuis plusieurs années, une situation dont il s'accommode, il ne cherche pas autre chose. Lors d'une des formations des maraudeurs à laquelle il était présent, il explique au groupe :

> Le principal à dire, c'est la rechute, parce qu'en fait si on sort de ça, de la merde, eh ben je pense que la rechute c'est très difficile ! Au bout d'un moment on n'a pas envie de se relever quoi... ! Et la plupart des gens qui sont dehors, enfin moi, de mon expérience, c'est ça ! Après il y a le mental, mais le mental il est épuisé à force de chuter ! On a beau essayer de s'en sortir, la vie en elle-même devient très compliquée, très, très dure... financièrement et tout ça, ça devient très compliqué ! Après j'en arrive à me dire, quel est l'intérêt de me lever le matin pour en arriver là, alors que je me suis battu pour avoir ça ! Moi je peux vous le dire, à force de parler avec des gens et moi-même avec mon expérience, c'est bon au bout d'un moment... la personne elle peut avoir 20 ans, 25 ans, si elle a chuté trois ou quatre fois avant... vous pouvez être sûr et certain qu'elle va pas essayer de se relever, vous pouvez bien tendre la main, elle s'en fout !

Philippe ne voit pas d'assistante sociale, il ne demande plus rien à personne sauf à la maraude, le lieu où l'a déposé son naufrage. Toutefois, en échange de ce qu'il a ici, il participe à la préparation des camions, et parfois même aux distributions. Le soutien qu'il reçoit de la part des équipes et le fait de ne pas se sentir jugé dans ses choix de vie lui ont permis de retourner à un semblant de vie active. Il paraît avoir trouvé suffisamment de stabilité pour accepter de reprendre un travail. Personne ne lui donne aucune échéance, il est ici chez lui et décide, sans qu'aucun contrôle soit effectué sur ce qu'il fait ou pas. Dans le labyrinthe, il se situe à mi-parcours. Il n'est plus dans la rue, mais il vit dans un camion, il n'a pas décroché un CDI, mais réalise des petites missions, accumulant des contrats précaires dans lesquels il ne se sent pas obligé. La reconquête de ses droits et le regard qu'il pose sur lui-même montrent que le chemin à parcourir vers un ailleurs sera encore long. Non pas parce qu'il n'en est pas capable, mais à cause de sa peur de rechuter, il n'est pour le moment pas prêt et il le dit. Depuis que Jeannot est à la maraude, des personnes dans cette transition, il en a connu, et son bilan est mauvais : sur une trentaine, les deux qui s'en sont sortis sont ceux qui ont rencontré une femme, les autres ont tous rechuté.

Aujourd'hui, les structures institutionnelles proposent des services pour lesquels les bénéficiaires doivent faire une demande. Ils doivent être dans une démarche volontaire. Lors des réunions organisées par une mairie à la demande de la RATP, où il est question du groupe de SDF dont Bella fait partie, une assistante sociale explique que dans sa structure, si les personnes ne viennent pas, ils ne vont pas aller les chercher. L'institution considère que ces personnes majeures ont le choix et doivent l'exercer, que sans cette démarche les soins ne marcheront pas. Cette posture se comprend, toutefois elle met en exergue que ceux qui ne savent pas à qui s'adresser, ni comment et pourquoi, restent bloqués sur les premières marches. Ce moment n'est pas sans incidence : plus le parcours de rue est long, plus le temps pour s'en sortir augmente. Quand les professionnels se plaignent de voir leur rôle se cantonner à de la prestation de services et ne plus être en mesure de fournir un service d'accompagnement, une question s'impose : que veut dire l'accompagnement pour une personne qui se situe dans un présent étriqué ? Accompagné vers quoi ? Et pourquoi ?

Parler de ces situations et les décrire ne permet pas de faire éprouver la difficulté qu'elles génèrent, des sentiments au-delà de l'inconfort. Une personne à terre devrait être relevée dans la bienveillance – dans les faits nous en sommes loin. Quelques mots ne suffisent pas à rendre compte des sentiments d'injustice, d'incompréhension, d'abandon qui sont éprouvés, avant qu'ils ne se transforment en amertume. Aussi, je vous invite l'espace de quelques pages dans une autre vie en jouant à un jeu que vous connaissez très bien, le jeu de l'oie.

L'idée est venue en décembre 2017. Un ami qui a connaissance de mon travail de thèse me propose d'intervenir dans le bar associatif dont il s'occupe dans le XVIIIe arrondissement de Paris en vue d'une soirée organisée par Le Carillon[90]. Au départ, il me propose de faire une présentation de mon travail, de parler de la nourriture, des maraudes. Rapidement la jeune fille en charge de l'organisation de l'événement pour le Carillon me contacte et me dit que des bénéficiaires seront présents et qu'elle imagine une présentation ludique, rien de formel. Alors que je me retrouve avec deux demandes assez différentes, celle de mon ami et celle de l'association, je décide de créer un jeu de l'oie qui retrace le parcours de la rue. Je me dis que ce sera une manière ludique qui permettra à ceux qui ne connaissent pas le monde de la rue de l'appréhender, à ceux qui le vivent de l'incarner. Je dessine mon plateau, je m'inspire des situations que j'ai rencontrées pour créer sept personnages, chaque histoire est lue au public et les mains se lèvent pour choisir un rôle. Faites-en de même !

Serez-vous **l'oie jaune** : Licencié il y a quatre ans, Monsieur a commencé à boire, il touche le RSA qui ne lui permet pas de vivre. Hébergé à droite, à gauche, sans aucune perspective de travailler à nouveau, Monsieur s'enfonce. Il se bat, il se blesse, se fait *ramasser* par les pompiers, il *fatigue* les dispositifs. Quand on le croise aux urgences de l'hôpital, il est laissé dans le hall sans soins, il cuve, et demain il sera à nouveau dehors. **L'oie rouge** : Arrivé en France récemment, ce jeune homme n'a hélas pas de papiers. Il a trouvé un squat dans lequel il s'est installé. Il fréquente les accueils de jour et déploie beaucoup d'efforts pour rester propre. Parfois, il trouve un petit boulot à la journée où il est exploité, mais ça lui permet d'avoir un peu d'argent et de donner le change à sa famille restée au pays. Une famille qui s'est endettée pour lui et à qui il ne peut pas dire la vérité : la France n'est pas une terre d'accueil ! Il galère et espère, malgré tout, des jours meilleurs. **L'oie bleue** : Madame ne pensait pas qu'un jour elle serait dehors. Son compagnon est parti avant elle, ils n'étaient pas mariés, le fils de Monsieur l'a mise à la rue, elle n'a pas pu, pas su se relever. Elle ne veut rien demander à personne, elle tait son identité, essaie de ne pas être perçue comme pauvre, elle a trop honte d'en être ! Elle accepte toutes les humiliations que les gens s'autorisent à son égard, son dos se courbe, mais elle avance, digne. Quand il fait trop froid, on la laisse dormir sur un palier. Les refuges, les hôtels sociaux, elle n'en veut pas. Elle a bien trop peur des parasites. **L'oie verte** : Monsieur a des problèmes de santé, un cœur trop faible qui l'essouffle et l'empêche de faire les métiers manuels, les seuls qu'il connaît. Il perd son travail, son logement, se réfugie dans un bois, construit une cabane et se débrouille avec le peu d'allocations adulte handicapé auxquelles il a droit. Un droit ouvert par l'assistante sociale de l'hôpital avant sa sortie. Il ne parle pas bien français, ne maîtrise pas le fonctionnement de l'administration. Il aurait droit à plus mais ne demande rien. **L'oie noire** : Monsieur vit dans sa voiture, il a un travail, mais ce n'est pas suffisant pour pouvoir se loger. Autour de lui, pas d'aide possible, et sans garantie on ne loue pas. Les associations, il ne veut plus en entendre parler, on lui a trop promis et rien n'est arrivé. Élevé par l'aide sociale, il ne veut plus rien leur devoir. Il ne veut plus demander. Il ne veut plus se sentir jugé par ceux qui croient le connaître en lisant son dossier. Enfant de l'ASE (aide sociale à l'enfance), il se sent blacklisté ! **L'oie blanche** : Madame est arrivée en France il y a six ans, soi-disant pour travailler, elle était belle, vive, un bel avenir, pensait-elle. Très vite, elle connaît la violence, une grossesse, pas de père pour reconnaître l'enfant, les foyers. Elle tente de faire de son mieux, mais ce n'est pas facile, elle est fatiguée. Ou enfin, **l'oie marron** : Monsieur a été dans l'armée, légionnaire, du sale boulot il en a fait... il a vu des horreurs, il a été blessé, on ne l'a pas gardé. Dans la rue il porte avec lui blessures et fantômes, il raconte à qui prend le temps de s'arrêter cette histoire décousue dont aucun fil ne parvient à le sortir de la rue, mais il l'affirme : avant il était quelqu'un.

Le soir de cette expérience, les binômes se constituent. Imaginez-vous en train de jouer et avoir à côté de vous des personnes ayant vécu de telles situations. J'ai peur de la réaction des personnes directement concernées par le jeu. Vont-elles penser qu'il est cynique, qu'on ne joue pas à la misère ? Leurs réactions sont à l'opposé, ils se prêtent au jeu et vont au cours de la partie livrer des détails à ceux qui ne savent rien de leur quotidien, ils sont les experts de la soirée. Imaginez-vous ressentir grâce à votre coéquipier de la colère, de la honte, l'injustice d'un système, son côté aléatoire et l'urgence de changer les règles. Imaginez-vous comprendre que ce jeu, pourtant déjà si dur, est encore bien en deçà de la réalité.

Case 8 : vous apprenez ce que l'on mange quand on est à la rue, vous réalisez l'importance du droit à l'alimentation et de son application. Cela pourrait tout changer ! Dans la rue, selon les saisons, on mange dans le froid, selon l'endroit on mange debout. Pour certains on mange caché, rapidement. Dans la rue, on mange soit ce qu'on trouve, soit ce qu'on nous donne. Rarement ce dont on a envie. Manger chaud est une des choses les plus difficiles. Manger chaque jour et plusieurs fois par jour aussi. Case 12 : vous comprenez que l'hygiène dans la rue, c'est une bagarre. Trouver un lieu pour se doucher, pour laver ses affaires de manière régulière, ce n'est pas simple. Il y a bien les accueils de jour, où les personnes sans domicile fixe peuvent se rendre pour se doucher, mais là encore il faut avoir une place. Si dans certains lieux d'hébergement de nuit l'utilisation de la douche est possible, dans d'autres non. Préserver les bains-douches dans les villes alors que ces derniers disparaissent prend ici sens. Les personnes ont souvent comme seule alternative la piscine, il faudra pouvoir se payer une entrée et espérer tomber sur des employés municipaux sympas. Case 35 :

rappel sur l'origine du mot « maraude », qui désignait par le passé l'action de militaires qui s'éloignaient de leur campement pour voler de la nourriture la nuit dans les villages. Aujourd'hui, différentes maraudes sillonnent les territoires, de jour comme de nuit : maraudes sociales, alimentaires, ou médicales.

Disparaître

Ces questions généralistes vous ont permis d'entendre l'autre expliquer sa réalité. Mais en parallèle vous êtes tombé sur d'autres cases. Vous venez de vivre le fait qu'on passe inaperçu dans la rue, car la perte d'un droit est la perte des droits en cascade, comme le soulignait le Père Wresinski, fondateur d'ADT Quart Monde. Vous venez d'éprouver qu'en tant que pauvre vous devenez une personne qui ne peut pas donner, une mise au ban qui se manifeste par le fait que vous n'appartenez plus à la sphère sociale que vous connaissez et avec laquelle vous avez l'habitude d'avoir des échanges. C'est cette non-considération qui va vous faire disparaître. Bloqué dans vos urgences de demande d'hébergement, de recherche de nourriture, vous ne parvenez pas à réaliser le dossier qui vous permettra d'obtenir vos papiers. Accablé par la honte et le désespoir, vous ratez vos rendez-vous avec l'assistante sociale, vous auriez eu besoin que l'on vous tienne par la main, vous n'avez pas l'énergie de faire la moindre démarche, car vous avez peur de ce qui pourrait vous être dit. La disparition administrative est le fait de ne plus être à même de revendiquer ses droits, car l'individu a disparu des fichiers ou n'y a jamais été inscrit. Comprenez à la lecture de ces quelques lignes que vous n'avez plus les mêmes droits que quand vous avez débuté cette lecture. Vous êtes pourtant toujours un être humain, mais les droits de l'homme se sont éloignés de vous... Vous avez été chassée en pleine nuit d'un lieu protégé où vous pensiez vivre une accalmie. Vous vous êtes endormi dans un centre d'hébergement d'urgence et on vous a volé vos papiers, comment les refaire ?

Vous êtes tombé sur les cases 6, 18 et 51, vous êtes allé en prison, comme ce jeune homme en Bretagne le 1er avril 2017, condamné à quatre mois de prison ferme pour le vol d'un sandwich à 2 euros[91]. Ou ce SDF qui a volé du riz, des pâtes et des sardines dans un supermarché du Lot[92] condamné à deux mois de prison le 13 mai 2016. Ou encore cet homme de 22 ans condamné à trois mois de prison ferme pour avoir volé un fromage dans un supermarché le 21 novembre 2016, déclarant au juge ne pas avoir mangé depuis trois jours[93]. Vous avez passé un tour. Case 7 : vous avez obtenu un hébergement d'urgence grâce au plan grand froid, vous avez pu vous rendre de suite sur la case 14, mais sur cette case nous sommes le 31 mars, fin de la trêve hivernale, vous voilà à nouveau dehors ! Vous êtes tombé sur une des cases 115, vous avez essayé à chaque tour de faire un double 6, signe que quelqu'un aurait décroché, mais cela n'est jamais arrivé, vous avez passé la partie dans cette attente, bloqué. Vous êtes tombé sur la case 42, fidèle au jeu de l'oie, vous êtes piégé dans le labyrinthe, ici administratif, dans lequel les papiers peuvent bloquer les personnes, une autre personne doit tomber sur cette case pour vous en délivrer. Vous êtes tombé sur la case du bus du recueil social, vous avez dû relancer les dés, si votre score a dépassé 6, vous avez attrapé des parasites au CHAPSA (centre d'hébergement et d'assistance aux personnes sans-abri) de Nanterre et vous avez dû sauter un tour. À la case 32 vous sautez un tour car la file d'attente devant un centre de distribution est trop longue. Au milieu des obstacles, vous êtes tombé sur une des cases Restos du cœur, Secours islamique, Croix-Rouge et Samu social, vous avez fait un double 3, vous êtes sorti de la rue, dans l'autre cas consommation de drogue et d'alcool, prostitution, maladie, les fléaux de la rue se sont abattus sur vous. Aujourd'hui, vous risquez de mourir et de mourir dans une grande solitude, car vous avez disparu de la société.

Ainsi, au cours de la partie a été abordée la question de la solidarité dans l'expérimentation des limites rencontrées par celui à qui elle est destinée. Les pratiques de l'aide ont été regardées autrement que comme quelque chose de bien, car c'est à travers le regard des aidés qu'elles ont pris forme.

La complexité de tout un système politique a explosé, il était impossible de la contenir. Le tour de force est que les gens ont ri de ces situations inextricables, aberrantes. Prises dans le parcours de la rue, elles n'en étaient pas que les témoins mais les acteurs, ce qui a considérablement transformé l'écoute. Si de nombreux moments m'ont marquée, je tiens ici à rendre compte d'une situation : une oie avance, prise dans la drogue, le lancer de dé va nous indiquer si elle s'en sort ou pas, elle meurt. Le joueur, un jeune homme à la rue, proteste, refuse, s'insurge, cette fois-ci il pensait s'en sortir. L'état qu'a procuré ce faire-semblant du jeu de rôle a eu pour intérêt non seulement de faire comprendre la manière dont les choses se passent, mais de les faire ressentir. Le bilan de la partie s'est révélé très proche de celui de la réalité de la rue. Une équipe s'en est sortie, deux sont mortes, et les quatre autres sont restées bloquées. L'ensemble des joueurs a apprécié cette formule entre jeu de rôle et jeu de plateau. Ils sont entrés dans la peau des personnages, ils ont protesté face aux obstacles. Je remercie les personnes qui ont témoigné durant le jeu. Je pense ici à un couple qui a expliqué à toute la salle leur difficulté à pouvoir rester ensemble, car depuis quelques jours les agents de la RATP ne les laissaient plus dormir dans leur repaire du métro et un couple en centre d'hébergement est séparé. Comment trouver un nouvel abri sûr, dans lequel dormir sans être menacé ? Ce jeu est assez contre-intuitif car, au final, pour « gagner » il faut sortir de la partie. C'est possible, mais très aléatoire. Celui qui finit la partie perd ses droits, tombe davantage et finit par disparaître. La conclusion est alors : « Vous avez fini la partie, vous avez disparu ! Proposez de nouvelles règles, c'est URGENT ! » Comment aurait-il pu en être autrement, quand il est impossible de gagner dans la rue ?

Ce « Mais il ne peut pas ! » qui introduit ce chapitre se comprend dès lors que l'on se confronte à la vie imposée par la situation et à la nébuleuse à laquelle il faut s'adresser. Qu'il s'agisse du logement, de l'emploi, de la santé ou de l'alimentation, les accès pour ceux qui s'éloignent de la norme, qui ont été déplacés dans la marge, sont difficiles. La multiplicité des acteurs morcelle des histoires, des parcours, se raconter si souvent pour ne pas voir sa situation bouger affaiblit les personnes. Elles supportent, se conforment, et se forcent. Elles tournent en rond dans des journées qui se répètent, une partie qui n'en finit pas mais qui n'a alors rien d'amusant.

En quelques mots

« EH BIEN QU'IL SE FORCE ! »

Lors de mon travail sur le terrain, j'ai vu des personnes faire la queue et ne rien prendre, trouver la force de refuser quand d'autres venaient se servir plusieurs fois sans jamais sembler rassasiées. J'ai vu des hommes en venir aux mains pour un éclair au chocolat mou, et d'autres refuser violemment un produit périmé. J'ai vu des femmes vider leurs paniers dans les poubelles à la sortie du centre de distribution quand d'autres attendaient devant les poubelles pour remplir leurs cabas. J'ai découvert que c'était dur de se forcer, même pour rester en vie, qu'il y avait des choses que l'on faisait en cachette et d'autres en public. Dans le film de Ken Loach *Moi, Daniel Blake,* une scène se déroule dans un centre de distribution, où l'on voit la mère de famille affamée ouvrir dans les rayons une boîte de conserve et manger avec les mains tremblantes, en larmes. Je n'ai pas vu de scène semblable, mais j'ai assisté à des situations similaires, ces moments où l'affamé se nourrit de façon compulsive, où le regard surveille pour que personne ne vienne prendre ce qui est serré fort contre le corps. Le goût, la qualité, la quantité, rien ne semble compter, ce qui est important, c'est d'avoir quelque chose pour remplir le ventre et ne plus réfléchir. Alors la honte est là et se mêle à ces plats qui laissent certainement un goût amer.

Le fait que s'alimenter soit un besoin vital signifie-t-il que, selon la situation, tout peut, voire doit, être mangé ? Une personne doit-elle se forcer, quelles que soient la nourriture ou les conditions de son attribution, parce qu'il s'agit d'un besoin vital ? Une telle obligation ne relève-t-elle pas uniquement d'une situation de survie, d'un caractère d'exception ? Que signifie, dans une société d'abondance, devoir se forcer à manger ce que d'autres ont refusé ?

Les situations présentées montrent qu'il faut se forcer pour recourir à l'aide alimentaire. Pousser la porte d'un centre, se ranger dans une file d'attente, demander, remercier et recommencer jour après jour parce qu'il n'y a pas d'alternative. Cette démarche ébranle la personne qui s'y soumet, il s'agit d'une expérience qui peut difficilement être partagée. En effet, il faut remercier toutes ces personnes qui viennent en aide et garder pour soi le ressentiment pour petit à petit penser qu'on mérite cette situation et qu'on en est responsable. Dès lors, on cesse de se défendre, de revendiquer un droit.

Cette deuxième partie a donné à voir ceux qui viennent demander à manger, où ils se rendent, et comment leurs parcours de vie sont semés d'obstacles. À une situation difficile s'ajoutent les difficultés des dispositifs : remplir des formulaires, se plier à des règles, comprendre le langage, faire la queue et sans cesse recommencer. Ce fonctionnement, un monde à part, met à l'épreuve le principe de justice. Qu'est-ce qu'il serait juste de faire ou de ne pas faire, de donner ou de ne pas donner ? Qu'en est-il des droits des personnes, et plus particulièrement du droit à l'alimentation. Que permettent les textes existants ?

Après cette plongée dans les marges invisibilisées de notre société, nous allons dans la partie suivante mettre le don alimentaire à l'épreuve du droit à l'alimentation. Il s'agira de s'intéresser aux dispositifs existants et annoncés par les institutions, et à la manière dont il est possible par la base agissante de réaliser ce droit.

Troisième partie

C'EST QUAND MÊME PAS NORMAL QUE DANS LE PAYS DE LA BOUFFE, Y EN AIT QUI N'EN AIENT PAS ASSEZ !

L'idée d'égalité se heurte à deux diversités distinctes : l'hétérogénéité fondamentale des êtres humains, et la multiplicité des variables en fonction desquelles on peut évacuer l'égalité. [...] C'est de l'hétérogénéité humaine que naissent des discordances entre évaluations de l'égalité fondées sur des critères différents. Cela rend d'autant plus importante la question centrale : « Égalité de quoi ? »

AMARTYA SEN[94]

7.

L'INCOMPRESSIBLE TENSION ENTRE DROIT À L'ALIMENTATION ET LIBRE COMMERCE

Lorsque je me suis intéressée à la question du droit à l'alimentation, j'ai constaté qu'il semblait évident, pour ceux à qui j'en parlais, famille, amis, chercheurs... que ce droit existe. Évidemment, « *on* » ne peut pas laisser des gens mourir de faim. Toutefois, à propos de son application, il était très rare que mes interlocuteurs pensent que l'État puisse être défaillant et que ce droit soit bafoué au point d'évoquer un déni de droits[95]. De la même manière, lorsque l'« on » parle du prix de la nourriture et tout particulièrement des produits locaux (fruits, légumes, viande de qualité, etc.), là encore nombreuses sont les personnes qui diront que c'est important de manger des produits sains, mais que « c'est trop cher »[96]. En mentionnant ce trop cher, peu de personnes pensent à la rémunération du producteur. Travailler soixante-dix heures par semaine et toucher à peine le SMIC est la « norme » dans le monde agricole car : « Il faut manger pour pas cher ! »

Les distinctions et interprétations multiples entre un principe, un droit appliqué, un droit applicable, le droit public, le droit international et leurs justiciabilités rendent le cadre du système alimentaire flou de la fourche à la fourchette. Les textes sont méconnus, peu abordables et il est assez difficile de savoir quel est le fonctionnement de l'aide alimentaire, ou de la politique agricole commune. Penser l'égalité des droits des personnes dans un tel flou est complexe, surtout quand, comme cela est le cas pour le droit à l'alimentation, il faudrait associer des composantes que nous avons appris à dissocier. La nourriture est aujourd'hui déconnectée de l'agriculture. Les nombreux intermédiaires éloignent le producteur du consommateur, tout particulièrement à travers les prix. La prégnance des règles liées à l'économie de marché semble justifier les arbitrages des personnes autour de leur alimentation, sans que l'on s'inquiète que quelques personnes au cœur du cyclone en fassent les frais.

Concernant l'aide alimentaire, penser le droit à l'alimentation se heurte au fait de considérer que *quand même, celui qui reçoit une aide ne doit pas avoir droit à la même chose que celui qui se tue à la tâche.* Ce ne serait pas juste. Ainsi, si une personne ne parvient pas à participer à la production de biens et de services comptabilisables selon des indicateurs utilisés dans les sciences économiques – efficience, rentabilité, marges de production –, il semble normal qu'elle ait un traitement différent, par exemple qu'elle ne puisse pas choisir ce qu'elle mange. De la même manière, exiger une alimentation peu chère en considération de son pouvoir d'achat et ne pas rémunérer dignement le travail de ceux qui produisent cette alimentation est une question de fond. Produire la nourriture qui correspond aux exigences qualitatives, nutritives et environnementales du droit à l'alimentation nécessite des coûts de production plus élevés (c'est une agriculture moins subventionnée, et qui nécessite plus de main-d'œuvre). Cette agriculture, qui répond aux enjeux environnementaux et très souvent sociaux, n'est pas accessible à toutes et tous. La situation est cocasse. Du côté de l'aide alimentaire, être aidé semble justifier le fait de ne pas pouvoir prétendre à un droit plein et entier. Est-ce ce raisonnement qui s'applique vis-à-vis de ceux qui vivent des aides de la politique agricole commune, ne pouvant satisfaire pleinement et entièrement ni eux, ni les consommateurs ?

Dans le cadre d'une pensée libérale, les aides sociales empêchent les personnes de s'en sortir en les rendant oisives. Il semble injuste que celui qui ne paie pas sa nourriture puisse manger mieux que celui qui travaille et n'a pas les moyens de s'offrir certains produits. Mais est-ce juste que ce discours ait pour conséquence que l'agriculteur qui travaille soixante-dix heures dans la semaine ait à son tour besoin d'aide pour produire de manière à induire une surproduction, des ventes à perte, des dons, de la défiscalisation ? Quand une femme me dit lors de la collecte des Restos du cœur :

« Rendez-vous compte, ils veulent même choisir ce qu'ils mangent ! », c'est un pouvoir disciplinaire qui s'exerce. Cet héritage culturel qui veut redresser le pauvre sans interroger les causes de la pauvreté.

Cette normalisation permet de cliver la population entre ceux qui se soumettent aux normes, règles et lois parce qu'elles leur procurent des avantages et ceux qui les subissent car elles les pénalisent. Le droit fondé entre autres sur la propriété privée légitime des traitements différenciés. Selon Foucault, si le pouvoir souverain avait pour prérogative de laisser vivre et faire mourir, le pouvoir disciplinaire s'illustre par le fait de laisser mourir et faire vivre. Dans les situations de Gilles, Diana, Mamadou, Bella, c'est bien parce qu'ils sont incapables de répondre à l'exigence des normes que le risque de mourir est si fort au quotidien. Dans les champs, ce sont bien les normes qui font mourir l'agriculture, nécessitant des investissements colossaux, des dettes et pouvant conduire au suicide de celui qui sera pris à la gorge parce que même en travaillant comme un acharné sa ferme n'est plus rentable. Ainsi, aux deux extrémités de la chaîne alimentaire, les risques auxquels expose l'a-normalité, soit l'impossibilité de répondre aux normes, lois, règlements, est de se laisser mourir dans la rue ou dans sa campagne. J'évoquais en introduction le cas de Paulo qui ne pouvait pas obtenir un lit durant le plan grand froid parce que l'ordre administratif de déplier les lits supplémentaires n'avait pas été donné. Vu que les services de l'État mettent en place des dispositifs réfléchis dans un cadre rationnel et légal, ils passent souvent à côté de toute cette a-normalité. L'urgence sociale est intrinsèquement liée à une politique, à des budgets, à des lois : un cadre de référence qui rend possible la prise de distance des acteurs avec les personnes puisque les écarts entre les personnes sont tels que celui qui décide ne peut pas imaginer ce que l'autre vit. Il ne s'agit plus de penser le destin de Gilles, Diana, Mamadou, Bella, etc., mais de gérer une population selon des critères objectifs.

Dans son ouvrage *L'Organisation criminelle de la faim*, Olivier Assouly montre comment le pouvoir disciplinaire peut se saisir de la nourriture pour exercer son contrôle :

> Lorsqu'il décide de tirer puissance et autorité de l'art d'ordonner les appétits et de commander par le ventre, le pouvoir peut dissocier le problème des nourritures des préconisations usuelles – quant à ce qu'il convient que les citoyens mangent –, pour faire alors de la faim organisée un instrument disciplinaire susceptible d'étayer la domination de l'État, d'une race, d'une classe sociale ou d'un groupe d'intérêts économiques[97].

Parce que la France n'est pas un État en guerre sur son territoire national et que la nourriture abonde, les conséquences de ce phénomène sont pour Olivier Assouly d'une part l'utilisation de la faim comme instrument du libéralisme, et d'autre part son organisation en marché dans l'intérêt d'un groupe économique. Le sujet à discipliner doit montrer qu'il mérite de manger et ressentir qu'il peut un jour manquer. Assouly établit qu'il y a « crime » parce qu'en France il y a une surabondance de nourriture. Contrairement à une situation de famine, le manque découle ici du refus de nourrir l'autre. L'empêchement de l'accès à la nourriture n'est pas lié à des causes naturelles, mais à des causes structurelles, telles que la spéculation financière, la dérégulation et la libéralisation des échanges. Nous pouvons tenter d'édulcorer la façon de raconter ce qu'il se passe, mais au bout du compte, après plus de trente ans de politiques d'aides alimentaires et agricoles infructueuses, les faits sont là : le système alimentaire ne nourrit pas tous les appétits. Il oppose les droits d'un homme, d'une femme, d'un enfant, d'un paysan face à ceux du commerce international.

Coluche visait l'ouverture des stocks européens. Dans la politique des Restos du cœur, distribuer l'abondance de nourriture à ceux qui n'en avaient pas a toujours été le point central. Dans son appel, Coluche demandait à ceux qui avaient trop de partager. Il souhaitait que l'impôt soit orienté pour aider les plus pauvres. Coluche ne cherchait pas à échapper au fisc, mais à faire mieux que l'État qui selon lui ne faisait pas assez : « Il faudrait retirer à l'État les choses qu'il ne sait pas faire ou qu'il fait mal. S'occuper des pauvres, par exemple[98]. ». Le *normal*, selon Coluche, défie la norme. Ce qui est « normal » répond aux droits fondamentaux des personnes et c'est cela qui crée l'obligation, non le marché.

Quand Coluche parle de retirer certaines choses à l'État parce que celui-ci les fait mal, c'est une accusation lourde. Si nous relions cette phrase à la création des Restos, rapide et efficace, nous pouvons comprendre le grief dans ce sous-entendu : l'État manque à son devoir.

Ce devoir existe, il est précisé dans différents textes (Pacte international relatif aux droits économiques, sociaux et culturels [ICESCR], convention internationale des droits de l'homme de 1948, article 25-1 de la Déclaration universelle des droits de l'homme[99]). À leur lecture, on ne peut que se demander pourquoi, malgré tout cela, la situation actuelle perdure. La réponse est que ces textes ne sont pas « opposables » et qu'aujourd'hui rien ne permet de rendre le droit à l'alimentation justiciable en France[100], même si l'article 55 de la Constitution française stipule que : « Les traités ou accords régulièrement ratifiés ou approuvés, ont, dès leur publication, une autorité supérieure à celle des lois, sous réserve, pour chaque accord ou traité, de son application par l'autre partie ». Dans les faits, l'impact de ce cadre sur la France est le suivant : il est admis que la France ait mis du temps à intégrer ce principe dans ses lois, elle est donc classée à un niveau moyen par les instances internationales, c'est-à-dire que « sa marge de progression quant à la réalisation des droits est jugée importante ».

Mais si rien ne permet que ce droit soit justiciable, qu'est-ce qui l'empêche ? N'est-ce pas le principe d'une directive « volontaire » de pouvoir être saisie volontairement ?

Je vous propose de nous prêter très modestement à l'exercice de comprendre quelques outils, dont la directive volontaire du droit à l'alimentation n° 17, à travers des indicateurs et des jalons qui doivent permettre de mesurer la réalisation d'un principe en droit. Pour ce faire, après avoir brièvement donné les représentations de la justice, je les situerai dans différentes arènes : l'internationale et la nationale.

Justice(s) et représentation(s)

Selon l'époque, la situation, les courants politiques, la justice renvoie à des concepts très différents. John Rawls[101] et Amartya Sen[102] sont connus pour être rompus à l'exercice de définir le principe de justice. Ces deux hommes, dont la controverse est célèbre, ont un point de convergence : si nous voulons voir exister ce principe de justice, des choses vont devoir changer. Parmi ces choses, le flou règlementaire qui entoure le système alimentaire.

Dans ses ouvrages *Théorie de la justice* et *La Justice comme équité*, John Rawls propose de réfléchir à une société bien ordonnée. Une société pour laquelle la justice serait l'équité. C'est-à-dire une justice pensée naturellement par tous, sans besoin d'être affirmée par un organe extérieur. Une forme utopique dans un contexte idéalisé qui repose sur une structure de base et la coopération libre et égale des citoyens. Sa réflexion nécessite de faire preuve d'imagination, tant la société dans laquelle nous vivons et où sévissent les inégalités rend difficile d'entrevoir une telle forme. « Une société bien ordonnée est définie comme étant celle qu'une conception publique de la justice gouverne efficacement[103]. »

Dans la perspective rawlsienne, les hommes qui font le choix de la justice comme principe premier de leurs actions considèrent la liberté et l'égalité comme fondement d'une société, juste à la condition d'une *obéissance stricte* aux lois. Selon lui, une société juste nécessite un choix libre du principe de justice et une coopération des hommes en vue du mieux-être de tous. Les deux principes qui régissent la justice selon Rawls sont les suivants : le premier consiste dans le fait d'attribuer de façon égale les droits et devoirs fondamentaux, et le second stipule que les inégalités sont justes à la condition que toute la société en tire avantage, et en particulier ceux que la vie, la nature a le moins gâtés. Il y a dans son modèle une perception positive des inégalités à travers l'idée d'un ascenseur social qu'on veut prendre que si on pense que quelque chose de meilleur est possible. Ce raisonnement normalise les inégalités dans une société libérale. Il confirme et légitime l'ordonnancement qui accompagne le traitement des personnes, notamment des plus vulnérables. Car, comment combattre les inégalités dès lors qu'elles sont jugées utiles ? Cette approche trace une frontière entre des personnes qui peuvent poursuivre un idéal de justice en gravissant des marches et les autres. Sa modélisation rend « acceptables » certaines situations, bien qu'elles soient insupportables pour ceux qui les vivent.

Reprenons le cas de la famille aux 23 DNP (demandes d'hébergement non pourvues) condamnée à dormir dehors avec trois enfants, dont un nourrisson. Est-ce juste de les laisser à la rue parce qu'ils n'ont pas de papiers ? Serait-ce un passe-droit de les loger quand beaucoup de personnes en règle rencontrent de très grandes difficultés à obtenir un logement décent ? L'attribution des droits, si elle est conditionnée à une obéissance, ne peut offrir les mêmes droits à ceux qui ont *désobéi*. Or quand sont-ils devenus moins humains, pour ne plus être dignes d'accéder aux droits fondamentaux ? Comment se constituent l'humanisme et ses frontières dans une telle représentation limitée de la justice ?

L'expérience concrète de cette famille montre que le libéralisme, dans sa rationalisation des coûts et des traitements, ne peut pas résoudre ce qu'il génère, et qu'il faut donc en mesurer les effets comme un dommage qui lui incombe et non trouver un système dans lequel un voile opaque protège une société bien ordonnée. Si ce voile n'a rien à voir avec celui qu'imagine Rawls, le voile d'ignorance est nécessaire pour penser la justice de matière équitable dans son utopie. Rawls propose une graduation de la mise en œuvre de la justice, il y a le niveau de la personne, puis le local et en dernier lieu le global. Cette segmentation de la justice situe la famille aux 23 DNP dans le cadre du droit français auquel elle ne peut prétendre car elle est étrangère et sans papiers. Cette famille qui me montre son téléphone avec toujours ce même message « renouveler votre demande demain » ne comprend pas ce rejet. Elle ne sait pas qu'elle est derrière un voile qui dissimule la vue de sa réalité. Elle est ignorée, car peu importe qu'elle se situe dans le pays des droits de l'homme, elle est avant tout un cas administratif : sans papiers.

Cette famille doit faire face à une *justice pour les méritables* telle que l'a décrite Simona Cerutti[104]. C'est-à-dire que sa faible appartenance au tissu social a pour conséquence qu'elle est considérée comme inférieure. Ce qui lui est alors refusé est l'accès à la citoyenneté, la reconnaissance d'être digne de droit. C'est son incompétence, son incapacité de répondre à ce qui serait normal, au sens d'« être dans les normes », qui déterminent son destin.

À l'inverse, pour les bénévoles, ce qui fait sens n'est pas une règle plus qu'une autre, mais la reconnaissance de l'être humain, de la condition d'homme, comme l'explique Alya :

« On est tous des êtres humains, quoi ! » Ce qu'a souhaité Coluche et ce que poursuivent de nombreux bénévoles est une justice qui vient d'en bas, c'est-à-dire construite par ceux qui la réalisent. Pour réaliser la justice, l'aide doit être inconditionnelle et non formatée.

Cette perception de la justice correspond à celle développée par Amartya Sen pour qui une société plus juste consiste à *repenser les inégalités*. Les inégalités doivent être admises et reconnues comme des freins à la justice. La justice ne se comprend pas d'un point de vue théorique mais s'ancre dans une société complexe et réelle. Ce pragmatisme s'inspire entre autres des victoires obtenues dans des luttes célèbres, comme celles de Martin Luther King, Gandhi, etc. Pour réaliser la justice, il est important de poursuivre un objectif atteignable sans chercher un intérêt personnel et ainsi améliorer une situation d'injustice. L'idée de justice est donc une progression vers plus de justice. L'important n'est pas la sphère ou l'espace d'action mais la situation qui rend compte d'une injustice, d'une inégalité, car c'est cette situation qui peut être combattue. Dans cette situation, ce qui va garantir la liberté et l'égalité des êtres humains doit s'appuyer sur la reconnaissance de leur « capabilité ». Une capabilité se fonde sur les connaissances des personnes et la reconnaissance de ce savoir par les autres. Ce qui rend « capable » c'est ce que la personne connaît, ce qu'elle a appris, ce dont elle a la maîtrise. Œuvrer pour plus de justice consiste à ne pas imposer et ordonner le comportement à la personne dans un cadre prédéfini, mais à lui offrir les conditions nécessaires à l'expression de ses capacités, de sa dignité. La liberté est dès lors un absolu *des moyens de la liberté.*

Les entraves à la liberté et l'expression des inégalités apparaissent sans cesse dans le système alimentaire, de la graine à l'aide alimentaire : les agriculteurs à qui sont imposés la manière de produire, d'investir et de vendre à un prix insuffisant au nom du marché ; ces hommes et ces femmes qui font la queue deux fois par semaine pour se procurer une nourriture qu'ils ne peuvent pas choisir. Nul d'entre eux n'a les moyens de sa liberté, même si personne ne les force.

Contrairement à Rawls qui dans son analyse souhaite une *structure de base* donnant aux institutions et aux administrations le rôle d'appliquer la justice, Sen s'intéresse de manière concrète à *l'égalité de base.* Cette dernière ne dépend pas des structures et organisations, mais des hommes et de leur sens moral dans l'action. La capabilité est la liberté et s'oppose à l'utilité de l'ordonnancement des personnes par l'État. Penser la capabilité des bénévoles des Restos du cœur ou de certains agriculteurs au prisme de la proposition de Sen, c'est comprendre ce qu'engendre cet autre sens donné à la justice afin de la rétablir dans nos sociétés.

C'est parce que les bénévoles se sentent responsables qu'ils se rendent capables d'agir. La maraude ou la distribution deviennent pour eux une forme de devoir. Ils mettent des mots simples sur leur action : « C'est normal », « Je dois le faire », etc. Un tel comportement résulte de l'exercice d'une citoyenneté basée sur un impératif déontologique. Ainsi, les bénévoles s'opposent avec force à l'idée de ne pas trop connaître les différentes situations des uns et des autres pour pouvoir agir de manière équitable vis-à-vis de tous. Eux connaissent la force des détails dans les histoires individuelles. Ils savent, pour l'avoir vécu, que ce qui est juste pour l'un ne l'est peut-être pas pour l'autre. Ils savent que s'ils uniformisent leurs actions et cessent d'humaniser chaque geste, ils ne pourront pas donner ce qu'ils sont venus offrir : de la justice.

Dans le cadre des Restaurants du cœur, les bénévoles se perçoivent comme partenaires et égaux des personnes à qui la nourriture est servie. Leur perception de l'injustice et des inégalités engendre une réaction qui est à l'origine de leur action. Jeannot explique qu'il ne supporte pas l'injustice ; Gérard, qu'il a toujours lutté contre et Rosa affirme donner ce que les bénéficiaires devraient tout simplement avoir : « Justice ! » Ces trois maraudeurs, à l'image de la grande majorité des bénévoles, ressentent de la honte et de la culpabilité à assister à une injustice, tout comme les bénéficiaires de l'aide alimentaire ressentent de la honte à ne pas accéder par eux-mêmes à la nourriture. La force de leur raisonnement montre que la justice ne nécessite pas un cadre idéal pour être pensée, mais une expérience de vie. *L'idée de justice* jaillit alors de manière viscérale dans le corps de la personne. C'est cette étincelle que repère Birgit Müller dans les propos d'Adorno :

> Adorno voyait des moments de liberté émerger dans des moments de résistance. « La liberté devient concrète à partir des formes changeantes de la répression : en s'opposant à elles » (Adorno 1966 : 260). Dans ces moments, la raison se marie avec une impulsion naturelle, ressentie physiquement (*Das Hinzutretende*), née de la souffrance de l'autre qui devient insupportable, et qui pousse les hommes et les femmes à agir[105].

Le sentiment d'empathie qui naît permet alors deux choses : premièrement, d'éprouver la justice à travers l'injustice ressentie ; deuxièmement, de faire germer l'action politique. Il s'agit de réagir à une situation d'injustice qui demande un acte fort pour ensuite prendre conscience de la manière dont le monde est ordonné.

En explorant les lois et les normes qui entourent le droit à l'alimentation, force est de constater les résistances qui se sont organisées face au fait de laisser mourir. Ces résistances permettent, par les nombreux visages qui l'incarnent, de tendre vers plus de justice, plus de droits. Pour comprendre dans quel cadre normatif se situe l'action de ceux qui résistent au système alimentaire tel qu'il est, entrons désormais dans les textes internationaux et nationaux qui encadrent le droit à l'alimentation. L'objectif est ici de s'approprier ces écarts afin de prendre la mesure de ce qui est fait et de ce qui ne l'est pas pour mieux situer les violences alimentaires.

L'arène internationale

Suite au sommet mondial de l'alimentation de 1996, les chefs d'État et les gouvernements ont réaffirmé que le droit de chaque être humain à une nourriture adéquate et à être à l'abri de la faim devait être une priorité. Face à une telle déclaration, il a ensuite fallu plusieurs années pour que s'organise un groupe de travail intergouvernemental composé de 90 États membres et de membres des Nations unies en charge d'établir les directives volontaires. Afin d'articuler ce travail, un rapporteur spécial au droit à l'alimentation a été nommé. Depuis, cette personne a pour rôle d'assurer le lien avec le Haut-Commissariat aux droits de l'homme, mais aussi avec les parties prenantes de la société civile. Aujourd'hui, il s'agit de Mme Hilal Elver, elle a succédé à Olivier De Schutter qui lui-même a pris la suite de Jean Ziegler. Ces deux hommes ont marqué leur passage par leurs rapports alarmants et leurs recommandations, s'appuyant sur des études de cas menées à travers le monde. Chacun à leur manière, Jean Ziegler et Olivier De Schutter ont dénoncé les effets structurels du marché et des conflits.

À partir de 2002, des débats intenses et des négociations ont donné lieu à l'adoption de directives volontaires pour l'alimentation. Si certains débats ont permis d'aller assez loin, ces directives basées sur le volontariat ne peuvent, juridiquement parlant, rien imposer. À la lecture des textes ressort l'ambition et l'objectif des participants de voir leurs travaux comme une concrétisation d'un droit économique, social et culturel. L'adéquation aux principes de ces directives – l'égalité, la non-discrimination, la participation, la non-exclusion, le respect des obligations redditionnelles et la primauté aux droits – est bien présente. L'universalité, l'indivisibilité et l'interdépendance des droits de l'homme constituent le contexte dans lequel sont pensées les déclinaisons du droit à l'alimentation. Il est important de préciser que ce dernier ne concerne pas plus un pays qu'un autre, la France est concernée comme toute nation. L'affirmation du droit à l'alimentation tel qu'il a été élaboré par le groupe de travail a pour intérêt de penser les personnes comme des ayants droit qui doivent être protégés, car l'accès à la nourriture dans la dignité est un point central pour réaliser ce droit à une alimentation adéquate. Cela signifie que l'accès à la nourriture doit garantir la durabilité des systèmes de production et de l'environnement, la disponibilité de produits en quantité et de qualité suffisantes et enfin une accessibilité physique et économique. Dans cette idée, les aides alimentaires doivent être un coup de pouce ponctuel et doivent s'envisager dans une perspective d'autonomie et non de dépendance. Ainsi, le point 17 d'introduction des directives stipule :

> 17. Les États souscrivent à des obligations au titre des instruments internationaux pertinents traitant de la concrétisation progressive du droit à une alimentation adéquate. Notamment, les États parties au Pacte international relatif aux droits économiques, sociaux et culturels sont tenus de respecter, de promouvoir, de protéger et de prendre les mesures nécessaires pour concrétiser progressivement le droit à une alimentation adéquate. Il convient que les États parties respectent l'accès existant à l'alimentation adéquate, en évitant de prendre des mesures qui pourraient l'entraver, et protègent le droit de chacun à une alimentation adéquate en prenant les dispositions nécessaires pour que les entreprises et les particuliers ne privent pas d'autres personnes de leur accès à une alimentation adéquate[106].

Les États signataires sont donc attendus pour que cette déclaration soit suivie d'effets ; il leur est demandé de traduire ce droit dans leurs lois, dans leurs politiques et dans leurs mesures administratives – mais il n'y aura pas de conséquences s'ils ne le font pas. Par ailleurs, nous trouvons dans ce texte une tension entre droits humains et économie de marché.

La première directive s'intitule « Démocratie, bonne gouvernance, droits de l'homme et primauté du droit ».

Parmi de nombreux points, le 1.1 souligne que se nourrir doit se faire dans la liberté et la dignité. Il en va de la responsabilité de l'État qui en est le garant, afin de permettre une protection égale de l'ensemble des personnes. Dès la première ligne directrice, la manière dont l'État français délègue la mission de distribuer de la nourriture aux associations sans vraiment leur garantir les moyens nécessaires pour assurer le respect de la dignité des personnes rend compte de l'écart entre ce qui devrait se faire et ce qui se fait. Alors qu'il est fait mention d'une protection égale, en France c'est un système alimentaire à deux vitesses qui est en train de s'organiser. La diminution des droits sociaux et les réformes de la Sécurité sociale de ces dernières années montrent les nombreuses entraves qui sont faites aux droits des personnes par l'apparition de nouvelles normes et règles (système informatisé, par exemple) et l'argument de la crise (mesures restrictives par solidarité nationale).

Ces mécanismes d'entraves sont également visibles dans la directive 2 qui s'intéresse aux « politiques de développement économique ». Une vraie ambiguïté est soulevée du fait de la présence d'un cadre économique particulier. La place que prend l'Organisation mondiale du commerce dans l'ensemble des directives, et particulièrement dans celle-ci, met en tension une justice propre au libéralisme à travers l'affirmation de voir le développement économique comme salutaire pour toute une population. Si le développement de petites exploitations agricoles peut être encouragé pour envisager à nouveau l'activité nourricière et l'autonomie, l'impact de la concurrence quant à l'accès aux marchés locaux et internationaux n'est pas suffisamment flagrant dans les directives pour assurer des débouchés et des protections aux petits producteurs locaux. Ces mécanismes qui favorisent une autre forme d'agriculture sont difficiles à mettre en place quand des produits bien moins chers arrivent d'autres pays, comme c'est le cas en France.

Ainsi, les règles de l'OMC sont définies comme prioritaires à celles du droit à l'alimentation, il ne doit pas leur être fait entrave. Dans les directives, cet organe (l'OMC) se trouve présent à travers la question de la sécurité sanitaire des aliments, directive 9, et dans la directive 15 qui traite de l'aide alimentaire internationale. Soit dans l'édification des normes et des règles. À cet égard, le point 15.2 est fort de contradictions : il dit à la fois qu'il faut adopter les règles internationales de l'OMC et favoriser les traditions et cultures locales. Or, on ne peut que constater qu'un rapport de force, lié à l'introduction de méthodes, de produits, de ressources génétiques, rend bien souvent non consensuel le respect des traditions et des règles de l'OMC. Dans son ouvrage *Le Droit à l'alimentation*, Jean Ziegler observe :

> Les institutions de Bretton Woods et l'OMC, par contre, refusent toute conditionnalité. Leurs dirigeants s'orientent exclusivement à la rationalité marchande. Ils ne tiennent pas

compte des droits de l'Homme. L'OMC refuse explicitement qu'il puisse exister un droit humain à l'alimentation[107].

La présence de l'OMC, malgré une telle remarque, montre l'importance des enjeux économiques qui sont au cœur de la production alimentaire, et qui traduisent une tension incompressible. Face à ce constat, étayé par des exemples depuis 2006 et consultable sur le site de la FAO[108], la directive 7 peut donc jouer un rôle important car « le cadre juridique » est un outil précieux pour l'État. Il voudrait voir appliquer le droit à l'alimentation dans la finesse du texte et envisager d'autres normes, d'autres règles basées sur d'autres critères. Sa souveraineté nationale lui permet de transcrire le droit à l'alimentation dans sa constitution, les directives volontaires dans les lois, il peut ainsi transformer ses fonctionnements administratifs vers plus de justice alimentaire.

Les sujets de la malnutrition et de l'obésité sont intéressants à observer pour prendre la mesure des paradoxes présents dans les textes, qui montrent l'incompatibilité du système normatif préconisé avec les moyens donnés. Ils sont évoqués comme des urgences, une pandémie à combattre. Des mesures contraignantes pourraient être prises vis-à-vis de certains types d'aliments jugés dangereux pour les personnes, tant dans la production que dans la distribution, afin de répondre de manière volontaire à l'accès à une nourriture saine et équilibrée. Or la prévalence des règles de l'OMC ne permet pas d'assurer cette protection. La libre concurrence et le libre accès se traduisent par l'abondance dans les étals de produits jugés dangereux pour la santé, ils ont passé les barrières sanitaires et les mesures imposées et affichent sur leurs emballages des préconisations et avertissements pour le consommateur.

Si la directive 17 consiste dans la fixation de suivis, indicateurs et jalons, le contrôle réalisé sur les effets et impacts de l'aide montre dans le cas de l'obésité, *via* des données anthropométriques, que les aliments auxquels les personnes ont accès ne garantissent pas leur bonne santé. Les études rendent compte du fait que les facteurs de risques sanitaires liés à l'alimentation touchent davantage les populations dépendantes de l'aide alimentaire, mais rien n'est mis en place pour garantir l'accès à d'autres types de produits. La déclaration qui précise que : « [...] si, dans un pays, le revenu et le niveau de malnutrition sont relativement élevés, cela pourrait indiquer que celui-ci ne prend pas les dispositions appropriées nécessaires, au maximum de ses ressources disponibles », place la France dans une position ambiguë. En effet, elle peut être considérée comme un État qui a les moyens de s'attaquer à un tel fléau en y consacrant de réels moyens en termes de politique publique. Or l'enquête Abena, qui rend compte des impacts de l'aide alimentaire sur la santé, montre que les personnes continuent de grossir. Le territoire n'est pas à l'abri de la malnutrition, les personnes n'ont pas toutes accès à une alimentation qui assure leur bonne santé et se retrouvent en situation de détresse alimentaire.

Le droit à l'alimentation a été défini comme le droit d'avoir un accès à la nourriture, mais pas à n'importe quel type de nourriture, ni de n'importe quelle manière. L'aspect conditionnel devrait être du ressort de l'État, qui répond à une « obligation » internationale, et non de la personne en situation de demande. Or comme ni sanction ni pénalité ne s'appliquent, l'État n'est pas contraint d'appliquer ce droit sur son territoire. Les intermédiaires et les mécanismes du don semblent en deçà d'une réelle application de ce texte international, souvent par manque de moyens logistiques, humains et économiques. Dans l'imaginaire collectif, qui comprend tout l'héritage politique et social dont chaque personne est imprégnée, il se dit « qu'on doit nourrir les pauvres », et c'est cette idée de devoir qui répond alors à ce que l'« on » s'imagine être le droit à l'alimentation, sans savoir en quoi il consiste et si justice est faite. Le droit à l'alimentation n'est pas en voie d'application dans de nombreux cas, mais l'idée que les institutions étatiques font ce qu'elles peuvent suffit à ne pas pousser plus en avant la question de savoir comment cela se passe et quel chemin il reste à parcourir pour atteindre un degré satisfaisant de conformité au droit international.

L'arène nationale

La France, depuis 2006, a développé certaines mesures. Elle a multiplié les organes d'observation de la pauvreté (Observatoire des inégalités, Conseil économique, social et environnemental, Comité national de coordination de la lutte contre la précarité alimentaire [Cocolupa], Conseil national de l'alimentation, etc.), elle a organisé des États généraux de l'alimentation et voté la loi Egalim. Elle dispose donc d'une expertise fine du système alimentaire et d'un dispositif juridique. La loi n° 2010-874 de modernisation de l'agriculture et de la pêche mentionne une politique publique de l'alimentation, qui reprend les termes du droit à l'alimentation dans son article L 230-1 du Code rural et de la pêche maritime :

> La politique publique de l'alimentation vise à assurer à la population l'accès, dans des conditions économiquement acceptables par tous, à une alimentation sûre, diversifiée, en quantité suffisante, de bonne qualité gustative et nutritionnelle, produite dans des conditions durables. Elle vise à offrir à chacun les conditions du choix de son alimentation en fonction de ses souhaits, de ses contraintes et de ses besoins nutritionnels, pour son bien-être et sa santé. La politique publique de l'alimentation est définie par le gouvernement dans le programme national pour l'alimentation [...].

Le dernier programme pour l'alimentation inscrit dans une perspective pluriannuelle s'étend de 2019 à 2023. Aujourd'hui, lorsqu'on effectue une recherche sur Internet pour connaître les nouvelles perspectives pluriannuelles, les pages consacrées à ce programme invitent à répondre à des appels à projets qui promeuvent des projets alimentaires territoriaux, les PAT. L'objectif recherché : des territoires en action. Chaque année, des projets sont proposés par divers acteurs, très souvent des collectivités, et sont sélectionnés. Dans bien des cas, ces projets ne seront pleinement réalisés qu'à la condition d'avoir été lauréats. Cette stratégie et ce choix de gouvernance constituent un réel virage dans l'organisation et la stabilisation d'une politique publique de l'alimentation. D'une part, parce que ces projets ne peuvent prétendre à plus de deux ans de financement, d'autre part, parce qu'ils nécessitent un cofinancement et bénéficieront de 50 000 à 70 000 euros souvent affectés à un bureau d'étude. Les projets qui seront financés doivent répondre à quatre axes principaux : la justice sociale, l'éducation alimentaire des jeunes, la lutte contre le gaspillage alimentaire et l'ancrage territorial des actions dans la mise en valeur du patrimoine.

Pour l'instant trois appels se sont succédé. Ce qui interpelle à la lecture de ces textes est le fait que l'article de loi introductif ait changé[109] entre les deux premières éditions. L'extrait de loi mis en avant dans le second appel se distingue du premier par l'affirmation plus forte de la préservation de l'environnement et des jardins dans le contexte du changement climatique. Ainsi le premier point de l'article L 1 du code rural et de la pêche maritime stipule dans la version en vigueur depuis le 25 août 2021 :

> D'assurer à la population l'accès à une alimentation sûre, saine, diversifiée, de bonne qualité et en quantité suffisante, produite dans des conditions économiquement et socialement acceptables par tous, favorisant l'emploi, la protection de l'environnement et des paysages et contribuant à l'atténuation et à l'adaptation aux effets du changement climatique.

Si la prise en compte de l'environnement, du paysage, apparaît comme une avancée nécessaire compte tenu des effets du changement climatique, d'autres questions sont devenues moins prioritaires. Il s'agit du goût des aliments et de leur caractère nutritionnel, puis de la notion de durabilité[110], indicateur important du droit à l'alimentation. Produire dans des conditions économiquement et socialement acceptables ne prend pas en compte ce que la durabilité pouvait sous-entendre. Ce qui est acceptable dans certains contextes n'est pas forcément durable. L'acceptabilité, et tout particulièrement l'acceptabilité sociale, est sujette à controverse dans le cadre de la démocratie participative. Aussi ce terme ne peut être anodin dans un article de loi cité en référence à la place d'un autre, il ouvre une porte à une façon de gouverner, il montre un virage.

Enfin, les notions de choix, de bien-être et de santé des personnes ne sont plus mentionnées dans ce nouvel article de loi qui fait référence. La phrase : « Elle vise à offrir à chacun les conditions du choix de son alimentation en fonction de ses souhaits, de ses contraintes et de ses besoins nutritionnels, pour son bien-être et sa santé » n'a pas d'équivalence : le « *par tous* » ne remplace en rien la subtilité du texte qui servait de guide et de référence. Ces divers points peuvent se retrouver à d'autres endroits dans le texte, mais leur morcellement interfère avec l'amélioration de la justice sociale. Justice sociale et justice environnementale se succèdent quand pourtant elles étaient évoquées ensemble dans la déclinaison du premier extrait de loi.

Dans les faits, la plus grande difficulté des projets alimentaires territoriaux (PAT) est de devoir s'attaquer à des sujets très complexes en peu de temps avec trop peu de moyens pour pouvoir faire ce à quoi ils aspirent. Alors ils doivent faire des choix, prioriser par manque de moyens humains et logistiques. Ils composent avec un manque de formation et de compréhension des enjeux croisés de ceux qui vont décider. S'attaquer au système alimentaire est une vraie avancée, mais comprendre les enjeux croisés de la production alimentaire, de sa distribution et de sa consommation nécessite de déconstruire ce que l'on pense savoir pour avoir un nouveau regard sur son territoire. Hélas, trop de PAT débouchent sur des plans d'action assez semblables quand leurs réalités territoriales sont différentes. Des évaluations de cette politique sont en cours, toutefois ce que l'on constate, c'est que globalement les PAT vont affirmer qu'il faut manger bio et local. Très bien, mais quid de l'installation de paysans capables de fournir cette nourriture de qualité et quid des consommateurs plus soucieux dans cette période post-Covid de reprendre l'avion pour voyager loin que de réduire l'impact carbone de leurs assiettes ?

L'enjeu des PAT est de taille, les collectivités qui s'en saisissent « bien » peuvent faire un travail exemplaire. Il semble important pour cela qu'elles profitent de l'exercice pour se poser des questions de fond sur ce qui a conduit un système alimentaire si performant à répondre de manière aussi insatisfaisante aux besoins de la population.

Toutefois, ce choix de gouvernance fait suite à de nombreuses études et rapports sur le droit à l'alimentation, dont les conclusions n'invitaient pas au développement de nouvelles formes politiques basées sur le challenge, le concours, mais à un travail de fond, plus de moyens, plus de stabilité pour penser une stratégie alimentaire nationale en adéquation avec le droit international. Car si une telle stratégie peut être porteuse pour d'autres types de projets – quoique cela puisse être débattu –, l'alimentation et l'agriculture se programment dans un temps long ; la terre, tout comme le corps des personnes, nécessite du temps pour assimiler ce dont elle a besoin et le transformer en énergie. Prendre soin demande de consacrer du temps, une durée nécessaire pour observer des cycles d'au moins quatre années[111], un temps dédié qui ne doit pas être encombré par le fait de devoir répondre à des appels à projets pour espérer pouvoir faire.

Je souhaite revenir ici à la question sanitaire liée à ces produits peu chers. Évoquée dans l'arène internationale, elle a également son importance et un cadre normatif dans celle de l'État français, ce dernier ayant en charge la santé physique et mentale de sa population. Encore une fois, d'après l'étude Abena (Alimentation et état nutritionnel des bénéficiaires de l'aide alimentaire), qui a réalisé deux enquêtes en 2004-2005 puis en 2011-2012, une alerte sur les conséquences de l'aide alimentaire et la santé des personnes a été adressée au gouvernement. La conclusion indique :

> En 2011-2012, l'état de santé des usagers de l'aide alimentaire demeurait préoccupant avec des prévalences des pathologies liées à la nutrition (obésité, hypertension artérielle, diabète, certains déficits vitaminiques) particulièrement élevées.

L'étude mentionne qu'il est important de prendre en compte la diversité des publics et les causes de la pauvreté. En effet, le stress, lié à l'incertitude de la précarité professionnelle, alimentaire, etc., rend ardu l'accès à une nourriture équilibrée pour différentes raisons. La première est qu'il est extrêmement difficile de se soucier de son régime alimentaire lorsqu'il faut survivre. Aujourd'hui, j'observe les bénéficiaires de l'aide gonfler – pour reprendre le terme utilisé par les bénévoles pour souligner qu'ils grossissent –, je les entends se plaindre de leur diabète, de leur hypertension.

En 2014, soit deux ans après les résultats de l'étude Abena, le gouvernement commande à l'organisme FORS-Recherche sociale une étude sur les inégalités sociales et l'alimentation. L'organisme doit répondre à la question : *Quels sont les besoins et les attentes en termes d'alimentation des personnes en situation d'insécurité alimentaire et comment les dispositifs d'aide alimentaire peuvent y répondre au mieux ?* Ce travail conséquent va, à travers une enquête qualitative auprès de plusieurs foyers, mettre en avant l'hétérogénéité des publics concernés, mais aussi révéler que beaucoup de personnes n'osent pas recourir à l'aide alimentaire par honte. « [...] le niveau d'acceptation du recours à l'aide alimentaire varie en fonction de la forme d'aide délivrée, les centres de distribution de denrées s'avérant particulièrement stigmatisés. »

Des personnes qui n'ont pas accès au circuit ordinaire de nourriture se privent ; nombre d'entre elles font les poubelles de certains établissements sanitaires (EHPAD, hôpitaux), les poubelles des supermarchés étant difficiles d'accès. Dans les recommandations formulées, l'implication des personnes bénéficiaires de l'aide est requise, notamment en vue de voir évoluer les réponses à leurs attentes sur la qualité des produits, leur diversité et l'autonomie de l'accès à l'alimentation. Ainsi, six ans après que le code rural a pris en compte le droit à l'alimentation dans la loi n° 2010-874, quinze ans après l'adoption des directives volontaires sur le droit à l'alimentation, la situation sanitaire des personnes qui ont recours à l'aide alimentaire est inquiétante, les constats qui le révèlent s'accumulent : elles sont touchées par la maladie et elles font les poubelles.

Les nouvelles mesures et la stratégie politique déclarent œuvrer pour la mise en œuvre d'un programme politique qui garantisse de fournir des aliments bons pour la santé (produits frais, non transformés, conformes aux diversités culturelles des populations). Nous en sommes loin. Comme il a déjà été mentionné, dans la présentation de la loi Garot, la corrélation faite entre la réduction du gaspillage alimentaire et l'accès à la nourriture des populations précaires pose plusieurs questions. D'une part, la gestion d'un surplus ne garantit en rien le respect d'un quelconque équilibre alimentaire, et d'autre part, la dimension éthique, l'enjeu de la justice sociale et de l'égalité, disparaît par l'affectation de produits déclassés (non voulus, non vendus) aux plus vulnérables. Dans le cadre national, les normes utilisées pour gérer l'accès à la nourriture ne tendent pas vers l'application des lois qui ont été votées.

Au niveau de l'orientation de la politique agricole, aucun choix ne semble avoir été fait pour permettre de répondre aux enjeux tant sociaux qu'environnementaux. Il est assez déroutant de constater que, malgré les curseurs au rouge sur l'impact sanitaire des produits industriels (qui sont responsables des orientations de certains types de production), rien n'est fait pour encourager une véritable transition du système alimentaire. L'argument évoqué est qu'il serait impossible de nourrir la population selon ces critères et qu'il y a donc un besoin réel de continuer à produire beaucoup pour pas cher. L'ouvrage de Xavier Poux et Pierre-Marie Aubert[112] vient rebattre les cartes. La démonstration de ces ingénieurs montre qu'il est possible de repenser le modèle agricole, et cela à l'échelle européenne. L'urgence environnementale les a poussés à imaginer un scénario en dix ans, TYFA, Ten Years For Agroecology in Europe. Évoquer ce projet ici, c'est insister sur la responsabilité de l'État face à la non-mise en application de certains textes quand des propositions concrètes sont formulées.

L'aide alimentaire et les dérives du système alimentaire attaché à l'essor du complexe agro-industriel sont extrêmement liées. Ce non-respect du droit à l'alimentation touche autant les mangeurs que les producteurs. Repenser l'aide alimentaire, travailler l'accessibilité nécessite de comprendre le fonctionnement de la politique agricole et son impact sur les agriculteurs et l'environnement.

8.

ACCÉDER À L'ALIMENTATION, DES DIMENSIONS SPATIO-TEMPORELLES

Comme je l'ai déjà précisé, la loi nº 2010-874 de modernisation de l'agriculture stipule dans son article L 230-1 que « la politique publique de l'alimentation vise à assurer à la population *l'accès,* [...], à l'alimentation ». La définition du *Littré* nous indique qu'« accès » signifie : « Arrivée à, entrée dans[113] ». Le *Petit Larousse illustré* va préciser qu'il s'agit de la « Possibilité, pour quelqu'un ou pour un véhicule, d'atteindre un lieu, d'y pénétrer ». Dans ces définitions, les notions de possibilité et d'espace sont importantes. L'accès à la nourriture doit s'envisager dans un premier temps comme un chemin, plus ou moins encombré. La particularité de l'espace dans lequel les personnes évoluent en France est qu'il regorge de produits divers et variés. Aujourd'hui, la nourriture abonde dans les magasins, dans les restaurants, nous sommes au cours de la journée sollicités de diverses manières à travers des odeurs, des présentations dans les vitrines, des offres publicitaires qui promettent une affaire inratable. Certains jours, il est difficile de ressentir la faim car l'envie, le désir, l'heure, l'opportunité ont fait que nous mangeons. Or, si la majorité de la population est dans cette situation, pour une autre, toute cette nourriture, ces odeurs, cette possibilité ne sont pas accessibles sans intermédiaire. Dans leur poche, il n'y a pas de quoi s'offrir les aliments de la vitrine, le repas du restaurant. Devant les boulangeries ou les magasins d'alimentation sont souvent installés ceux qui ne peuvent pas payer sans angoisse de quoi se nourrir. Dans cette population, la manche est loin d'être une pratique étendue, elle reste réservée à certains groupes très bien organisés, ou à des personnes qui y voient une garantie de liberté. Pour ceux qui ressentent une trop grande difficulté à mendier, dans la rue d'autres moyens doivent être trouvés. L'aide alimentaire en est un ; ils peuvent aussi voler, glaner ou faire les poubelles. Pour les bénéficiaires de l'aide alimentaire, l'accès se fait dans un espace dédié dans lequel, lorsqu'il s'agit d'un centre de distribution, il va falloir s'inscrire. La possibilité d'accéder à la nourriture rencontre donc dès le départ plusieurs obstacles, celui d'un horaire, et celui d'un espace dédié. Il n'y a rien d'égal dans le traitement des personnes entre ceux qui ont les moyens de se nourrir et les autres – l'accès est complexifié par la structuration de l'aide, il y a ségrégation.

L'aide alimentaire concentre un flux spécifique, qui s'organise dans des moments précis, à destination d'une population particulière de personnes qui se retrouvent à attendre ensemble parce qu'elles vivent la même misère. Alors que la définition proposée par Jean Ziegler commençait ainsi : « Le droit à l'alimentation est le droit d'avoir un accès régulier, permanent et libre [...][114] », le cadre dans lequel se déroule le don de nourriture met en exergue un écart certain entre ce droit souhaité et ce qu'il est possible de faire même avec la meilleure des volontés.

Les différentes formes de distributions alimentaires auxquelles j'ai assisté ont toutes la même contrainte : répondre à l'urgence, et ce avec les moyens humains et matériels à disposition. Les bénévoles des centres font pour le mieux, mais ils ne font pas forcément ce qu'ils aimeraient, ce qu'il faudrait. C'est en s'articulant autour des Restos que ce chapitre va décrire quel accès à l'alimentation est aujourd'hui proposé aux personnes qui en ont besoin, à travers le regard de quatre bénévoles : Claude, en charge d'ouvrir la porte, Anna, qui procède aux inscriptions, Hélène, co-responsable de centre, et Guillaume, ancien responsable de centre.

Ouvrir la porte

Au centre de distribution des Platanes (93), les jours se suivent et ne se ressemblent pas. Face à la file d'attente,

Claude angoisse, ce qu'il désire, c'est que tout se passe bien, que les personnes qu'il voit s'entasser face à lui entrent et repartent avec le sourire malgré la situation. Claude est un jeune retraité, il travaillait dans le transport. Il a un physique remarquable, grand, musclé, des yeux bleus perçants, une grande moustache et surtout un sourire permanent. Il est venu occuper une partie de son temps ici, aux Restos, car il pense que ce n'est pas normal ce qu'il se passe, toutes ces personnes qui ne peuvent pas manger, mais il n'est pas complètement satisfait. Portier, voiturier (car il a aussi pour tâche de garer ou faire garer les poussettes), sa mission est compliquée car c'est lui qui fait entrer chacun son tour. Il est à la charnière et articule le dehors et le dedans. Derrière sa porte vitrée, il voit tout ce qu'il se passe à l'extérieur du centre, ceux qui se manquent de respect, en viennent aux mains, ceux qui trichent. Il comprend. Il absorbe, car il fait son possible pour que les tensions restent à l'extérieur. Souvent elles le touchent, il les ressent, il parle d'une forme de courant électrique qui lui hérisse les poils. Son arme pour transformer un rôle ingrat de Cerbère en autre chose, c'est l'humour. Jour après jour, il a su faire preuve de patience et adapter le ton et la réaction. Il lui arrive d'être ferme, de durcir son visage, de glacer son regard, un contraste qui marque quand, en quelques secondes, il peut le réchauffer d'un sourire. Son expérience lui a appris à gérer un moment clé, un point de friction quant au droit de chacun d'avoir accès à la nourriture. La situation est en dehors des normes sociales, en dehors du champ de l'espace public. Aussi, ce qui s'y déroule ne se joue pas frontalement, mais dans des chemins détournés, dans lesquels il est important d'avoir appris à circuler. Il sait bien que parfois lui ou d'autres bénévoles se font traiter de noms d'oiseaux en langue étrangère. Ce n'est pas agréable de se faire insulter, mais Claude fait preuve d'une grande réflexivité ; loin de se contenter d'ouvrir et de fermer une porte, il régule les tensions et la violence qui accompagnent sa fonction. Il prend en compte ce qu'il se passe à l'intérieur du lieu et l'influence que cela peut avoir sur les personnes. S'il parle peu devant sa porte et se contente de quelques mots pour dire bonjour, au revoir et s'assurer de comment vont les personnes, il amasse et retient les choses à dire car, si dans le cadre de la distribution le rythme incroyable empêche parfois de voir ce qu'il se passe, lui, en charge de faire ralentir, dispose d'un temps qu'il met à profit. Dans nos entretiens, il use beaucoup du second degré pour dénoncer tout ce qui ne lui convient pas et dont il est le témoin, il s'indigne. En ce jour de février, il me raconte par exemple au cours d'un rendez-vous où nous devions faire le point sur sa participation à la gestion de la file d'attente :

> Ce matin, y a pas eu de file d'attente, ça a été vite, il n'y avait plus rien à bouffer, poireaux, pommes de terre, crèmerie, rien d'autre ! Ils ont donné

> une brosse à dents et du dentifrice !... Quand les mecs ils ont pas de quoi bouffer, se laver les dents ? Non ? Ils se foutent pas un peu de leur gueule ?

Claude utilise souvent le « ils », ce pronom englobe sans distinction tous ceux qui mettent en place des règles que lui ne trouve pas justes, qu'il ne comprend pas. Il est là pour les gens auxquels il s'est attaché. Il ne souhaite en rien reproduire les dysfonctionnements qu'il a connus dans sa vie professionnelle. Il me raconte le plaisir qu'il a lorsque l'une des personnes le salue dans la rue, alors il s'arrête et bavarde un peu. Il est heureux de ces liens, car comme il ne donne pas à manger mais fait entrer, être reconnu malgré l'ingratitude de son poste est une petite victoire. Se reconnaître dans la rue, quand le bonjour au centre n'était pas une chose acquise, montre que le lien qui s'est créé depuis les trois ans qu'il est au centre n'allait pas de soi, n'était pas dû. Claude explique que le dû, c'est la distribution alimentaire ; beaucoup de personnes qui viennent chercher à manger pensent les Restos du cœur comme un service de l'État, à l'image de la caisse d'allocation familiale, la caisse primaire d'assurance maladie. Comme le note Martine, bénévole aux inscriptions : « Ils ont eu une carte, un chiffre, ils ont droit ! Pour eux on est payés pour faire ça ! »

En 2018, la rigueur n'a pas suffi à gérer certains débordements. Trop de personnes attendaient devant la porte, Claude a parlé de danger, il devenait difficile pour les bénévoles de pouvoir sortir du centre sans être pris d'assaut. La demande était telle qu'il était impossible de la satisfaire faute de bénévoles. L'explication de ce phénomène est multiple. Tout d'abord, il est le reflet des flux de migration propre au département, et ensuite il est lié au nouveau mode de distribution, la distribution aux points (qui consiste à faire choisir selon un nombre de points affectés par catégories d'aliments, plus ou moins important en fonction de la composition familiale ; les calculs nécessaires sont inscrits sur des feuilles A4 qui permettent d'équilibrer et de savoir ce qui a été donné). Claude a eu à cette période un commentaire sans appel :

> Surtout dans ce système, en ce moment, moi je te jure, je suis à deux doigts de ne plus venir ! C'est trop là, c'est trop ! Ça devient trop ! Parce que, je comprends les points, ils sont gentils aussi, ils font des points, ils font des fiches, mais si tu as personne pour distribuer ! Tu fais comment ? On va les faire en salade les feuilles ?

La distribution aux points illustre selon lui l'écart entre celui qui fait des règles et ceux qui sont sur le terrain. Claude revendique de savoir, de comprendre et d'être légitime dans son analyse et ce qu'il propose parce qu'il sait ce que c'est que de travailler, de mettre les mains dans le cambouis, ce qui pour lui n'est pas le cas d'un technocrate. Les entraves pour accéder à l'espace de la distribution alimentaire, il les connaît, il a appris à les rendre plus lisses, plus humaines. Il peine à réprimer sa colère face au politique, au cadre légal, qu'il se refuse à comprendre. Claude ne veut être instrumentalisé à aucun niveau ; d'une part il veut agir, et d'autre part il souhaiterait pouvoir être entendu et cru.

Dans le centre de distribution, la concentration des horaires d'ouverture génère de la tension, limiter l'accès dans l'espace et dans le temps se fait en fonction des moyens disponibles et non en fonction des besoins. L'équipe propose plus qu'elle ne pourrait, mais au fil des campagnes d'hiver et d'été, face à la pérennisation de la pauvreté dans le département, son plus s'avère être insuffisant pour répondre aux enjeux décrits par les directives volontaires du droit à l'alimentation. Non, l'accès n'est pas libre, une personne est obligée de retenir à la porte les tensions que la situation génère, il faut désamorcer. L'accès n'est pas permanent non plus puisqu'une inscription permet de venir deux demi-journées par semaine seulement et sur des périodes précises dans l'année.

Pousser l'autre porte

La porte la plus difficile à pousser aux Restos du cœur, comme dans bien des centres, est invisible, il s'agit d'un dévoilement, un moment qui pourrait être vu comme un portique dans lequel la personne se retrouve nue face à celui qui a pris son dossier en main. Pour franchir ce cap, ceux qui souhaitent bénéficier de l'aide de l'association vont devoir donner de nombreux détails de leur intimité, de leurs manières de vivre, à de parfaits inconnus. La pudeur de parler d'argent, de mauvaise gestion, de surendettement explose et laisse place à la honte d'en être arrivé là ! De l'autre côté de ce portique invisible, les bénévoles inscripteurs ont tous eu une formation en deux modules proposée par la structure. Il est obligatoire d'avoir pris le temps de participer à ces journées ou demi-journées afin d'avoir été initié (le premier module se nomme « initiation ») et avoir appris à « accueillir et décider en équipe » (titre du deuxième module). Ces temps sont importants pour les bénévoles, car ce sont des moments au cours desquels ils peuvent exprimer de nombreuses choses qui n'ont pas leur place dans des quotidiens où l'urgence prime.

Anna est un pilier du centre des Platanes. Bénévole depuis treize ans, elle y rayonne par son charisme et un sens de la dérision. Originaire des pays de l'Est, elle sait ce qu'est l'intégration. Pour elle, c'est l'amour de l'autre qui rend possible son engagement dans la durée, c'est une condition pour porter un regard capable de se distinguer de la charité, du devoir. Son arrivée aux Restaurants du cœur n'est pas un hasard, mais une prise de conscience « brutale », car inattendue. Un soir, alors qu'elle devait rejoindre des amis pour dîner, elle a croisé sur son chemin la distribution d'une équipe de maraude. Elle a regardé attentivement la file des personnes qui s'avançait devant elle. Elle s'est sentie mal à l'aise de ne pas avoir compris que la France en était là. Cette soirée-là, son regard sur la ville a changé, et quelques jours plus tard elle s'engageait aux Restos du cœur. Son rôle a évolué, elle a commencé à la distribution avant de faire les inscriptions. Au sein des inscriptions, elle est devenue « cartomancienne », selon ses termes, c'est-à-dire que c'est elle qui remplit la carte, qui donne la possibilité de venir chercher à manger, mais surtout c'est elle qui va donner la réponse positive et parfois négative, accompagnée alors d'un colis de dépannage. Mobile et au contact, Anna a su tisser des liens avec les personnes qui ne tiennent pas uniquement à son rôle dans les inscriptions, elle a aussi développé l'accès à la culture. Anna a institué des sorties cinéma, théâtre, concert, et même foot. Tout ce qu'elle négocie est gratuit pour les personnes accueillies aux Restos, elle s'engage à un accompagnement, car il ne s'agit pas juste de donner des tickets, l'accès à la culture nécessite une présence de chaque instant pour petit à petit habituer les personnes au cinéma, un lieu où l'on doit rester assis, ne pas parler fort, ne pas téléphoner, où il n'est pas indispensable de manger. Un lieu où l'on arrive à l'heure également par respect pour ce temps pour lequel on s'est engagé. Anna donne de la valeur aux billets qu'elle distribue, ce n'est pas parce que c'est gratuit pour eux qu'ils peuvent ne pas venir, elle leur a fait confiance, elle attend un retour de leur part. Sa pédagogie, sa patience ont fonctionné, elle a pu rencontrer les personnes dans un autre contexte, les voir changer et se lier, et trouver ainsi un équilibre entre les terribles histoires qu'elle entend aux inscriptions et ce qu'elle ouvre comme portes et accès par ailleurs – offerte par un film, de la musique, la possibilité de sortir en famille. En décembre 2016, alors que je débute mon travail, Anna m'explique :

> Ce que l'on fait, c'est pour les gens, et c'est tout ! Dès le début, j'ai pensé qu'il fallait y croire, parce que c'est bien de croire à ces choses-là. Je ne sais pas, j'ai peut-être tort mais... C'est quelque chose de trop important, d'être humain ! Je n'aime pas culpabiliser et il n'y a pas de quoi, c'est vrai, mais une telle différence dans la société ! Comment expliquer ? Alors que le trésor est là !

La force d'Anna est de savoir dire que ce n'est pas normal sans s'en sentir coupable. Cette capacité de faire la part des choses, tout le monde ne l'a pas, mais elle a appris à la faire et à mettre de l'huile dans les rouages pour trouver une juste distance. Car ouvrir la porte que l'autre pousse, donner l'accès, c'est aussi s'engager sur un contrat moral avec les personnes, il s'agit ici de se faire mutuellement confiance.

Si les inscriptions ont lieu tout au long des campagnes, c'est à chaque réouverture que les personnes se bousculent. Ces jours-là, il y a deux files côte à côte devant la porte que garde Claude, celle des inscriptions et l'autre pour ceux qui ont déjà leurs cartes et viennent chercher à manger. Ces derniers ont obtenu les documents lors de demi-journées dédiées, avant même que la nourriture commence à être à nouveau distribuée. Pour gagner du temps lors de la reprise, les personnes vont d'abord rencontrer un bénévole installé dans le fond de la salle de distribution au niveau de la cafétéria ; il va s'assurer que l'ensemble des documents demandés a été apporté, soit : la carte d'identité du demandeur et du conjoint, un justificatif de domicile ou une attestation d'hébergement (beaucoup de personnes sont hébergées soit par un organisme, soit par de la famille ; un formulaire type est distribué et peut être rapporté par la suite), les certificats de scolarité des enfants, le livret de famille, la déclaration de revenus (souvent à zéro), les justificatifs de revenus (fiches de paie, Assedic, caf, etc.), et les dépenses, loyers, et autres factures. Ce bénévole remplit une préfiche, juste avec le nom et un numéro, il rassemble les papiers qui vont servir par la suite. Les bénévoles inscripteurs viennent récupérer ces fiches dans l'ordre d'arrivée puis appellent les personnes assises autour des tables de la cafétéria.

Ainsi, une fois ces deux obstacles franchis, la porte d'entrée et le dossier complet, les personnes entrent dans une grande salle lumineuse et vont être invitées à s'assoir à un des bureaux, en face des bénévoles inscripteurs. Ces derniers ont devant eux un classeur, dans lequel est inscrit le barème tenu secret, une calculette et deux stylos. Les horaires des cours de français sont collés sur le bureau, de façon à pouvoir être proposés, parfois les indications pour le vestiaire sont aussi mises en avant. Une fois calculé le reste à vivre des personnes, ils ne conserveront aucun des documents consultés et n'en feront aucune copie. Dans la fiche qu'ils remplissent, il y a les noms, prénoms et dates de naissance des membres de la famille, l'adresse, la situation professionnelle et le tableau qui permet d'établir le calcul et de voir si la personne entre dans les barèmes.

Anna a fait les inscriptions et les fait encore de temps en temps, mais elle se sent parfois intrusive dans les questions qu'il faut poser, et celles que des bénévoles se permettent : « Il est où le monsieur ? », « Ah ! il y a un enfant ? », « Vous êtes *encore* enceinte ? ».

Les deux histoires à suivre illustrent les difficultés et les tensions que la situation de l'inscription peut générer. Il ne s'agit pas de juger les protagonistes, mais de décrire ce qui peut arriver lors d'une inscription.

La première histoire concerne un jeune journaliste d'Afrique noire, un garçon remarquable, beau et doté d'un charisme rare, selon les mots d'Anna. Il revient, car la veille il lui manquait des papiers qu'il s'est procurés depuis. À son arrivée, après avoir échangé le bonjour habituel, la collègue d'Anna dit : « Alors ? On vous connaît pas ! » Il précise donc qu'il est venu hier, ce à quoi il lui sera répondu : « Vous savez, pour nous, les noirs... ! » Un propos qui se veut honnête, mais qui choque Anna. Elle essaie d'en plaisanter et répond à son tour : « Pardon, le monsieur est trop beau, on ne peut pas ne pas le reconnaître ! » Loin de s'excuser, sa collègue insiste, au grand désespoir d'Anna.

La seconde histoire concerne un monsieur de 52 ans qui vient de Normandie. Il vit avec une femme, chez elle, une femme qu'il décrit avec bienveillance comme légèrement déficiente, alors il s'en occupe depuis deux ans. Aujourd'hui, même ensemble, ils n'arrivent pas à faire face à toutes leurs difficultés. Ils n'en peuvent plus, ils sont venus ici aux Restos obtenir un peu d'aide. Anna explique : « Tout ce qu'ils racontaient, ils le disaient avec des mots plus ou moins couverts, vraiment très sincères, très humains. » Anna se rappelle l'intervention de sa collègue durant cet échange qu'elle vit alors comme *une conversation terrible.* « Vous avez des enfants ? » Elle entend encore cet homme dire : « Oui j'ai un petiot qui a deux petiots en Normandie et il est au chômage. » En pleine empathie, Anna est très surprise par la réponse de sa collègue : « Mais monsieur, vous savez pas qu'il vous doit l'aide ? » Surpris à son tour, l'homme répond : « Mais je peux pas lui demander de l'aide parce que lui il ne travaille pas et il a deux petiots ! » À ce moment, Anna donne un coup de pied à sa collègue sous la table, celle-ci lui demande ce qu'elle a. Elle lui répond alors : « Moi j'ai rien ! Mais c'est toi qui as quelque chose ! »

Anna ne tarit pas d'éloges à l'égard de ses collègues, elle leur reconnaît beaucoup de qualités, mais parfois, ce qu'elle pense de l'accès à l'alimentation, du rôle des Restos, lui fait ressentir un décalage. En treize ans, elle a vécu des années difficiles au sein des Restos. Comme il y a sept ans lorsque des Tchétchènes venaient se réfugier en France. Ils passaient par la Pologne, puis de la Pologne à l'Autriche, et d'Autriche ils venaient en France. Les gens arrivaient avec leurs blessures, la perte d'un mari, du père. Elle raconte :

> Ils avaient laissé les enfants, il y avait des gens de 65 ans et au-delà. Des choses atroces. Et il fallait traduire, moi je ne parlais pas le russe exprès pour ne pas tout entendre, pour ne pas recevoir trop directement, car c'était déjà terrible. En traduisant, tu reçois en plein cœur, le choc, et les autres ne voient pas. Ils remettent en doute systématiquement : « Non c'est pas vrai, ce sont des histoires, ils ont inventé ! » Il y en a une qui a raconté qu'elle avait un bébé de 2 ans, et on lui a dit de prendre la porte sous prétexte qu'elle mentait. Elle s'est levée et a soulevé son tee-shirt pour montrer la césarienne, je trouvais que c'était culotté mais alors !

Des histoires telles que celle-ci, Anna en a beaucoup, en treize ans elle a vu la misère exploser (fermetures d'usines dans le 93, guerres et arrivées de réfugiés), le regard des personnes se transformer, les bénévoles se protéger, les bénéficiaires considérer que les bénévoles étaient des gens payés. Elle a vu les personnes devenir incapables de croire que ce qu'elle faisait, elle le faisait vraiment parce qu'elle avait envie que les choses changent ; et parce qu'elle les aime, elle sait qu'elle doit sans cesse le prouver. Elle pense que c'est parce qu'ils ne comprennent plus ça, qu'ils ne perçoivent pas qu'eux aussi doivent changer certaines choses, ne pas simplement ouvrir la porte mais la pousser et entrer pleinement dans ce qui s'offre à eux afin d'en saisir toutes les subtilités. La réciprocité de l'intérêt a besoin d'être éprouvée autrement, selon elle. Elle s'intéresse à eux, à ce qu'ils sont, comment ils font, comment ils vivent, sans poser de questions, simplement en étant présente, en écoutant, ça prend du temps. Son désir est que, petit à petit, ils s'intéressent aussi un peu à ce pays dans lequel ils débarquent pour certains, ou à toute autre chose qui leur permette d'exister, d'être dignes, et de voir la nourriture comme une chose secondaire dans les liens qu'ils sont capables de tisser au sein des Restos.

Fermer la porte

La majorité des centres n'ont pas les moyens de rester ouvert toute l'année et ferment à certaines périodes. En 1985, au moment de la création des Restos du cœur, les actions ne devaient pas se pérenniser, elles avaient été pensées pour faire face aux factures de l'hiver liées au coût de l'énergie. Or, aujourd'hui, ils sont ouverts sur de plus longues périodes, et on parle de deux campagnes, celle d'hiver et celle d'été (les dates sont variables en fonction des territoires).

L'implosion de la demande et la limite des stocks représentent une réelle entrave quant à la réalisation du droit à l'alimentation. Aussi, dans chacun des centres, les personnes responsables du stock ont un rôle des plus complexes : ils ferment la porte. La répartition équitable sur un temps de plus en plus long impose une rigueur et une comptabilité quotidienne. Au centre des Pâquerettes, le responsable du stock est très vite devenu indispensable et a réorganisé le fonctionnement à sa manière, ce qui a généré des tensions et des départs de bénévoles. Aux Platanes, l'importance du centre couplée aux caractères des bénévoles imposent un partage de cette tâche, Hélène et Paul sont tous deux aux commandes. Hélène est chargée des commandes et des collectes, Paul des ramasses. Chacun dispose d'un espace de stockage différent, une distinction que l'on retrouve dans l'organisation des tables.

Hélène est retraitée, elle travaillait dans un tout autre domaine, la banque, rien à voir selon elle avec ce qu'elle fait aujourd'hui. C'est une femme très fine, très soignée, cheveux courts, lunettes. Sa parole compte énormément, c'est elle qui explique avant chaque distribution ce qui est prévu et comment le faire. Elle est souvent la seule à pouvoir prendre les décisions, car elle seule a une connaissance parfaite de ce qui est disponible dans une période donnée pour nourrir les personnes. Aussi, si quelques critiques peuvent être formulées des jours de fortes tensions, en quatre années, j'ai surtout vu une équipe reconnaissante du travail colossal qu'elle accomplit au mieux sans jamais se plaindre. Hélène est présente avant l'ouverture pour la mise en place, soit de

7 h 30 à 12 heures du lundi au vendredi, ainsi que deux ou trois après-midi par semaine durant la campagne hiver. Loin de se cantonner au stock, elle s'occupe aussi de dispatcher les bénévoles, d'organiser les collectes et de veiller à ce que le ménage soit toujours fait.

Paul est bénévole depuis douze ans, il se présente comme responsable des fruits et légumes des ramasses. Il gère également quelques partenariats avec les supermarchés. Il se distingue par une présence, voire une omniprésence, dans la distribution au cours de laquelle il surveille que les bénévoles n'aient pas la main lourde, soucieux de pouvoir donner à chacun à peu près la même chose. Sa mission est complexe, car il doit tenter de donner à tous le sentiment d'avoir eu autant avec des produits différents, cette contrainte relevant parfois du tour de magie ! Une autre particularité de Paul est qu'il n'a aucune difficulté à refuser. Dans une distribution, le bénévole qui est au contact direct est parfois sollicité pour donner plus, et dans certains cas, cela fonctionne. Toutefois il est difficile d'échapper au regard de Paul, qui derrière ses cagettes observe ce qu'il se passe. Lors d'une distribution, je discute avec une dame d'un certain âge, nous parlons de tout et de rien, le ton est sympathique. Arrivées devant les fruits et légumes, le choix est limité, elle prend par dépit quelques denrées puis s'assoit pour prendre un café avec ses copines. Une demi-heure plus tard, les fruits et légumes sont ravitaillés et de belles tomates sont désormais disponibles. La dame m'appelle et me demande si elle peut en avoir un peu, hélas, à ce moment Paul est présent. La dame insiste, alors je lui dis que je ne peux pas le faire car je ne sais absolument pas quels sont nos stocks, qu'il faut qu'elle demande à Paul. Elle me répond : « Vas-y toi, tu es jolie, moi il m'écoutera pas… », je ris et lui réponds qu'elle connaît bien mal Paul, que je n'aurai pas plus de faveurs qu'elle, mais j'y vais. Un jeu semble s'installer et se substituer à l'enjeu d'obtenir la tomate. Je fais donc part de la demande à Paul, essaie de jouer d'un peu de charme tout en regardant la dame qui observe la scène avec attention. Comme je m'y attendais, je n'obtiens rien ! Paul s'approche alors de la dame, je le suis et nous rions ensemble de la situation et des contraintes, Paul lui dit que c'est bien d'avoir essayé car s'il avait pu, il aurait dit oui, mais en ce moment avec l'affluence il doit faire attention. Il faut donc espérer que la prochaine fois madame passe au moment des tomates !

Gérer les stocks, c'est ouvrir et fermer la porte de l'accès à la nourriture. Personne ne dira rien sur l'ouverture, quand tout le monde voit la fermeture avec méfiance car elle met en évidence que les personnes qui viennent chercher à manger ont besoin de plus de nourriture.

La tension de la fermeture est donc liée à la rigueur de devoir calculer par rapport à ce qui est disponible et non pas en fonction des besoins. Cela génère un rationnement qui met tout le monde mal à l'aise, malaise amplifié avec la carte et la fiche dans laquelle sont répertoriés les points.

Hélène le rappelle : « Si je donne tout maintenant, on ferme un mois plus tôt ! » Or, elle, comme Paul et comme de nombreux responsables des centres du 93, tente d'étendre leurs actions dans le temps pour ne plus fermer les portes pendant les mois d'été. Ils voudraient garantir le coup de pouce alimentaire et la possibilité de fréquenter l'ensemble des activités du centre le plus longtemps possible, et doivent alors répondre à un autre enjeu, celui de pouvoir compter sur une équipe bénévole sur des périodes plus longues. Si les magasins tendent à ouvrir leurs portes de plus en plus tard et même le week-end, dans le cadre de la distribution alimentaire, demander aux bénévoles d'amplifier leur don de temps pour garantir un accès à l'alimentation « permanent » est difficilement envisageable. La contrainte est donc structurelle, du fait de moyens humains et alimentaires restreints. La porte est fermée indépendamment de la volonté. Une réalité qui devient parfois insupportable pour celle ou celui qui s'est engagé dans l'espoir de prendre part au développement d'une justice sociale. Est-ce aux ONG de rationner les pauvres quand c'est l'État qui n'assume pas son devoir ?

C'est ce que se demande Guillaume, à l'origine du centre des Pâquerettes, lorsqu'il fait le « choix » de prendre la porte.

Prendre la porte

Le 2 août 2016, six des membres fondateurs de l'antenne des Pâquerettes adressent par courrier une démission commune à l'antenne départementale des Restaurants du cœur. Guillaume, qui avait initié le projet, fait partie de ce groupe. Dans cette lettre, un paradoxe : c'est afin d'affirmer les valeurs portées dans le projet de Coluche que ce groupe se retire. Déjà en juin de cette même année, une sonnette d'alarme avait été tirée pour alerter le responsable départemental et le président national que l'esprit Coluche était mis à rude épreuve par des pratiques déshumanisantes. Forts de leurs valeurs largement débattues entre eux et d'une profonde envie de répondre à l'appel de Coluche, les six pensaient recevoir un soutien. C'est tout le contraire qui s'est produit. Aucune de leurs remarques n'a été prise en compte et la personne qui posait problème à cause d'un comportement trop autoritaire a été renforcée dans son rôle. Le comble a même été atteint lorsque ces six personnes ont reçu un courrier leur demandant de quitter les Restos du cœur, sans même avoir pu s'expliquer[115].

Le 7 juillet, j'avais assisté à une réunion au centre – j'avais été informée de sa tenue quelques heures auparavant, en pleine distribution. Joseph était venu me voir, m'informant que des membres de l'antenne départementale (AD) venaient, qu'il fallait être présents. Un pique-nique entre bénévoles ayant été programmé à la suite de la distribution, difficile de dire que nous ne pouvions pas rester. À la fin de la distribution, les bénévoles sont donc invités à se rassembler dans la salle d'accueil. Après quelques informations générales, le courrier d'alerte envoyé par les futurs démissionnaires dont aucun n'est présent circule, avec quelques phrases surlignées en jaune fluo. Si la feuille circule, elle ne peut être lue correctement, les passages mis en exergue sautent aux yeux. L'effet est immédiat pour les participants : la personne remise en cause devient la victime d'un petit groupe dangereux qui a eu l'illusion de croire que l'on pouvait fonctionner de manière autogérée. Le responsable de l'antenne départementale explique que les Restos du cœur sont devenus une multinationale qui doit s'organiser comme une entreprise ; à ce titre, Joseph est un responsable exemplaire qui gère très bien le stock et sait garantir l'approvisionnement. Il en a pour preuve le suivi informatique qui est fait de façon irréprochable, et le résultat d'une collecte où les chiffres ont presque été doublés. En d'autres termes, les indicateurs prouvent que tout va bien.

Lors de cette rencontre, l'importance de la structure pyramidale est mise en évidence et soulignée. Premièrement lorsque les responsables ont annoncé leur venue sans formuler de motifs, Guillaume a informé son impossibilité d'être présent et c'est cette date qui a tout de même été choisie. Ensuite parce que la réunion se terminera sans tour de table ou concertation, mais sur les paroles des chefs venus de l'antenne départementale afin de « recadrer les bénévoles ».

L'évolution qui a conduit ces personnes à démissionner tient à l'application d'une règle de gestion qui ne correspond pas à l'état de leur stock. Contrairement au centre des Platanes, où il est difficile de faire abstraction de l'incertitude quant à la gestion du lendemain, ce centre d'une petite ville du sud de la France applique des règles de manière stricte et génère de l'excédent. Une perspective qui met les bénévoles en tension, car lorsqu'un bénéficiaire leur demande un petit plus, la raison pour laquelle ils vont devoir dire non n'est pas liée à l'indisponibilité du produit, ou à l'impossibilité de faire pareil pour tous, mais à une règle. Une règle qui les oblige alors à faire le contraire de ce pour quoi ils se sont engagés : loin de partager, ils restreignent à leur tour ceux qu'ils sont venus nourrir.

Ainsi, le 2 août 2016, pour sauver ce qu'il pense être l'esprit Coluche, Guillaume a donné sa démission. Je l'ai recroisé avec la presque totalité du groupe dans l'accueil de migrants. Il a par exemple participé à la rénovation d'une maison destinée à une famille. À l'intérieur de ce lieu, la cuisine avait été équipée d'un frigo, d'une gazinière, tout pour permettre à la famille de manger ce qu'elle désirait. De même pour les jeunes migrants qui ont été accueillis dans le foyer, des collectes ont été faites pour qu'ils cuisinent ensemble, qu'ils s'organisent.

Prendre la porte des Restos a été douloureux et a laissé des séquelles importantes au groupe, qui a ressenti un fort sentiment d'injustice – l'injustice de ne pouvoir faire mieux, d'être contraint de faire comme on leur disait de faire. La liberté de leur don, du bénévolat est apparue comme une condition à son exercice, tout comme l'importance de penser un projet politique autour des mots de Coluche et de leur action. Ils pensaient avoir à assurer une continuité en matière de dénonciation, non pas de renonciation.

Ce qu'a vécu ce groupe montre qu'il existe des écarts entre le droit à l'alimentation, ce qu'il serait juste de faire et ce que les pratiques de terrain peuvent déclencher. Sans l'arrivée de Joseph, les choses auraient peut-être continué à se développer comme elles avaient commencé, dans l'écoute des personnes accueillies et la construction de réponses propres à la particularité d'un territoire où le stock est assuré. Alors que, contrairement aux Platanes, les difficultés structurelles liées au nombre de bénévoles et à la capacité d'assurer une quantité suffisante de nourriture n'existaient pas, la restriction de la règle a fait exploser le groupe.

Quand des chemins visibles d'accès à l'alimentation sont tracés par des odeurs et des couleurs qui font saliver, des invitations multiples au plaisir de la découverte, d'autres demeurent invisibles. Il faut connaître, avoir été orienté ou conseillé pour trouver l'espace. Lorsqu'Anna découvre par hasard un lieu de distribution de la maraude, elle doit demander pour savoir ce qu'il se passe et découvrir avec stupeur que la *soupe populaire* n'a pas disparu. Claude ouvre une porte qui articule un espace vers le dedans et le dehors, une porte qui matérialise les inégalités auxquelles les personnes doivent faire face pour survivre. Le dictionnaire donne pour définition au terme « bafouer » : « Traiter quelqu'un, quelque chose avec une moquerie outrageante ; ridiculiser : *Bafouer la loi*[116]. » La loi française inscrite dans l'article L 230-1 du Code rural et de la pêche maritime ainsi que l'article 25-1 de la Déclaration universelle des droits de l'homme sont outrageusement mal traités par l'État qui se détourne des difficultés d'accès à l'alimentation des plus vulnérables et des souffrances que cette situation génère sur le terrain de l'aide.

L'enjeu des bénévoles est de ne pas reproduire les inégalités de la société qui les ont conduits à s'engager pour changer les choses. Ils cherchent à construire un espace commun, à trouver des chemins qui permettent de se rencontrer et de se découvrir au-delà des différences.

Le rappel de la carte de rationnement mise en place pendant les périodes de pénurie est une illustration de ce rapprochement, dans lequel l'idée de s'en sortir, de connaître un jour autre chose est évoqué. Cela illustre également une reconnaissance forte vis-à-vis des personnes accueillies, puisque d'une certaine manière c'est considérer qu'elles ne sont pas en situation de paix. À ce titre, les bénévoles parlent de combat, de lutte qu'ils mènent pour la justice sociale. Lorsque Guillaume prend la porte, il sait qu'il a la liberté de le faire, que rien ne peut le contraindre à accepter un traitement indigne. Il est blessé car il sent que ce traitement indigne, d'autres le subissent sans avoir les moyens de choisir. La justice conditionnée par la liberté prend ici tout son sens. Alice, bénévole au centre des Pâquerettes, l'explique : « Avoir le sentiment de frauder en donnant du café désiré et non un shampoing dû n'est pas juste ! » La fraude, la déviance ne vient pas de ce détournement mais d'avoir à imposer ce genre de choix aux personnes.

Les expériences singulières vécues par les bénévoles exposent comment l'espace témoigne des inégalités. Mentionner l'accès à la nourriture ne suffit pas, il faut mesurer où, quand et comment et évaluer alors dans quel degré de discrimination la personne se situe. C'est ici au regard des circulations et non-circulations qu'il devient impossible de déclarer que « tous les hommes sont égaux ». Ainsi, penser les inégalités à travers le regard de ceux qui les éprouvent en cherchant à les combattre permet de ressentir la tension de l'injustice telle qu'elle se traduit sur le terrain, tout en éprouvant quelle part du droit est véritablement appliquée. Dans ce terrain qui occupe un espace et du temps, demeure également l'imprégnation d'une matérialité, la nourriture. Elle sera l'objet du chapitre suivant.

9.

LA QUANTITÉ ET LA QUALITÉ, DES DIMENSIONS MATÉRIELLES CHARGÉES D'ÉTHIQUE

L'éthique peut parfois désigner une dimension floue qui englobe de nombreuses thématiques (comportement au travail, manière de se comporter face à l'accueil du public, respect des libertés, etc.). Utilisée dans des contextes variés, pour des sujets très divers, l'éthique est devenue un terme à la mode qui permet de ne plus parler de la morale, quand pourtant elle en est la science[117]. Loin de sa définition première, l'éthique devient peu à peu un terme qu'il est obligatoire de faire apparaître dans les projets, telle une caution. Pourtant, ni l'éthique ni l'intégrité qu'elle devrait assurer ne sont définies dans la plupart de ces usages.

Le secteur médical, les organisations sociales et médicosociales ont été les premiers pris à partie dans ces remises en question. La loi de bioéthique est venue encadrer ce qu'il était possible de faire avec des embryons humains, par exemple. La dimension éthique est une des composantes du référentiel professionnel de l'éducateur spécialisé. Les acteurs de terrain s'entendent sur « leur éthique », ce qui sous-entend leurs valeurs communes, leur posture, leur ordre pour les médecins. Pourtant, dans le cadre de l'accompagnement social, les professionnels que j'ai rencontrés m'ont parlé de leurs difficultés à concilier leurs valeurs éthiques personnelles et ce qu'ils font dans leur métier. Je pense ici à la souffrance des professionnels du 115 et du Samu social qui les conduit à laisser dehors dans le froid les personnes qu'ils devraient mettre à l'abri, et à écrire à la DRIHL pour dénoncer leurs conditions de travail et menacer d'une grève. L'éthique personnelle et l'éthique professionnelle se confrontent alors aux moyens économiques, aux choix et stratégies politiques. Les salariés sont contraints d'obéir aux lois et règlements qui ont fixé des limites à leurs prises en charge. Cette souffrance peut aussi être constatée auprès des bénévoles des centres ou de la maraude qui voudraient faire mieux, mais bricolent avec les moyens du bord, partagent quand la nourriture manque, donnent des produits qu'ils n'achèteraient pas pour éviter que les paniers restent vides.

La célèbre réplique de Valère dans l'*Avare* de Molière : « Il faut manger pour vivre et non pas vivre pour manger » atteste de la présence de longue date d'une approche réductionniste du corps, considéré comme une machine. Le corps est perçu dans une perspective fonctionnelle dans laquelle, pour fonctionner, il a simplement besoin de matière à brûler.

Ce qui est intéressant dans ce moment de la pièce, c'est que la bonne santé est brandie pour justifier l'avarice de celui qui ne veut pas honorer dignement ses convives. Deux dimensions sont alors présentes : celle du lien que la nourriture tisse entre les personnes et celle du corps. L'argument qui consiste à dire que le cuisinier voudrait assassiner les convives en les nourrissant trop copieusement révèle la tension liée au pouvoir que détient celui qui nourrit, quand les normes diététiques retirent la dimension de plaisir. Quel est donc le juste milieu, que se pratique-t-il dans le domaine de l'aide alimentaire ? Comment la dimension éthique devrait-elle guider certains choix relatifs aux produits, à la manière de les donner ?

Qu'elle abonde ou qu'elle manque, la nourriture tisse des liens entre les individus et renseigne sur ces derniers à travers leurs corps qui assimilent cette matière organique qui leur est vitale. Selon ce qu'elle mange, la personne se portera bien ou tombera malade. Lorsque je demande à Stéphane, qui attend son tour devant le centre des Pâquerettes, si la nourriture est bonne, il me répond : « On n'est jamais tombé malade ! », suite à quoi il rit. Le corps se révèle être un territoire complexe sur lequel se joue une relation sociale, un lieu qualifié par Françoise Héritier[118] de « premier territoire de l'individu ». Selon elle, c'est tout d'abord à travers son corps que la personne pose les limites qui garantissent sa protection et l'appropriation de sa personne.

Une étape indispensable pour que les liens sociaux qui vont être construits garantissent une « inviolabilité » du corps.

La prise en compte du corps dans la distribution alimentaire devrait donc être une priorité, mais comment faire pour concilier la question de l'équilibre alimentaire qui consiste dans le calcul d'apports diversifiés (protéines, féculents, fibres, laitages), le comptage des calories, le respect des préférences et régimes en fonction des pratiques et des cultures ? Les bénévoles se divisent face à l'impossibilité de résoudre cette équation. La quantité et la qualité gustative sont mises à l'épreuve du comptage calorique et des besoins particuliers des personnes. Une réalité dans laquelle la matière va soit contenir le droit, soit en distribuer quelques fragments. Lorsque la personne est forcée d'accepter de manger, pour une raison ou une autre, ce qui n'a pas beaucoup de goût, ce qui n'est pas tout à fait suffisant, ce qui ne correspond pas à ses convictions (végétarisme, halal, etc.), quels sont les impacts physiques et psychiques sur elle ? Comment les personnes procèdent-elles pour se forcer, accepter, se contenter et attendre malgré la carence alimentaire qui illustre une carence autre, celle de leurs droits ? La directive n° 14 du droit à l'alimentation parle de filet de sécurité, la directive 10 de santé et de protection par rapport à la malnutrition et à l'obésité. Dans les centres, dans la rue, les gens qui ne mangent pas à leur faim grossissent. Ils assimilent des calories à brûler pour ne pas dépérir, le refus devient parfois un affront parce qu'il porte offense au donneur, parce qu'il met en péril, parce que les personnes se résignent à n'avoir droit qu'à ça.

Forcées de se nourrir de ce qui leur est donné, les personnes voient leurs habitudes alimentaires ainsi que leur mode de vie modifiés et cela a un impact direct. L'étude Abena précédemment citée compare des données récoltées en 2004-2005 et d'autres en 2011-2012, elle révèle une prévalence de l'obésité de 28,8 % pour les personnes qui se nourrissent de l'aide alimentaire, avec un chiffre de 35,1 % pour les femmes. La prévalence de l'hypertension artérielle est de 43,9 % et celle du diabète de 8,9 % quand pour la population générale il ne s'agit que de 3,3 %. Enfin, les anémies et l'absence de soins spécifiques sont également répertoriées dans cette étude ; même si la comparaison entre les années 2004-2005 et 2011-2012 montre une amélioration, les personnes sont plus anémiées que la moyenne nationale. Face à ces chiffres, l'éducation à l'alimentation des populations *pauvres* est souvent proposée comme une solution, ce qui laisse penser qu'elles grossissent ou tombent malades parce qu'elles ne savent pas se nourrir correctement. Pourtant, l'évolution constante des problèmes de santé malgré les campagnes de sensibilisation ou le foisonnement des ateliers de cuisine concomitants aux aides semble montrer que le problème est ailleurs. Observer les corps et l'impact physique et psychique sur les personnes ouvre une autre perspective analytique et montre qu'elles ne peuvent pas faire autrement, et que ce que la loi préconise est loin d'être applicable et appliqué. Cela révèle une certaine violence que les corps expriment quand les personnes restent muettes. Ce que dit alors Françoise Héritier sur la naissance de la violence invite à penser cette situation singulière à travers la nécessité de respecter les droits des personnes parce que la morale nous y invite, parce que l'éthique devrait empêcher qu'il en soit autrement :

> La violence intervient dans les interstices non réglés du jeu entrecroisé de ces divers besoins qui sont nécessaires dans leur tout premier état d'expression, lorsque la loi ne suffit pas à empêcher les dérives[119].

La nourriture fait partie des besoins du corps dont il est fait référence. Dans le cadre des distributions alimentaires, je n'ai pas observé uniquement les transformations sur les corps, j'ai pris la mesure de la honte et de l'humiliation qui sont constitutives des liens générés par les dispositifs d'aide. « On laisse sa face devant la porte quand on vient... », dit Laïla, bénéficiaire du centre des Pâquerettes, « J'ai pleuré pendant deux jours », révèle Olivia, « Heureusement que mon père est mort, s'il me voyait là ! » confie Pascaline.

Dans le contexte de vulnérabilité dans lequel se situe le demandeur, les dérives qui s'opèrent lors des distributions sont d'une manière ou d'une autre une intrusion dans l'intime, dans la profondeur de l'être, là où il se constitue, là où il fabrique sa matière. Ainsi, les critiques sur la nourriture donnée sont rarement formulées par ceux qui en bénéficient, critiquer ce qu'ils mangent revient à critiquer une partie d'eux-mêmes, avant même d'adresser une critique au système. La majorité d'entre eux se fondent alors dans un discours positif. La difficulté de reconnaître que la nourriture peut faire violence est une constante. Les rapports sont souvent ambigus : « Si on le donne, si ça se vend, c'est que ça peut pas faire de mal ! » me dit un ami lors d'une discussion sur la qualité de la nourriture. Est-ce si évident ?

Considérer le corps comme une machine dont les besoins peuvent être prédéfinis par des dosages savants révèle un dispositif limité. Il rend compte de plusieurs ambiguïtés : tout d'abord celle de considérer que l'aide alimentaire et l'éducation alimentaire fonctionnent ensemble, puisque le but est de répondre à des problèmes d'ordre mécanique. Ensuite, de choisir certaines normes en fonction de critères qui peuvent être discutés, car souvent ces choix révèlent que les donneurs pensent savoir mieux que le bénéficiaire ce qui est bon pour lui et jugent tant sa manière de s'alimenter que certains de ses refus. Enfin, sous-entendre que ce qui est forcé est simplement fonctionnel rationalise une atteinte faite à la personne, à son corps. Il s'agit de se persuader que ce qui est donné est bien, car cela a permis de cocher toutes les cases, quand pourtant les autres indicateurs sont au rouge. C'est pour cela que l'éthique devrait être la première des priorités et guider comment donner, que donner et dans quel but donner.

Or, des rapports de pouvoir existent et s'exercent dans le cadre des distributions alimentaires. Certains bénévoles pensent que cela fait partie de leur rôle de décider ce qui est bon pour celui qui vient le panier vide, que ce qu'ils apportent en termes de conseils est un plus. Si je m'en réfère à de nombreuses conversations que j'ai eues au cours de ma thèse avec des amis ou des connaissances, l'idée que les personnes puissent choisir quand elles recourent à l'aide alimentaire ne fait pas sens. Recourir à l'aide alimentaire, c'est appartenir à une autre classe. Reste à savoir ce qui définit les critères de cette autre classe, mais ce qui est certain, c'est que l'éthique de ce type de don n'existe pas en tant que telle. Il appartient à chacun de faire au mieux, il n'y a pas de limites prédéfinies. Le propos de cette donatrice rencontrée dans le hall d'un supermarché lors de la collecte alimentaire des Restos du cœur de 2016, qui, après avoir donné un kilo de riz et des pâtes, me glisse à l'oreille : « Moi je donne des choses utiles, parce que j'ai entendu dire qu'y en a qui veulent choisir ! », aide à comprendre ce rapport qui se construit. Ce jour-là, j'ai choisi de provoquer autre chose en posant une question en retour, j'ai choisi de faire « la morale » : « Vous venez de faire vos courses, madame, avez-vous choisi ce que vous allez manger, ou bien est-ce la caissière ? » Cette dame est partie sans me répondre, je l'ai offusquée, et je m'en excuse ici. Mon intention n'était pas là. Je voulais rapprocher sa situation de celle de la personne qui a recours à l'aide alimentaire, je pense que c'est précisément ce rapprochement qui l'a offensée. Comment ai-je pu comparer sa situation à la leur ? Pour elle, la différence que ma réponse occulte est évidente. Elle, elle paie. Elle, elle consomme, et vient dans ce magasin qu'elle choisit, à l'horaire qui lui convient pour prendre les produits qui selon ses propres critères sont de bonne qualité et de bon goût. Elle choisit ce qui lui correspond, ce qu'elle aime et peut-être même doit-elle se priver de certaines choses et s'autoriser à « craquer » pour d'autres. Sa situation est différente, elle dispose d'un droit entier. Elle peut choisir de ne pas manger équilibré, de ne pas manger sainement, de se faire plaisir, personne ne viendra la contrôler. Ce jour de collecte, elle n'est pas la seule à penser de cette façon. À la liste que nous distribuons – car le riz, les pâtes et les boîtes de conserve ne sont pas les seuls produits dont la structure a besoin –, un monsieur réagit. Il lit devant moi le papier à voix haute : thé, café, chocolat, biscuits, conserves de poisson, produits d'hygiène, produits bébés. « Ce ne sont pas des produits de première nécessité ! Quand on a faim, tout ce dont on a besoin c'est de riz complet ! » Ce monsieur a raison, dans le cadre de l'urgence. Or, si la priorité en cas de pénurie est bien de disposer en quantité des produits de première nécessité, il n'y a pas de pénurie alimentaire aujourd'hui en France, les étals regorgent de diversité. Les propositions alimentaires sont telles que le pays croule d'excédents jetés et se trouve forcé de développer une politique de lutte contre le gaspillage alimentaire.

Ainsi, la liste fournie les jours de collecte met une autre réalité en exergue. L'aide alimentaire en France est en train de devenir le mode d'approvisionnement d'une population particulière. Il ne s'agit plus de manger du riz et des pâtes pendant quelques mois, le temps que les choses s'arrangent, mais de trouver de quoi confectionner des repas semaine après semaine quand l'insécurité alimentaire est devenue le lot du quotidien. Dans ce contexte, l'écart entre ceux qui ont accès et les autres est flagrant et dessine alors ce rapport de classe. Un constat qui rend intéressante l'approche de Judith Butler sur le corps. Si son propos concerne la distinction qui existe entre les genres et considère les mécanismes de construction comme des contraintes qui constituent le corps, elle permet de penser l'incidence de la façon de se nourrir sur la personne à travers son corps :

> Dès lors que l'on saisit la construction comme une contrainte constitutive, est-il encore possible de soulever la question cruciale de savoir comment de telles contraintes produisent non seulement le domaine des corps intelligibles, mais également celui de corps impensables, abjects, invivables[120] ?

En d'autres termes, par rapport à notre sujet, observer les contraintes que vivent les personnes permet de rendre compte d'un système complexe dans lequel elles sont construites par les liens créés entre elles et la société. Par ces liens, un regard est porté sur leur corps, marqueur de la matière produite par la nourriture assimilée. Un regard péjoratif est porté sur les corps constitués d'une nourriture qui assigne à une certaine classe lorsqu'il s'agit de sous-produits. La matérialité de ces corps forcés de manger ce que le consommateur n'a pas voulu – l'aspect ne lui plaisait pas, ou bien que la date était dépassée – permet de pousser plus en amont l'allégorie entre distinction de genre et distinction de classe. Car si pour Judith Butler c'est le sexe qui construit la normalité, ici c'est la figure du consommateur. Ce dernier, lui aussi, est construit dans des normes précises qui lui donnent forme et lui permettent de s'affirmer socialement à travers des codes dont fait partie son pouvoir d'achat. Si le mot est fort quand elle parle d'abject, la réaction de cette dame qui refuse une assimilation quelconque traduit pourtant ce dégoût, ce rejet du *pauvre*. Une telle réaction, lorsqu'elle prend la forme d'un projet politique – comme le fait la loi Garot en fléchant la destination des produits qui doivent être retirés des étals vers une population en particulier –, s'apparente alors à une forme de violence institutionnelle. Car ce projet de loi retire au sujet qui ne peut pas acheter l'égalité de droit. Ce qui le constitue a été déclassé, n'est plus propre à la consommation classique, mais reste assez bon pour lui. Une telle approche de redistribution des produits dont « on » ne veut plus vers les plus pauvres leur retire le droit de se nourrir comme le reste de la société et, pour l'accepter, il faut bien qu'ils se forcent.

Ce chapitre propose d'illustrer par la description les préconçus – liés à la représentation de la consommation des *pauvres* – que j'ai rencontrés sur le terrain, afin de pouvoir les interroger et les mettre à distance. J'exposerai dans un premier temps une forme de « Tais-toi et mange ! » à travers des situations qui stipulent ce qui est bon et qui s'apparentent à de l'éducation à l'alimentation. Puis, à travers l'expression « On ne parle pas la bouche pleine ! », je reviendrai sur des situations d'humiliation face auxquelles les personnes, bénévoles et/ou bénéficiaires, ne peuvent rien dire. Ces illustrations donneront lieu à la mesure d'un écart entre la qualité et la quantité distribuée en termes de matérialité pour le corps qu'elle constitue, et les droits que l'action de l'aide alimentaire devrait revêtir afin de dégager une éthique autour du système alimentaire.

« Tais-toi et mange ! »

Au cours de cette recherche, j'ai entendu un certain nombre de réflexions, parfois adressées directement aux personnes, d'autres fois simplement faites entre bénévoles, à propos du refus que les bénéficiaires des aides pouvaient formuler. Si le discours à la tête des associations va vers une volonté d'offrir plus de choix, sur le terrain, ceux qui distribuent et doivent gérer les stocks de la réserve ont d'autres considérations. Une illustration peut se faire à travers la boîte de salsifis. Le salsifis est un légume racine réputé pour être faible en calories et lutter contre la constipation. Il se trouve dans le commerce au rayon légumes en automne lorsqu'il est frais, et sinon en boîte de conserve. Aux Restos du cœur, la boîte de conserve de salsifis a été mise à disposition très régulièrement lors de l'année 2017 sans rencontrer un grand succès auprès des personnes. Si elles devaient choisir des légumes en boîte, elles se dirigeaient vers les haricots verts, les petits pois, les lentilles et les haricots blancs. Il a donc fallu ruser et imposer la boîte de salsifis dans le panier, mais même avec l'injonction de prendre la boîte de salsifis pour avoir droit à une autre boîte de conserve, les personnes la refusaient, préférant ne pas prendre de légumes du tout que de prendre la conserve de salsifis. Face à cette palette qui ne diminuait pas, un plan plus offensif a donc été entrepris par l'équipe. Faire goûter le produit lors de la distribution. À l'image des dégustations dans les supermarchés lors de promotions et d'offres exceptionnelles, les personnes se voyaient proposer en cours de distribution un petit morceau de salsifis planté dans un cure-dents, soigneusement disposé sur une petite assiette. Cela a permis de donner un certain nombre de ces boîtes. Est-ce que le produit a vraiment plu, ou bien est-ce l'animation qui par le lien qui s'opérait a donné envie aux personnes de faire un effort ? Je ne le sais pas, toutefois, dès que le choix est redevenu possible et que les dégustations se sont arrêtées, les salsifis ont cessé de rivaliser avec les légumes plus appréciés des enfants et mieux connus des adultes.

Les bénévoles ont donné de nombreuses recettes, pour l'un il fallait les faire revenir dans du beurre avec de l'ail et du persil, pour l'autre les manger en beignets, pour le troisième les intégrer à une poêlée de légumes. Tous ces conseils étaient écoutés avec attention. Qu'elle reparte avec ou sans la boîte, il est intéressant de remarquer que l'avis de la personne n'avait pas été requis. Finalement, personne n'avait eu la curiosité de demander pourquoi les personnes ne prenaient pas ce produit. La seule chose recherchée a été le consentement dans le but de liquider le stock. Toute l'ambiguïté se situe dans le fait que les salsifis ont été donnés en amont, ils ne font pas partie de la liste des produits commandés par les Restos. Ils ne sont donc pas identifiés comme une demande des populations concernées, ni même comme un produit important pour l'équilibre alimentaire, ils sont là, c'est tout. C'est un don, un don qui ne se refuse pas quand il devient de plus en plus difficile pour les responsables de remplir les paniers des personnes pendant toute la période hivernale. Aussi, les produits moins en vogue sont un élément de la distribution, un élément à écouler dans la case des légumes ambiants, un équivalent aux haricots verts et à la ratatouille.

Plus tard, j'ai tout de même questionné les personnes sur leur refus. Certaines m'ont expliqué qu'elles ne peuvent pas cuisiner dans leur logement car il n'y a pas de cuisine, d'autres que, leur hébergement étant précaire, elles préfèrent ne pas stocker des boîtes de conserve qui ne vont pas être mangées car ce sera trop lourd à déplacer. D'autres enfin ont raconté qu'elles ne mangent pas de légumes en conserve, qu'elles cuisinent car c'est meilleur pour la santé et que les enfants « ils ne mangent pas ça ! ».

Pour les bénévoles, il est intéressant d'avoir ces informations, mais comment faire en amont. Doivent-ils refuser certains dons ? Des enquêtes de satisfaction des produits commandés sont réalisées par les Restos, mais cela ne concerne pas ce qui leur est donné en ramasse, puisque c'est trop incertain pour pouvoir être évalué et pris en compte. L'association sait que si elle refuse un produit, elle en perdra d'autres, elle est tenue d'accepter l'ensemble des produits car des conventions la lient à la politique menée par FranceAgriMer qui gère l'aide alimentaire en provenance de l'Europe. Dans le cas de dons de particuliers, refuser des salsifis peut signifier se priver par la suite de palettes de petits pois, qui eux seront très appréciés. Ce procédé crée une certaine frontière entre les bénévoles responsables des stocks et les autres, ces situations ne sont pas faciles à gérer dans les groupes. Chacun veut remplir au mieux sa tâche. Le responsable du stock veut assurer un roulement pour avoir de la diversité du début de la campagne d'hiver à la fin. Pour caricaturer, il ne veut pas donner tous les petits pois et à la fin n'avoir que des salsifis à proposer. Les bénévoles distributeurs, quant à eux, veulent répondre aux demandes des personnes et leur donner si elles le souhaitent uniquement des boîtes de petit pois. Comment gérer cet écart entre ce qu'il faudrait donner et ce dont on dispose ?

L'argument alors évoqué est qu'il faut que les personnes mangent équilibré et mangent de tout. Un processus de rationalisation intéressant, mais est-ce si commun, pour ceux qui en ont le choix, d'acheter un produit qu'ils ne désirent pas, soit parce qu'ils ne l'aiment pas, soit parce qu'ils ne le connaissent pas, sous prétexte de diversifier leurs habitudes ? J'ai questionné les gens de mon entourage afin de connaître leur consommation de salsifis : d'une part, je n'ai trouvé personne habituée à en manger, et d'autre part beaucoup m'ont demandé de quoi il s'agissait. Pour conclure, la boîte de salsifis renvoie à deux silences, celui de la personne qui va la manger, et celui de la personne qui va la distribuer. Ni l'une ni l'autre, pourtant les plus concernées car au cœur de l'échange, ne peuvent aujourd'hui se faire entendre. Face à elles, une réponse : c'est bon pour la santé, alors elles relaient : « Vous savez, madame, c'est bon pour la santé ! »

L'hygiène et l'équilibre alimentaire ont été pendant des années des axes prioritaires au sein des Restos du cœur. Aujourd'hui, un nouveau travail s'amorce pour ajouter à ces deux dimensions celle du plaisir alimentaire. Une dimension nouvelle, plus subjective et moins évidente à s'approprier par les bénévoles qui œuvrent avec le peu de moyens dont ils disposent et les contradictions de l'organisation imposée par la logistique. Ce travail très récent n'est donc pas encore entrepris par l'ensemble des bénévoles, mais la démarche est lancée.

Pour l'heure, les bénévoles ont été habitués à jouer un rôle de conseil auprès des personnes à l'aide de deux outils : la distribution à points et le guide des menus équilibrés. L'habitude est donc d'inciter à prendre des légumes, d'expliquer comment les cuisiner. Dans cette perspective, un guide des menus équilibrés a été élaboré en 2016 dans une collaboration AgroParisTech et Restos du cœur. Ce guide est principalement destiné au réseau Gens de la rue. Il y est inscrit dans la note explicative :

> [...] les ressources limitées des personnes en situation de précarité ne leur permettent pas d'avoir une alimentation suffisante et adéquate. Afin de subvenir à leurs besoins en nourriture, beaucoup ont alors recours à l'aide alimentaire des Restos du cœur. C'est donc notre rôle en tant que bénévoles que les menus que nous leur constituons répondent à leurs besoins en énergie et en nutriments.

Ainsi, il est spécifié d'une part que le droit à l'alimentation n'est pas pourvu, bien que rien n'y fasse référence, et d'autre part que le rôle des bénévoles se transforme. Il leur revient d'assurer une mission de veille sanitaire et d'ajouter à leur casquette la compétence de nutritionniste. Le guide mentionne que des difficultés inhérentes aux approvisionnements et autres contraintes de l'activité peuvent constituer des obstacles, mais ils proposent des repas à partir des produits que les centres peuvent commander.

Le guide se présente en graphiques colorés avec des branches pour montrer les choix.

En rose apparaissent les protéines, puis en vert l'entrée – il s'agit systématiquement d'une conserve de poisson ou de viande type pâté ou éventuellement de jambon blanc. Ensuite, en orange, s'offre un choix d'accompagnements, il est proposé des légumes verts ou des féculents. Puis la case vert foncé mentionne un laitage, la jaune un fruit et une case bleue stipule la collation qui peut être un chocolat chaud ou une barre de céréales. L'ensemble de ces repas est accompagné d'une soupe et de pain. Cette recommandation est peut-être suivie dans des lieux qui servent moins d'une centaine de repas. En ce qui concerne la maraude du 93, la soupe et le pain sont systématiquement proposés. Le plat chaud est composé d'un aliment protéiné et d'un accompagnement, les laitages tout comme les fruits sont assez rares, donc la proposition de desserts est souvent constituée d'un produit laitier à date courte issue de la ramasse, et les jours où la ramasse a été fructueuse les personnes en ont plusieurs. Le sac comporte dans la mesure du possible la conserve mentionnée comme entrée, mais pour les personnes il s'agit bien souvent du déjeuner du lendemain qui sera mangé avec le reste du pain. De la même manière, la collation est conservée pour plus tard. Ainsi, ce menu équilibré est en réalité utilisé dans le 93 pour permettre deux ou trois repas, puisque nombre de personnes recourent uniquement à la maraude. Elles mangent chaud le soir et vont le lendemain utiliser ce qu'il leur reste. Si par chance un sandwich ou autre est offert par un passant, ce sera un plus, mais sinon, ce menu équilibré doit leur permettre de tenir jusqu'à la prochaine maraude, en espérant qu'elle ne soit pas annulée faute de bénévoles.

Par ailleurs, j'ai tendance à penser que les personnes qui recourent à l'aide alimentaire ne se préoccupent pas de l'équilibre mais de la consistance du plat. Par exemple, si nous distribuons un poisson avec des haricots verts, les féculents manquent, les personnes compenseront avec le pain ; pour eux, il peut s'agir du seul repas de la journée. Ainsi, l'assiette de pâtes, de riz ou de purée est bien plus attendue que le légume vert, et la part de gâteau convoitée face à une pomme souvent impossible à croquer du fait de problèmes dentaires. Comment penser l'équilibre alimentaire dans un tel déséquilibre de vie ? Le réconfort apporté par la *comfort food*[121] peut-il être dénié sous couvert de maintenir en bonne santé, d'autant plus lorsque les personnes sont gravement malades et qu'il leur est impossible d'accéder à des soins réguliers et appropriés ? Une nourriture dite saine et équilibrée est-elle une priorité en situation de rue, ce préalable n'a-t-il pas tendance à faire augmenter le niveau de tension ? En quatre années de maraude, je n'ai jamais vu des hommes se battre pour une part de poisson accompagnée de riz, ou de boulettes de viande avec de la purée. Non, les conflits et les jalousies se sont toujours concentrés autour des plus des boulangeries : parts de pizzas, sandwichs, gâteaux et viennoiseries.

Enfin, je relaterai ici une situation dans laquelle je me suis tue, car parfois, les bénévoles aussi sont tenus de se taire.

Nous sommes en maraude, c'est l'hiver, ce soir-là je tourne avec un bénévole expérimenté qui a des responsabilités dans une autre organisation où il exerce des maraudes sociales. Il est donc très habitué au territoire et a bénéficié de plusieurs formations. Puisque j'ai moins d'expérience que lui, il se doit de la transmettre, de me former. Alors que nous sommes encore dans le camion, au premier rond-point qui nous éloigne du dépôt, des personnes viennent d'apparaître avec des pancartes « familles syriennes ». Je l'interroge sur ce qu'il sait de ces personnes – nous sommes le 22 mars 2016, la guerre bat son plein en Syrie. Mon collègue rentre alors dans une explication que je me suis empressée de noter dans mon carnet à mon retour :

> Jacques est entré dans une explication sur la catégorie Roms. Je n'ai rien dit. Il m'a donc expliqué que ces gens étaient à ce rond-point depuis longtemps et qu'il y avait été confronté quand un jour, avec son autre association, il avait démarché les automobilistes sur ce même rond-point. Les Roms n'avaient pas apprécié leur présence et leur avaient demandé de partir. Jacques avait brandi son arrêté du maire quand eux étaient sous le coup d'une interdiction de mendicité du fait de la présence des enfants. Il poursuivra en me racontant que les enfants sont élevés pour voler, qu'ils ont une valeur monétaire dans le groupe en fonction de l'argent qu'ils ramènent, que les mères leur apprennent à prendre les portefeuilles des messieurs qui dépassent de leurs poches. Que ces gens-là, ils sont TOUS comme ça ! Il insiste sur le tous, selon lui il n'y a pas d'exception.

À ce stade, je ne sais quoi dire, mon manque d'expérience fait que je ne sais pas quel argument je peux lui opposer, je le questionne. Comment sait-il tout ça, a-t-il fait des rencontres ? Il le sait, c'est tout, il souhaite me l'enseigner. Je ne l'interroge pas sur ce qu'il pense de prendre un lieu de manche à ceux pour qui c'est l'activité principale. Pourtant, en prenant cette place, les bénévoles ne s'imposent-ils pas comme intermédiaires, et n'assignent-ils pas les populations encore autonomes du fait de la manche – alternative au vol – à venir grossir les rangs des centres ou autres lieux de distributions alimentaires ? Au centre des Platanes, quelques familles Roms sont inscrites, j'ai sympathisé avec une dame au fil des distributions. Alors que je sors du centre et traverse le marché de la ville, je la croise assise sur un trottoir en train de faire la manche, parée du voile, telle une musulmane qu'elle n'est pas. Je lui souris et la questionne : « Si je reste comme je suis on ne me donne pas ! » Elle dit vrai, sa ruse m'amuse, nous échangeons un sourire complice. Cette femme, qui vient d'obtenir une aide partielle du centre, cherche de quoi compléter, elle ne peut pas tout attendre des associations, elle le sait.

Alors que Jacques dans son explication oppose la légalité de sa quête à l'illégalité de la mendicité, que faut-il comprendre de sa posture qui condamne la mendicité et le vol et refuse pour ces raisons d'aider ? Que reste-t-il alors aux personnes pour survivre ?

Plus tard, nous aurons un autre échange, cette fois sur la nourriture. Pour lui, un seul repas qui comprend toutes les vitamines est suffisant. Il ajoute que quand, comme eux, on ne fait rien, on n'a pas besoin de tant de calories que ça, que 1 500 suffisent. Ce second échange est intéressant par la rationalisation qu'il fait de la distribution alimentaire. Cette dernière est réduite à un apport fonctionnel et toutes les autres dimensions – goût, plaisir, convivialité, gourmandise, réconfort, santé, équilibre – disparaissent.

Nous nous trompons de route, Jacques est alors en train de m'expliquer qu'un régime hypocalorique est anticancérigène, cette fois-ci je soutiens que, tout de même, ça doit dépendre du contenu du régime et de la qualité de vie !

Sur le terrain, le bénévole est seul avec ses croyances, il peut penser que 1 500 calories sont suffisantes pour les personnes, malgré le fait que ces dernières passent la nuit dehors. Il choisit ce qu'il donne, il décide à qui et pourquoi, et parfois il ne donne pas la parole et pense pour celui qui mange. Dans un binôme de bénévoles, ce n'est pas toujours évident de s'imposer et d'oser tenir tête ou contredire des personnes plus âgées, plus expérimentées.

À la dimension de se taire et de manger, s'ajoute un autre niveau, celui d'être tenu de ne rien dire car la nourriture a été acceptée.

« On ne parle pas la bouche pleine ! »

Il y a dans l'exercice de l'aide alimentaire des tabous. Des thèmes évoqués à demi-mot, ou seulement en pairs, par peur des conséquences que pourraient avoir certains mots sur des situations fragiles. Le premier concerne la qualité gustative de la nourriture et son déclassement, notamment les dates limites de consommation ou d'utilisation optimale. Le second porte sur l'importance d'un retour pour certains donateurs, qui attendent l'expression d'une gratitude, notamment à travers le respect des règles de politesse, comme dire merci, bonjour, s'il vous plaît. Le troisième est celui de la nourriture halal et donc plus largement du respect de la culture des personnes. Le constat global est qu'il semble très mal vu de critiquer l'aide, comme si, bien au-delà de s'en tenir à l'objet, la critique s'adressait aux personnes, bénévoles ou salariées. Dans ce système, une critique négative du demandeur apparaît comme totalement déplacée, un geste d'ingratitude, les seuls propos qu'il peut avoir doivent être élogieux, « On ne crache pas dans la soupe ! ». Le silence qu'impose le fait de recevoir est illustré dans la situation qui va suivre.

Dans le cadre d'un projet Casdar (projet de développement agricole et rural) financé par le ministère de l'Agriculture et porté dans le cas présent par la FN Civam (Fondation nationale des centres d'initiatives pour valoriser l'agriculture et le milieu rural)[122], des rencontres ont été organisées entre plusieurs organisations porteuses d'un projet favorisant l'accès de la population à l'alimentation. Six groupes répartis à travers la France y participent. L'originalité de l'étude est d'avoir croisé dès le départ le travail social et le monde agricole, afin de construire en commun un outil d'autodiagnostic de l'accès à l'alimentation. Lors de la dernière rencontre qui s'est déroulée dans Paris, au sein d'une institution sociale, des résidents du lieu étaient présents pour témoigner de la façon dont ils ou elles faisaient leurs courses, ce qu'ils ou elles mangeaient, quelles seraient les perspectives nouvelles du fait de la participation de leur établissement à ce projet commun. La directrice de l'établissement devait également assister à cette rencontre, présentée dans le programme des deux jours comme un débat. Étaient invitées plusieurs structures externes à l'institution mais en charge de l'approvisionnement alimentaire de celle-ci. Très rapidement, la directrice a été appelée pour une urgence, elle s'est donc absentée plus d'une heure (le débat se tenant sur une durée de deux heures trente). À son retour, la discussion s'était orientée sur la responsabilité d'un établissement quant à la qualité de la nourriture qu'il offrait à ses résidents. En effet, la veille, lors de la visite de la structure, une présentation avait été faite au groupe de travail sur l'état d'avancée de l'initiative portée par l'établissement pour améliorer l'accès à une alimentation de qualité. Cette institution avait rejoint le projet en lien avec des transformations internes : mise en place d'une épicerie solidaire et de tickets solidaires à l'intention des résidents, pour qu'ils ou elles puissent faire des courses, et transformation en postes de cuisine (une quinzaine) d'un self fourni par un prestataire en postes de cuisine (une quinzaine) afin que les résidents puissent se faire à manger. Le groupe n'a pas pu visiter le chantier, et a découvert que ni les salariés ni les personnes prochainement concernées n'avaient eu accès au chantier des nouvelles cuisines pour donner leur avis. Puis, alors que le groupe s'est trouvé installé dans la pièce servant de self de transition, il lui a été rapporté que depuis le début des travaux, soit plusieurs mois, un vrai problème se posait. Les plats livrés sont faits pour être passés au four, certains aliments sont simplement précuits et non cuits et nécessitent d'être chauffés. Or, la personne en charge du self n'avait plus de four à sa disposition, et ne pouvait pas assurer cette tâche. Les personnes qui venaient manger au self réchauffaient leurs assiettes au micro-ondes et mangeaient donc certains aliments chauds, mais encore crus. La nourriture a été qualifiée d'« immangeable ». Pourtant, pour les résidents sans ressource, il s'agissait de la seule possibilité d'être nourri. Ces éléments avaient choqué les participants de ces rencontres pour lesquels la qualité gustative est importante et nécessaire pour traiter dignement les personnes.

Aussi, lors du débat, ce ressenti a surgi violemment. Au départ, s'il questionnait la responsabilité des financeurs pour ne pas mettre les pieds dans le plat, très vite un travailleur social, porteur d'une initiative dans une autre région, a exprimé son indignation en prenant à partie une résidente qui venait de témoigner. En effet, il voulait l'aider à dénoncer quelque chose que lui trouvait inacceptable. C'est à ce moment que la directrice est revenue, alors que cette dernière s'indignait : « Comment, quand il y a un budget, on peut nourrir si mal et servir de la merde aux personnes, c'est un manque de respect des personnes ! » En réponse à cette manière très frontale de dire les choses, la directrice n'a pas répondu, elle a simplement dit avec énervement : « C'est le procès de notre structure ! » et elle est partie. La résidente prise à partie a également quitté la salle. Suite à cet incident, un membre du groupe a alors exprimé tout son inconfort, qui traduit de façon remarquable une posture « éthique ». Pour lui, il était très violent de tenir de tels propos, car dire à quelqu'un qu'il mange de *la merde* revient à l'assimiler à *cette merde,* ce qui rend tout dialogue impossible. Pour lui, l'intervention qui venait d'avoir lieu était grave car elle réduisait à néant le travail amorcé depuis le début du projet. Sa gêne vis-à-vis de la résidente ne trouvait pas de mots, il en voulait au groupe d'avoir pu mettre cette personne dans une telle position sans s'en être rendu compte. Tout à fait conscient de ce qui ne se dit pas, par son intervention, il a fait réfléchir le groupe sur la manière de s'adresser à l'autre, à celui qui mange, à celui qui donne. Le fait que, malgré un auditoire tout à sa faveur, la jeune femme nourrie par la structure n'ait pas pu formuler de critique devait être le point de départ d'une réflexion plus profonde. Elle avait pu parler de ses désirs, de ses besoins, mais s'était bien gardée de formuler une quelconque critique, elle avait ri un peu aux commentaires de ce groupe dans lequel les participants avaient tous le choix de leur nourriture et pouvaient parler librement, eux qui n'avaient pas en tête les injonctions de celui dont on est complètement dépendant, qui nourrit et, dans ce cas, qui offre un logement.

Enfin, autre facette, ne pas parler la bouche pleine, c'est parfois recevoir tellement de nourriture qu'il faudrait manger sans cesse pour pouvoir l'assimiler. Ainsi, quelques jours après les fêtes de fin d'année, les personnes reçoivent les restes du festin. Elles doivent manger : saumon fumé, foie gras, chocolats, etc. L'équilibre alimentaire n'est alors pas une priorité. Les bénévoles sont contents de faire plaisir, et en effet les personnes semblent contentes de recevoir autant de bonnes choses. Mais tout de même, cela interroge de donner à chaque distribution plusieurs pères Noël cassés « pour les enfants », quand nous n'aurions pas mis ces chocolats au pied du sapin pour nos enfants, et que nous prenons soin de contrôler leur consommation de sucre !

Ne pas dire, ne pas critiquer, est une règle tacite côté bénévoles. Obligation à laquelle répond, côté bénéficiaires, celle d'être poli pour pouvoir prendre, pour être bien servi.

« Dis merci à la dame »

« On dit merci ! » Cette remarque infantilisante est adressée parfois de manière directe, d'autres fois de manière indirecte. Dans le premier cas, le bénévole réclame un merci et adresse une remarque, dans le deuxième, il va tenir l'assiette jusqu'à ce que la personne dise merci. Jacques T. Godbout rappelle : « [...] dire merci. Cela reviendrait à dire : "J'accepte de nouveau d'être à ta merci[123]." » Dans son exemple, il expose le cas d'un homme qui vient de recevoir un cadeau qui pourrait l'obliger vis-à-vis d'une personne avec laquelle il souhaite couper le lien. Dans le cas des distributions alimentaires, réfléchir à ce que les personnes veulent et peuvent faire du lien qui se crée dans le « s'il vous plaît » et le « merci » permet d'en éprouver un tout autre sens que celui d'une formule de politesse. Une posture que le langage impose, qui n'est pas neutre et tient alors plus de la soumission. Lorsque la personne dit « s'il vous plaît » et « merci », au-delà d'être courtoise, elle prononce des mots, des expressions qui font écho à sa situation. *S'il plaît à vous, nourrissez-moi, je serai à votre merci.* Dans ce contexte, la place que prennent les bénévoles ou les salariés dans la vie des personnes est importante, il s'agit d'un lien de dépendance. Sur le terrain, il faut se garder d'en parler. Les règles de politesse doivent s'appliquer, car c'est la base d'une inclusion sociale et les bénévoles sont les garants du bon suivi de cette étape. Une forme de redressement s'opère par des tuteurs pour des personnes perçues comme un peu tordues, un peu défaillantes, un peu au-dessous de ceux qui les nourrissent. Le merci s'impose quand la qualité et la quantité ne peuvent en rien être exigées. Cela en dit beaucoup sur la forme du lien et la place conférée à chacun au sein de l'échange.

Lors d'une discussion du groupe d'analyse des pratiques du centre de distribution des Platanes, les participants ont mentionné l'importance de la politesse, notamment à travers le « merci » et le « bonjour ». Pour certains, les personnes doivent dire bonjour en entrant, et merci à la fin de la distribution, c'est une attente très forte qui est exprimée comme le b.a.-ba. Toutefois, l'échange qui a lieu permet de saisir une autre dimension, le groupe cesse d'être un ensemble homogène, les personnes se dévoilent dans leurs limites, dans leurs fragilités. Ce jour-là, le plus revendicatif du respect était une personne qui avait pourtant dérapé. Témoin de cette scène, j'étais alors intervenue. C'était vers la fin d'une matinée particulièrement intense, alors qu'il devait recharger l'étal pour l'après-midi. Il poussait un chariot vide et il y avait sur son passage une femme et son enfant. Au lieu d'attendre que la femme se déplace, ou bien de le lui demander poliment, ce bénévole a alors dit : « Casse-toi de là, Ouagadougou ! » La femme s'est poussée et a éloigné son enfant qu'il faisait mine de vouloir renverser avec le chariot, elle n'a rien dit. Face à cette remarque hautement raciste et à ce geste de violence, la salle alors majoritairement remplie par des personnes noires n'a pas bougé. J'ai été stupéfaite que le bénévole puisse avoir de tels propos et que personne ne dise rien. Alors je lui ai dit qu'il n'avait pas à s'exprimer ainsi, puis, comme lui-même ne le faisait pas, j'ai dit à la dame que « nous » étions désolés et j'ai plaisanté avec l'enfant pour dédramatiser devant lui.

Le rôle de bénévole contient une autre dimension que celle de simplement donner selon certains critères, il offre une place, un statut dans la société qui force de fait au respect : « C'est bien ce que vous faites ! », une figure de héros difficilement critiquable. Il en ressort une certaine puissance qui peut parfois vriller et se transformer en l'expression d'une toute-puissance. Le besoin de reconnaissance du bénévole est tel qu'il exige, qu'il dépasse les limites, personne ne doit se trouver sur son passage, il s'octroie le droit d'insulter. Lui est considéré par la société, lui est important, l'autre n'est qu'un demandeur qui lui doit le respect. Pourtant, dans une telle dérive, les deux personnes sont dans des situations de demande ! Un tel comportement de la part d'un bénévole est extrême, mais au cours de mon travail sur le terrain j'ai rencontré plusieurs situations similaires. L'intervention de Sophia, bénévole de la maraude, rappelle lors des temps de formation/échange des maraudeurs l'existence de ces dérives : « Personne n'a à recadrer des bénéficiaires en poussant sa gueulante, moi je ne sais pas pour qui ils se prennent ceux qui font ça, ni pourquoi ils sont là ! C'est des situations que je tolère plus, vraiment plus ! »

Jeannot, responsable de la maraude, est habitué et rappelle à chaque occasion que, chez les bénévoles des Restos, on a un échantillonnage de la société, il y a de tout ! Ce genre de comportement est donc marginal, mais il ne fait pas l'objet d'une dénonciation systématique, la seule chose qui puisse se dire en dehors de l'équipe, c'est que les bénévoles font le bien, ce qui est vrai dans une grande majorité des situations, mais ce n'est pas que ça. Lever le tabou pourrait être important dans la perspective d'affirmer un rapport d'égalité entre les personnes, quels que soient leurs places et leurs rôles au moment de l'échange. Finalement, la charge qui s'ajoute au produit peut lui donner un goût amer, quelle qu'en soit la qualité, et même s'il est donné en abondance. La matérialité de la nourriture prend forme dans les liens qu'elle génère, et se pose alors la question de savoir si le lien est de qualité. La qualité du lien a ce pouvoir magique de transformer la qualité du produit. Le bon, la madeleine de Proust, est intrinsèquement lié à l'expérience vécue, qui va inclure ou exclure, et potentiellement classer.

Cette question de hiérarchie transparaît dans le fait de distribuer des sous-produits[124]. La qualification de sous-produits semble la plus adaptée aux produits devenus impropres à la vente en magasin classique en raison de leurs DLC (date limite de consommation) ou DLUO (date limite d'utilisation optimale) dépassées ou éminemment proches, ou encore parce que leur aspect est jugé insatisfaisant pour le consommateur payant. Pourtant, dans les étals des Restaurants du cœur, il ne faut pas dire que ces produits sont « moins », ou « sous », ça vexe. Ce tabou n'est pas lié uniquement à la remarque. Grâce à l'exemple mentionné plus haut, où l'on voyait l'assimilation des produits par les personnes, qui « deviennent » en quelque sorte ce qu'elles mangent, un lien doit être fait avec celui qui nourrit. Le bénévole, dans ce cas précis, ne souhaite en aucun cas exercer une distinction, il désire le contraire : proposer de la diversité, de la quantité.

Ainsi, le principe d'équivalence lui permet d'agir. Un yaourt est un yaourt, une pomme est une pomme, etc. Que le yaourt périme le lendemain et que la pomme soit un peu flétrie apparaît comme secondaire, quand la principale difficulté est d'avoir ces aliments à mettre dans le panier.

Lors d'une soirée de formation à la maraude, une équipe fait remonter que certaines personnes refusent des produits à cause de la date. Ce soir-là, cette information retentit comme une bombe. Gérard, en charge de la ramasse, s'énerve. Il ne comprend pas ce qu'il fait de mal : sans ces produits, les camions seraient vides, quel autre choix a-t-il pour les remplir ? « Faut-il recommencer les maraudes où l'on voit le plancher du camion ? » menace-t-il. La discussion est impossible, la remise en cause des produits apparaît comme une remise en cause des personnes. Pourtant elles ne les ont pas fabriqués, elles n'en sont pas responsables. De la même manière, au centre de distribution des Platanes, celui qui gère la répartition des produits frais de la ramasse témoigne d'une forte appropriation du rôle, comme s'il avait produit les aliments qu'il distribue. Lui non plus ne comprend pas le refus des personnes, qu'il critique en marmonnant « Un beau rôti comme ça, bon jusqu'à aujourd'hui ! », mais le plus frappant dans son cas est que, lorsque les personnes ont été servies, c'est lui qui remercie. « En vous remerciant, bonne journée à vous ! » Parmi les personnes qui défendent le principe d'équivalence, ce que l'on constate également est qu'elles mangent ou ont mangé ces produits. « Ceux qui refusent, c'est ceux qui n'ont pas connu le placard vide ! » affirme une jeune maraudeuse. « Moi je le mange le yaourt, tant que ça gonfle pas ! », « Ça arrive des fois que le pain il devienne un peu vert dans le sachet, t'enlèves les tranches et c'est bon, ça dépanne ! ». Le principe évoqué dans le premier exemple est alors intéressant, car le fait d'avoir consommé et de consommer les produits à un certain moment les rend acceptables malgré l'aspect ou l'emballage ; dès lors qu'ils ont fait corps, les critiquer c'est se critiquer. J'en profite pour rappeler que certains bénévoles sont des bénévoles bénéficiaires, et ce sont ceux-là qui défendent le plus le principe d'équivalence, et qui remercient sans cesse.

J'ai effectué une ramasse en supermarché et j'ai participé à plusieurs tris suite aux ramasses. C'est un moment particulier, entre la magie et le secret. Ce qui est magique, c'est que, des produits qui semblent parfois provenir de la poubelle, va ressortir une offre diversifiée et plutôt propre. Le secret, c'est que dans ces moments-là « on jette ». Jeter alors que la nourriture fait défaut est un paradoxe, aussi c'est caché, mieux vaut éviter d'en parler. Cette dimension, Jeannot en a fait les frais à la maraude. Interviewé par le journal *Le Parisien*[125] dans sa branche locale, en février 2017, il pousse alors un cri d'alerte pour tenter de recruter de nouveaux bénévoles. Son argument : « Faute de bénévoles nous sommes obligés de jeter des repas ! » Les journalistes sont sensibles à cet argument, un scoop relayé par BFM TV. Cette information qui devait rester dans un journal local remonte donc jusqu'à la direction nationale des Restos qui doit donner son aval à toutes formes de communication. Jeannot sera sermonné. « On ne dit pas que de la nourriture est jetée aux Restos, que vont penser les donateurs ? » Si leurs craintes peuvent sembler en partie justifiées, les retombées pour Jeannot ont été extrêmement positives. Il avait fait le choix de donner dans l'article son numéro de portable, au cas où certaines personnes voudraient le contacter. Il ne parviendra pas à répondre à tous les appels ! Les lecteurs du *Parisien* ont compris et ont voulu s'engager comme bénévoles. Mais pour le national, dire que l'on jette reste un tabou, il faut remercier pour encourager les donateurs et montrer à quel point tout est utilisé, à quel point le don d'un euro a un effet levier important en générant une démarche qui aurait coûté/coûterait trois ou quatre fois plus.

Dans le cas de la maraude, les repas qui ne peuvent être distribués sont en effet jetés par respect des règles d'hygiène – les barquettes ont été chauffées, transportées. Dans la mesure du possible, les bénévoles rentrent les camions vides, mais parfois c'est impossible, devraient-ils *sur-nourrir* les personnes pour ne pas jeter ? Dans un tel cas, le risque est que les personnes, qui elles ne jetteront rien, tombent malade car, dans la majorité des cas elles ne disposent pas de lieux de stockage adaptés. Les commandes de repas chauds doivent être passées 15 jours en avance, avec l'espoir systématique de voir sortir l'ensemble des tournées. Lorsqu'un ou deux camions ne sortent pas, les plats peuvent être répartis sur les tournées qui sortent, mais quand ce sont la moitié des tournées, voire plus, qui doivent être annulées, la seule alternative est la poubelle. Cette réalité est la même que celle des collectivités qui servent des repas chauds, ainsi la problématique de la loi de lutte contre le gaspillage alimentaire touche également les Restos du cœur. L'ambiguïté actuelle qui nourrit ce tabou est inhérente à l'application de la loi Garot. Liées désormais aux grandes et moyennes surfaces par des conventions de dons, les associations s'engagent à prendre l'ensemble des produits qui ont été mis de côté, et s'engagent également sur la régularité de leurs passages. Lorsque les structures ne répondent pas à ces conditions, l'établissement qui donne les produits se tourne vers l'acteur qui acceptera ses conditions. Déjà évoquée, cette forme de concurrence qui se développe est telle que sur le terrain, les bénévoles en charge de la ramasse le disent : « Si on se plaint, c'est fini, on n'aura plus rien ! » Alors ils prennent et remercient. Même si par ailleurs, forcés de le faire, ils jettent ou *sur-donnent* aux personnes certains produits.

L'exemple le plus flagrant du *sur-don* est celui des pains et des viennoiseries dans les centres de distribution. Les jours ou lendemains de ramasse, ces produits abondent, et les familles se voient largement dotées de croissants, pains au chocolat et sachets de pain. Pourtant, sur le terrain, que penser de cet afflux ?

Dans le cadre d'un travail interne à un certain nombre de pensions de famille du réseau de la fondation Abbé-Pierre, nommé *Une place à table*[126] et qui est ponctué par des rencontres gourmandes, des cuisiniers interviennent dans les pensions de famille. Parmi de nombreux ateliers, ils ont appris aux résidents à faire leur propre pain. Ces derniers ont constaté que ces pains qu'ils fabriquaient étaient meilleurs au goût et meilleurs pour leur santé, et ils étaient fiers d'avoir acquis ce savoir-faire, de l'entretien du levain à la fabrication du pain. Aussi, lors de la dernière rencontre gourmande qui s'est tenue à Tours, les résidents ont profité de la présence de la banque alimentaire qui leur fournit un certain nombre de denrées pour leur demander s'ils pouvaient refuser les viennoiseries et le pain car ils n'en avaient pas besoin. Aucune réponse directe n'a été donnée lors de l'événement, tant la question déroute et étonne, puisque la banque alimentaire s'attend à être remerciée pour tout son travail, plutôt que critiquée.

Des demandeurs qui refusent et veulent choisir les dons, ça ne fait pas sens ! Pourtant, la directive 14 du Conseil de la sécurité alimentaire des Nations unies mentionne que l'aide alimentaire doit se diriger vers la concrétisation progressive des droits à une alimentation adéquate. Une telle demande ne devrait en rien surprendre mais réjouir. Le travail sur le développement de l'autonomie alimentaire en interne à la fondation Abbé-Pierre permet de formuler une telle question. En ce qui concerne les Restos du cœur, leur fonctionnement actuel est bien trop précaire[127] pour s'autoriser à tenir un tel propos, d'autant que les personnes qui viennent chercher la nourriture ne se situent pas dans cette démarche liée à un travail en profondeur avec des cuisiniers. Les personnes accueillies dans les centres ou nourries dans la rue sont très heureuses d'avoir autant de « *comfort food* » !

Toutefois, si les Restos du cœur pensent aujourd'hui qu'ils se mettraient en difficulté s'ils refusaient des dons et cherchent comment se faire entendre sans perdre des sources précieuses d'approvisionnement, sur le terrain, certaines des personnes qui ont recours à l'aide, elles, osent le faire.

En 2017, la maraude a bénéficié d'un don important de biscuits individuels au chocolat. Ces biscuits ont été mis semaine après semaine dans les sacs desserts distribués chaque soir. Puis un jour, lors d'une distribution, un jeune homme plonge sa main dans le sac dessert, saisit le gâteau et fait de même avec les sacs des deux hommes qui l'accompagnent. Il revient vers moi, très en colère, jetant les biscuits sous mon nez, et m'interroge : « C'est quoi ça ? » Au départ, je ne comprends pas, je n'ai jamais pris soin de regarder les dates sur les gâteaux, alors je lui réponds : « Des gâteaux au chocolat ? » Comme ce jeune homme mange halal, je pense qu'ils contiennent peut-être de l'alcool et qu'il vient de le découvrir. Quand je lui demande quel est le problème, il répond : « Ça fait trois mois que nous avons dans nos sacs ces gâteaux, secs et sans goût, regarde ! Regarde la date ! Depuis six mois ils sont périmés, et toi tu nous sers ça ! On est quoi ? » Je suis confuse. À quoi bon lui préciser que ça ne le rendra pas malade, que c'est une DLUO et non une DLC. Ce soir-là, il vient crier autre chose. « On est quoi ? » Ses mots, son attitude physique traduisent un sentiment de trahison. La souffrance du déclassement, de devoir manger les restes d'une société dans laquelle il ne peut pas se nourrir comme il l'entend. Ce genre d'incident divise les bénévoles, pour lesquels ce qui compte, c'est de donner quelque chose à manger. Dans les faits, choisir de manger un paquet de gâteaux oublié depuis plusieurs mois dans son propre placard, d'une marque choisie, à un moment donné, se servir dans les stocks de la maraude parce qu'on a un petit creux et goûter à des produits sont des choses bien différentes du fait d'aller attendre la nuit dans le froid pour obtenir un gâteau dont la date imprimée dessus est dépassée et le rend impropre à la vente. Dans le premier cas, la personne est libre de manger ou pas, dans le second le sac et l'assiette reçus adressent un message. Ainsi, lorsque ces produits que personne n'a voulus arrivent dans ses mains, non pas un soir, mais chaque soir durant plusieurs mois, la personne s'interroge sur ce qu'elle est aux yeux de celui qui la sert et aux yeux de la société. La matérialité d'un gâteau montre qu'un gâteau n'est en rien équivalent à un autre gâteau ; c'est le choix, l'envie qui donne ou retire le goût. Ce jeune homme, capable de refuser, est venu quelque temps, puis il a fait partie de ceux qui un jour n'ont plus besoin. Dans son cas, j'espère que sa situation administrative a été régularisée, car c'est ce qu'il attendait. Dans sa situation de choix alimentaire, de capacité de refus, d'exigence, il y a un autre aspect important : ce jeune homme mangeait halal. Pour lui, l'importance des interdits, était donc un critère pour se nourrir.

Ainsi, ce qui circule lors des distributions alimentaires, produits, valeurs, liens, mots font corps dans l'échange. L'expérience vécue façonne ceux qui en sont au cœur, qu'ils soient bénévoles ou qu'ils aient besoin de l'aide alimentaire. Il y a des situations où l'on se tait, et puis d'autres où il ne faut rien dire, mais au-delà des mots, un autre langage : des corps qui enflent, des produits que l'on jette. C'est en cela que la qualité et la quantité sont à penser ensemble, pour que la peur de manquer ne puisse pas limiter la qualité de ce qui est donné.

Le terrain anthropologique montre que la loi dans son énoncé ne peut s'appliquer. Il rend visible et représentable la matérialité des aliments en circulation dans toutes leurs composantes : l'aspect, l'emballage, le goût et le lien. Tous ces critères sont ceux qui motivent un achat, ou au contraire y font renoncer. Lorsqu'une personne a le choix, elle prend dans les rayons les yaourts dont les dates sont les plus longues, les biscuits qui lui font le plus envie, et si le vendeur ou la vendeuse n'est pas agréable, elle changera de lieu d'achat. La qualité comprend plus que le calcul d'un apport quotidien, elle engage celui qui donne, elle le rend responsable. De cette responsabilité ressort aujourd'hui surtout la peur de l'incident, qui vient alors confondre la qualité et la sécurité sanitaire. Pour se protéger, les variables qui sont retenues, objectives, permettent d'assurer l'équilibre alimentaire selon les règles de la diététique et de contrôler l'hygiène. La qualité gustative du plat cuisiné à la maison devient un danger aux yeux des services sanitaires qui observent la chaîne du froid, les règles de transports, etc.

Il ne s'agit pas de pouvoir cocher les cases d'une alimentation diversifiée pour prétendre que la personne se nourrit bien, il faut observer ce que la nourriture fait sur elle. L'égalité des niveaux ou l'égalité des manques rendent compte des aspects différents quant à l'application d'un projet de politique publique. Dans un cas, il s'agit d'affirmer que le nivellement ne peut en aucun cas se faire par le bas. Dans l'autre, se figurer les manques permet d'avoir une lecture plus juste des situations rencontrées par les personnes. Le manque de choix et le manque de goût peuvent montrer en quoi une pomme n'est pas une pomme, un yaourt n'est pas un yaourt, mais des éléments qui dévoilent des inégalités subies. Pour aller plus loin, l'explication qu'apporte Sen, inspirée d'Aristote, est intéressante. Il souligne que :

> Si la diversité humaine est si forte qu'elle interdit d'égaliser ce qui est potentiellement réalisable, évaluer l'accomplissement, juger l'égalité des accomplissements ou de la liberté d'accomplir est une entreprise fondamentalement ambiguë. Si l'accomplissement maximal que peut atteindre la personne 1 – dans les circonstances les plus favorables – est, disons, x, tandis que la personne 2 peut faire en sorte de parvenir au maximum à 2x, l'égalité des niveaux laisserait invariablement la personne 2 au-dessous de son potentiel d'accomplissement. C'est en partie pour répondre à de tels problèmes qu'Aristote avait introduit une considération paramétrique – ce que sa « situation permet » à une personne –, et qu'il avait vu sous cet éclairage sa conception « distributive » : « Car, si les hommes sont gouvernés au mieux, il est normal qu'ils vivent au mieux autant que leur situation le permet sauf s'il se produit une catastrophe. »[128]

La mobilisation des gilets jaunes en France atteste que l'ensemble de la population n'est pas gouverné au mieux, car tous n'accèdent pas au mieux pour eux, à un bien-être. La revendication d'une classe travailleuse qui demande de pouvoir manger jusqu'à la fin du mois indique que les inégalités se creusent. Aujourd'hui, avec une inflation sur les denrées de base de 6 %, les personnes ne disposent en rien de qualités égales, ni de quantités suffisantes, et ceux qui sont le moins bien lotis doivent remercier ! Les organismes de distribution subissent les tensions de ces manques, sans pouvoir vraiment être entendus pour que les choses changent. Parfois, la quantité tente de répondre au manque de qualité, mais à long terme les personnes sont marquées physiquement par ces pratiques. Cet état de fait rend d'autant plus indispensable l'éthique. Il est plus facile pour une personne, bénévole ou bénéficiaire, de partager ce qu'elle connaît que de s'aventurer dans la culture de l'autre. Nourrir un végétarien ou un musulman nécessite de prendre le temps de comprendre, de connaître ; ce n'est pas un temps qui se concilie facilement avec celui de l'urgence et du bénévolat. Apprendre à cuisiner de nouveaux produits, s'ouvrir à une autre manière de s'alimenter et de penser la nourriture peut faire violence dans un moment où les repères personnels disparaissent.

S'il fallait évaluer la dimension éthique propre à l'aide alimentaire, s'entendre sur les indicateurs à retenir serait délicat. Pourtant, le droit à l'alimentation, tout comme la charte *Éthique et maraude*, offre des perspectives bien différentes de ce qui est possible sur le terrain.

> L'approche éthique en maraude concerne donc la personne dans son cadre d'existence. Elle doit être respectueuse de son mode de vie et de ses attachements affectifs. C'est dire que cette charte intègre l'attention portée au vécu de la personne qui évolue parfois au sein d'un groupe[129].

L'éthique reconnaît que nourrir une personne est un phénomène complexe qui ne se limite pas au partage de la nourriture. Il s'agit de pouvoir inclure dans la manière de faire le mode de vie des personnes rencontrées. Si la dimension de la connaissance est importante, c'est parce qu'elle est la voie royale vers la reconnaissance d'un corps capable. Car comme le souligne Olivier Assouly :

> Quiconque prend la décision de restreindre l'accès aux vivres pénètre alors au cœur de l'existence, à l'endroit même où la vie, humaine ou animale, peut être mise en jeu, c'est-à-dire prolongée ou, au contraire, confisquée[130].

L'enjeu consiste dans le fait de nourrir un corps capable pour renforcer sa capabilité et non l'affamer. Alors que le dévoilement imposé fait état d'un système pour lequel la prise en compte de la diversité est une épreuve, une autre praxis pourrait se développer pour que la capabilité, les connaissances et la reconnaissance de ces connaissances par l'autre soient les moteurs des actions à mettre en place. Loin de devoir se justifier, il s'agirait de pouvoir exprimer ce que représente manger pour chacun afin d'en voir émerger un bien-être pour tous.

Dans la dernière partie de son ouvrage consacré aux exigences de l'égalité, Sen souligne en quoi l'éthique utilitariste est un vecteur d'inégalité car basée sur ce que désirent les individus : ceux qui n'osent ou ne peuvent plus désirer ne sauront se distinguer. Dans ce cas, leur capabilité d'atteindre leur bien-être, rendue impossible par la non-application de leurs droits, devient invisible. D'où cette proposition : « Envisager la pauvreté comme un manque de liberté est un choix raisonnable, en résonance avec une large gamme d'options éthiques fondamentales[131]. »

L'impossibilité de choisir selon leurs propres critères, ainsi que les concessions et les efforts que doivent faire les bénéficiaires de l'aide alimentaire soulignent que malgré ce à quoi la Déclaration universelle des droits de l'homme veut tendre, non, les hommes ne sont pas libres ni égaux dans leurs droits les plus fondamentaux.

En quelques mots

JUSQU'À QUAND L'IMPOSSIBLE DIGNITÉ ?

En 1996, les chefs d'État se sont accordés pour parler ensemble d'une priorité commune : œuvrer pour le droit à l'alimentation. S'agissait-il simplement d'en écrire des contours ou de le rendre effectif ? Ce que mentionnent les rapporteurs spéciaux qui se sont succédé, Jean Ziegler précédemment cité ou encore Olivier De Schutter, est que le caractère urgent perdure. Suite à la publication d'un rapport dans la revue *The Lancet* en janvier 2019 sur l'obésité, la malnutrition et les enjeux climatiques[132], Olivier De Schutter a interpellé les responsables politiques afin que ces derniers prennent en compte le problème dans toute sa complexité. C'est-à-dire les problèmes de santé publique que sont l'obésité et la malnutrition, pour lesquels il est question de pandémie, et la question environnementale qui impacte et va impacter selon ce rapport les populations les plus vulnérables, soit toujours les mêmes. Sa dénonciation

– et le ton ferme qu'il emploie – s'adresse également aux multinationales de l'agroalimentaire. Il accuse le fait que :

> Dans la nourriture, il y a des aliments qui sont à ce point nocifs pour la santé, des aliments ultra-transformés, des boissons gazeuses sucrées par exemple, les snacks ou les confiseries, qui méritent d'être traités comme le sont l'alcool ou le tabac. C'est-à-dire qu'il faut des mesures fortes de dissuasion de consommation[133].

La question de la qualité alimentaire est donc ici principalement abordée par sa nocivité pour le corps. L'état des lieux établi dans ce rapport souligne que la nourriture disponible en grande quantité nourrit mal, quand la nourriture de bonne qualité nutritive abonde mais n'est pas disponible pour tous.

Parmi ses demandes, l'ancien rapporteur souligne que ce n'est pas aux consommateurs individuels d'agir en responsabilité, car cette responsabilité appartient aux pouvoirs publics.

Cela a été mentionné à différentes reprises dans cette partie, le droit à l'alimentation tel qu'il a été pensé engage les États signataires de cet accord. Les directives volontaires n'ont pas un caractère opposable, elles offrent des pistes précises de mesures qui pourraient être mises en place.

Lorsque la France promulgue en juillet 2010 la loi de modernisation de l'agriculture et de la pêche, son titre premier est « Définir et mettre en œuvre une politique publique de l'alimentation ». Une politique publique de l'alimentation qui est précisée dans son premier article, déjà cité à plusieurs reprises. Aussi, dans les textes, la France fait partie de ces États qui ont dit vouloir œuvrer pour le droit à l'alimentation il y a vingt-six ans et qui semblent s'en être donné les moyens dans le cadre d'une loi écrite qui comporte suffisamment de dispositions pour que de réelles avancées soient possibles.

Or, dans les terrains dont je rends compte, on constate la prévalence des inégalités et de l'injustice. Selon où vivent les personnes démunies, elles n'auront pas accès à l'alimentation de la même manière. L'accès pour tous n'est pas assuré, car l'importance de la demande implique des conditions. Bénéficiaires de l'aide et associations sont soumis à des conditions, ils perdent de la liberté et perdent ainsi un peu de la justice recherchée. Ces dispositifs dans leur ensemble montrent l'inadéquation entre le tout premier article de la loi et son application. Le parcours d'obstacles dont font état Claude, Anna, Hélène, Paul, Guillaume et Joseph, montre comment les bénévoles sont forcés de composer pour proposer un semblant de justice.

L'impossibilité de répondre aux ambitions de qualité et de quantité de la nourriture rend compte d'une gouvernance des corps et non d'une liberté des personnes de se nourrir en fonction de leurs souhaits, contraintes et besoins nutritionnels. La largesse du champ du droit à l'alimentation mal défini permet à chacun, bénévole, producteur, revendeur, politique, etc. de mettre derrière ces termes sa propre définition. Le respect des droits fondamentaux est mis à mal, car la connaissance du droit n'est d'une part pas partagée, et d'autre part ignorée. Les inégalités sont flagrantes. Il y a une ignorance de la manière dont se déroulent les choses, soutenue par des annonces qui prétendent qu'elles se déroulent en conformité avec la loi.

Mais alors, qui est responsable d'une politique publique dont l'application n'est pas ce qu'elle devrait être ? À quoi sert le droit ? Face à l'état alarmant d'une situation qui empire, l'enjeu pour les associations devrait être de ne pas se détourner du contenu du droit à l'alimentation, mais comment le peuvent-elles ? Ne sont-elles pas prises en étau entre la main qui les nourrit et celle qui leur ordonne ?

Les dispositifs ne peuvent se contenter de protéger les populations les plus riches de la pauvreté, sans chercher à éradiquer la pauvreté dans ses causes et ses conséquences. À son époque, Coluche disait déjà : « Sécurité et liberté, c'est plus et moins : plus de sécurité pour les riches, moins de liberté pour les pauvres[134] ! », sa blague traduisant sans détour l'ambiguïté de la situation actuelle. Il est facile de répondre aux angoisses des riches en protégeant leurs richesses, mais comment faire en sorte que des mères ne passent pas leurs journées la peur au ventre parce qu'elles n'ont pas de quoi nourrir leurs enfants ? C'est cette peur-là qui plonge les personnes dans le désespoir. C'est de ce désespoir qu'émerge petit à petit la perte de dignité. Dans l'ensemble des situations présentées, les bénévoles sont mis sous tension, il y a ce droit qu'ils ignorent dans le texte mais qu'ils ressentent dans leurs tripes ; ces personnes que j'ai rencontrées ont un rapport viscéral à une justice dans laquelle elles croient. Elles en parlent, elles la nomment, elles ne laissent pas la place aux inégalités et ont pour objet le partage. Ce sont ces valeurs, cette morale qui les habitent, l'esprit Coluche « C'est quand même pas normal que dans le pays de la bouffe y en ait qui n'en aient pas assez ! » qui les alimentent et les indisposent parfois, lorsqu'elles ne peuvent rien faire. Les bénévoles savent qu'ils ne sont pas responsables, mais portent tout de même de la culpabilité parce qu'ils sont témoins de situations qu'ils ne savent ni où ni comment dénoncer, et c'est une charge.

La charte *Éthique et maraude* a trouvé le bon terme pour qualifier l'action de ces auteurs : le non-abandon. Une forme de résistance qui fait face à un véritable déni, celui de la situation. Ce déni doit être approché de la mise en invisibilité pour souligner l'importance des dispositifs d'effacement des populations vulnérables : dispositifs anti-SDF dans les rues, affectation de locaux situés loin de l'espace public, distribution de nourriture la nuit dans des lieux qui ne gêneront pas.

Répondre à la question de la responsabilité, de la justiciabilité rend compte de l'intérêt de sortir ces situations de l'invisibilité, du noir de la rue, ou de l'espace clos de la distribution. Ce n'est pas parce que cela ne se voit pas que cela n'existe pas, et qu'il n'y a pas de responsable. Un jour que je croisais une bénévole-bénéficiaire dans la rue, après avoir échangé différentes nouvelles, elle m'a dit : « Tu sais, c'est dur cette année ! Au début je comprenais pas trop ton truc... de violence alimentaire... mais aujourd'hui, je comprends mieux. J'en ai marre, c'est pas bon, c'est plus comme avant. »

Ce que disait Coluche il y a trente-sept ans a été inscrit au niveau international dans le droit à l'alimentation, selon la définition issue des travaux de Jean Ziegler, puis en 2010 dans la loi française. Une évaluation qualitative de la situation de l'aide alimentaire souligne de nombreuses atteintes aux personnes, dont rien ne permet aujourd'hui de faire clairement état. Caractériser les violences alimentaires afin de montrer que l'égalité et la justice en termes d'accès à la nourriture ne sont pas respectées apparaît comme un moyen de pouvoir y faire face, en donnant la possibilité qu'enfin la justiciabilité de ce droit s'enclenche. Il s'agirait pour la France d'une grande avancée et pour les personnes de retrouver leur dignité.

Quatrième partie

DIEU A DIT : « IL FAUT PARTAGER, LES RICHES AURONT LA NOURRITURE, LES PAUVRES DE L'APPÉTIT »

> Si le médecin a pour tâche de prévenir ou de guérir les maladies, l'anthropologue doit quant à lui « resocialiser » la tragédie de ceux qui souffrent inutilement, dévoiler ce qui la lie à l'ensemble de la société contemporaine aussi bien qu'à des événements passés.
>
> PAUL FARMER[135]

10.
LES VIOLENCES ALIMENTAIRES

« Prenez un éclair, ils sont du tonnerre ! »

COLUCHE

Les violences alimentaires, une définition, un concept analytique

Le *Petit Larousse* édition 2000 définit la violence comme le « caractère de ce qui se manifeste, se produit ou produit ses effets avec une force intense, extrême, brutale. *Tempête d'une rare violence* ». Et le dictionnaire de l'Académie française de 1935[136] indique que ce terme « [...] désigne absolument la Force dont on use contre le droit commun, contre les lois, contre la liberté publique. [...] ».

Ces définitions rendent compte d'une puissance utilisée contre le droit et du fait que cette force est difficile à contenir, comme la violence du vent ou de la tempête. Cela révèle l'aspect diffus et immatériel d'un phénomène qui ne se voit pas mais qui se perçoit et se ressent. La confrontation qui vient d'être faite aux droits existants et les témoignages des bénévoles en attestent.

La force mentionnée est tout à fait saisissante dans les différentes situations évoquées, le niveau de tension est palpable, et ainsi il suffit d'une étincelle pour qu'un fait de violence éclate. Par exemple, dans une maraude, un homme dérobe l'éclair au chocolat choisi par celui qui le précédait dans la file d'attente, avec pour conséquence de voir l'homme volé s'armer d'une bouteille en verre pour s'en prendre à son voleur. Le bénévole qui s'interpose ressent alors la violence ambiante ; dressé entre les deux hommes, il la contient, l'incident est clos. De telles manifestations sont rares, les adultes, en principe, ne se battent pas pour un gâteau, et dans d'autres circonstances la situation porterait à rire. Mais dans ce cas précis, c'est la goutte d'eau qui fait déborder le vase. Si j'interviens ce soir-là, c'est en partie parce que je connais l'homme qui s'énerve. Depuis plusieurs mois, il vient sur ce point de distribution, nous échangeons des banalités, il ne s'est jamais énervé, n'a jamais manifesté une quelconque dangerosité, bien au contraire, c'est un homme patient qui ne double pas, attend, demande poliment les choses. C'est ainsi qu'il s'est présenté à moi et a choisi son éclair au chocolat, tranquille, souriant, dans le respect des règles. Pourtant, cette nuit d'hiver, il n'a plus pu contenir la colère en lui. Loin de hurler contre le système, il s'en est pris à un pair, celui dans lequel il se reflète. Moi je ne risquais rien, ce n'est pas moi qui faisais miroir à ses manques, à ses difficultés, ce n'est pas ma figure qu'il voulait détruire parce que d'un coup elle lui sortait par les yeux et devenait insupportable.

La frontière que j'évoquais n'est pas matérialisable, elle se saisit dans les espaces occupés et éprouvés par les personnes, dans un temps particulier. La place où l'incident se produit sera demain la place d'un marché, d'autres personnes y circuleront sans aucune tension de cet ordre et feront leurs achats. Puis, dans l'après-midi, l'espace sera utilisé par les cafés environnants qui y installeront leurs terrasses, le lieu sera alors un espace de détente, de fête. Ainsi, la violence décrite est liée à des situations et contextes précis. Elle poursuit les personnes, elle leur colle à la peau, c'est au contact de leur monde, de leurs règles que celui qui dispose de tous ses droits ressent que le climat n'est plus le même, que certaines protections n'existent plus.

Claude, le portier, qualifie très bien cette impression face à la file d'attente :

> Avant je la sentais la tension, mais là t'as l'impression, t'ouvres la porte et t'as l'impression, tu sais comme quand tu es sous des lignes à haute tension, t'as déjà été ? Quand ça fait bzzzz, pareil... ! et là j'ai les cheveux qui se dressent, t'es électrique, même les poils des cannes, tu vois ?

La file qui s'étend devant lui porte en elle ce paradoxe : lorsque 12 000 tonnes de nourriture sont jetées par an[137], certaines personnes doivent venir faire la queue dehors, pendant plusieurs heures parfois, pour bénéficier de quelques kilos d'une nourriture non choisie. Le flux qui s'organise est tendu, y aura-t-il assez de nourriture pour que tous repartent avec un panier conséquent ? Dans l'attente, personne ne peut en être sûr, dans cette file des rivaux. Pourtant, aucune pénurie n'est à déplorer en France, le problème est d'ordre structurel, l'accès à la nourriture est bloqué et se heurte au droit à l'alimentation, et à l'article L 230-1 de la loi n° 2010-874 de modernisation de l'agriculture. Nous avons déjà largement décrit la question des inégalités et l'importance de les rendre visibles afin de dénoncer les injustices. Dans cette situation où le droit ne s'applique pas, rendre compte de ce que disent les bénévoles, de leur ressenti sur le terrain, nécessite de mobiliser le terme de violence et de le qualifier pour montrer comment elle opère. Les notions d'inégalités ou d'injustices, si elles sont bien concomitantes à celle de violence, ne traduisent pas cette force d'opposition à un droit ressenti et identifié par les acteurs de terrain.

Lydia, bénévole de la maraude, évoque cet écart lorsqu'elle affirme que pour elle ce qui est violent, c'est de voir ces enfants, ces jeunes venir chercher à manger chaque soir, quand ils n'ont fait aucun choix dans leur vie. Elle est certaine que, pour eux, se retrouver dans le dispositif de l'aide alimentaire si tôt est ce qui illustre la violence, car ce qu'ils subissent aura des incidences sur le reste de leur vie. Ce qu'explique Françoise Héritier :

> La violence ainsi n'est pas un trait de caractère isolé et isolable, propre à la nature de l'espèce humaine : elle est le produit, le plus souvent concerté et organisé, de mélanges détonants, à chaque fois particuliers, de ces différents affects élémentaires[138].

C'est ce produit complexe qu'il s'agit ici de saisir, un phénomène multiple lié au non-respect d'un droit qui génère des atteintes et qui s'ancre dans une force invisible, souvent réduite au silence mais descriptible.

Définition

D'après les aspects intrinsèquement liés évoqués dans cette enquête, je retiendrai que les violences alimentaires se caractérisent par la force, intentionnelle ou non, qui empêche une personne d'accéder à son droit à l'alimentation, cela donnant lieu à des atteintes physiques et/ou morales. Elles se situent dans un contexte particulier : dans un pays où la nourriture circule en abondance et où ce droit, défini comme un droit d'accès à l'alimentation dans des conditions « acceptables », est consacré par la loi.

« Telle la force du vent »

Ces violences transforment les espaces de manière temporaire par la tension qui peut y être ressentie. Comme je l'expliquais dans l'exemple de l'éclair au chocolat, la tension inhérente aux distributions alimentaires se déplace avec des personnes contraintes de la garder en eux, elle s'engouffre dans les lieux qu'elles occupent. En cela, le vent est une bonne métaphore pour percevoir son circuit, ses tourbillons. Pour celui qui pénètre dans la zone, il faut se préparer pour ne pas commettre d'imprudence, avancer comme dans un champ de mines où un mot, un geste inapproprié peuvent déclencher le détonateur. D'une manière assez générale, face à ces espaces, le passant décide de contourner par réflexe, en raison du malaise qu'il ressent. Au cœur de la ville, visibles mais invisibles, les lieux concédés aux plus démunis sont bien souvent inhospitaliers. Je propose d'illustrer la tension ressentie dans ces interstices à travers trois tableaux : un pont, un garage désaffecté et une place.

Sous un pont

Sous un pont, des matelas se succèdent et bloquent le passage d'un chemin qui ne conduit qu'à ce lieu en plein courant d'air. Vu de dessus, le cadre est apaisant, le fil de l'eau, avec l'éclairage de la ville qui s'y reflète, crée une ambiance. Au-dessous, l'endroit est humide, insalubre, surpeuplé. Les rats sont souvent de sortie à l'heure où passe la maraude, ils filent devant les jambes des bénévoles, parfois entre. Les habitants, eux, sont endormis, à peine visibles, têtes emmitouflées sous les couvertures et duvets sales, ce ne sont que des formes. Partout des détritus, canettes de bière, bouteilles de vin, emballages multiples, mais aussi des réserves d'eau, une chaise. Sur cet unique meuble il est possible de déposer la nourriture qui a été préparée et soigneusement empaquetée pour éviter qu'elle soit dévorée par les animaux. Le camion est garé sur la route, un peu plus haut, il a fallu descendre à pied dans un chemin boueux, faire attention de ne pas tomber, de ne pas glisser en s'enfonçant dans une humidité froide et collante. En hiver, la rencontre avec les personnes qui vivent ici n'a pas lieu et c'est ce qui rend le climat encore plus hostile, ce qui renforce l'impression de ne pas se trouver à sa place. Réveiller ces hommes, c'est risquer d'allumer une étincelle. D'ailleurs, peut-être ne dorment-ils pas ? Peut-être entendent-ils ces maraudeurs qui viennent chaque nuit déposer à manger, s'interrogent chaque soir sur la manière de protéger les aliments, sur la quantité laissée, espérant que ce soit assez ? Eux n'ouvrent pas l'œil. Tout de même, lorsqu'il fait trop froid, un bénévole ose s'approcher et interroger le dormeur le plus proche : « Est-ce que ça va ? » Question ô combien stupide quand le froid ressenti doit être au-dessous de zéro à cause de l'humidité du lieu. Pourtant, c'est avec étonnement que l'on entend la personne répondre

« Oui », de toute façon, qu'est-ce que cette équipe pourrait faire de plus ? On profite de ce contact pour s'assurer que le groupe va bien, on donne des chaufferettes, on demande s'il faut déclencher le passage de la maraude médicale, on propose du café chaud, de la soupe, des mets qui sont restés dans le camion, mais on peut revenir, c'est à côté. Non, ils n'ont besoin de rien de plus, ça va. Rien n'a explosé, tout est resté en place et c'est peut-être le pire pour les maraudeurs, qui se demandent comment c'est possible de laisser ces hommes sous ce pont.

Le garage

Dans le fond de ce qui a dû être un garage, il n'y a plus de voitures mais quatre hommes installés chacun sur une ancienne place de parking, contre un mur. Tous ont des matelas, des couvertures, il y a des délimitations du fait des murets et du marquage au sol, quelques chaises ou fauteuils en très mauvais état. Une légère pente donne le sentiment de s'enfoncer sous terre, au plafond une ampoule est allumée. L'éclairage facilite la tâche de l'équipe, mais peut-être indispose-t-il celui qui essaie de s'endormir ? Le camion de la maraude a été garé en marche arrière, prêt à partir. Certains maraudeurs refusent d'entrer dans ce squat, l'odeur d'urine est saisissante, on voit sur le sol les tracés ondulés laissés par ceux qui viennent de se soulager, quelques seringues et des plaquettes vides de médicaments, dont du Subutex. Cet espace est répugnant, c'est une impasse, un cul-de-sac, *un coupe-gorge,* dont il ne serait pas facile de se dégager rapidement en cas de problème. Personne n'est obligé d'effectuer cet arrêt, seuls ceux qui le sentent le font. C'est un « point chaud ». Pourtant, aucun incident ne s'y est produit. Les habitants sont heureux d'avoir à manger, ils veulent de tout, les bénévoles peuvent vraiment jouer leur rôle, distribuer à manger et parler, mais l'inconfort est intense. Il faut faire semblant de ne pas sentir, de ne pas voir, trouver en soi une façon de tenir éloigné tout ce qui irradie du lieu, il faut opposer une force à celle que l'on encaisse et c'est un acte difficile quand seule cette posture garantit un bon déroulement.

La métaphore du vent peut encore une fois permettre de visualiser cet instant dans ce garage. Tout comme il est difficile de rester droit et debout dans la tempête où il faut pouvoir opposer une résistance pour avancer, il en est de même dans un tel espace. Ce non-abandon, dont il a été question plus haut, prend toute son importance dans ce genre de moment, car face à la violence du non-respect des droits, il faut l'espace d'un instant parvenir à faire exister des droits simplement par une posture et des mots. Dans un *point chaud,* le mieux est de prendre son temps, de venir sans rien d'autre qu'un sourire et une poignée de main, sans supposer qu'ils auraient besoin de tout. Cela permet de donner aux personnes le soin de formuler l'envie d'une soupe, d'un plat, d'un café ou de rien d'autre qu'un peu de temps et de considération. Cette illusion redonne de la dignité et permet de reconnaître l'abandon, cette violence subie par le laissé-pour-compte. Il va alors pouvoir juger lui-même si la situation est acceptable, s'il peut choisir d'accepter un échange avec ces gens qui viennent d'entrer chez lui.

Derrière une église

Une place, un marché couvert où a été fixé un point de rendez-vous, derrière une église. Les maraudeurs ne s'installent plus sous cet abri, car il n'y a pas de lumière et dans ce lieu la violence a bien trop souvent éclaté. Les tables sont disposées sous les éclairages publics très proches des camions ; la ville, soucieuse des difficultés, envoie des médiateurs pour venir aider, venir pacifier[139] la distribution. C'est ici qu'Omar a été scalpé d'un coup de hache, qu'un jeune homme a refusé les gâteaux dont la date était passée, que des bagarres éclatent régulièrement. Pourtant c'est au cœur de la ville. Mais Omar a un penchant à allumer l'étincelle, il sabote très régulièrement ce moment de rencontre. Son procédé est simple et efficace : il insulte les autres personnes présentes, double, passe plusieurs fois, s'énerve s'il n'est pas resservi quand d'autres n'ont pas été servis du tout, il parle également très fort. La plupart du temps, les choses se déroulent bien, car souvent un bénévole se dévoue et se dédie complètement à lui, tout en le maintenant un peu à l'écart.

Une nuit, un homme originaire des pays de l'Est est présent, ce n'est pas un habitué. Aussi, pour l'accueillir et tenter d'établir un lien, je lui demande tout simplement : « Comment ça va ce soir ? » À bout, il se met à pleurer. Nous sommes assez nombreux pour distribuer, Omar semble calme, je me mets un peu à l'écart pour discuter avec lui, il déverse alors son histoire et ses larmes, il sent l'alcool, je l'écoute. Pendant ce moment, cette parenthèse que j'accorde à cet homme, Omar va changer d'attitude. Se venge-t-il de ne pas avoir été au cœur de l'attention ? Dès que l'homme rejoint la file, Omar l'insulte et lui passe devant. L'homme qui n'en peut plus explose, ils se battent, une morsure, Omar en est quitte pour un bout d'oreille en moins ! Tout a été si vite ! Nous les séparons, je m'assure que l'homme parte loin du lieu de distribution, alors que d'autres vont soigner l'oreille d'Omar encore plus excité par la vision de son sang. L'homme n'est plus en sécurité. Je me sens coupable, en désamorçant une situation sur ce terrain si explosif, je n'avais pas vu que j'armais une prochaine détonation qui aura des incidences sur plusieurs distributions.

Au milieu de cette tension, le bénévole ne peut pas relâcher sa vigilance, car il est au cœur de violences structurelles. Paul Farmer explique lors de sa conférence inaugurale au Collège de France en 2001 en quoi il est important de spécifier cette forme de violence, en indiquant qu'une lecture hégémonique des situations tend à une forme de révisionnisme qui efface les causes et les effets de la violence alors que les victimes dépérissent peu à peu.

Au cours de mes quatre années de maraudes, j'ai entendu à deux reprises les récits de collègues choquées en retour de maraude par la mort d'une personne qui faisait partie de ceux qu'elles étaient venues nourrir. Magali a expliqué ce soir-là qu'à son arrivée devant l'abri Autolib, elle a vu les gendarmes, elle leur a donc dit qu'elle venait pour distribuer un repas à monsieur Jean, ce à quoi le gardien de la paix a répondu : « Ça va pas être possible, il ne va pas manger là… » Magali n'a pas compris tout de suite, elle a insisté : que se passait-il, pourquoi ne pourrait-il pas manger ? Monsieur Jean était mort. De retour, après nous avoir raconté l'événement, elle a inscrit l'information dans le cahier pour les autres maraudeurs. Depuis, Magali maraude moins souvent. Un autre soir, c'est Mireille qui a expliqué pourquoi elle rentrait si tard. Devant la voiture de Michel, quelqu'un les attendait, inquiet, la personne dans la voiture ne bougeait pas, pas du tout. Mireille a donc dû aller voir, constater, prévenir les gendarmes et les attendre. Ces deux événements se sont déroulés en hiver. J'ai également reçu des courriels d'information de décès de personnes que j'avais suivies plus particulièrement, ou lu sur le cahier d'information des transmissions semblables à celle de Magali. La mort est donc présente dans l'espace et dans l'esprit des maraudeurs et montre que dans la rue le risque est bien plus élevé que pour la population en général. Ainsi, ces lieux qui sont parcourus sont parfois scrutés à la recherche de celui que l'on sait en danger.

Dans les situations décrites, ce qui a été observé est essentiellement la limitation dans l'accès à l'alimentation et ses effets sur les personnes concernées. L'invisibilité et le silence qui en découle tiennent au fait que cette force invisible qui vient d'être dévoilée se révèle également dans les dispositifs de pacification. Les engagements des villes, des départements, des régions et de l'État dans la gestion de la grande pauvreté mettent en exergue la nécessité d'apaiser les tensions, ils le font à travers des plans, des mesures qui imposent aux publics cibles de rentrer dans des cadres. La violence structurelle se décline alors en deux points. Le premier consiste à faire peser la responsabilité de la situation sur la personne impactée, qui doit fournir l'effort, c'est sa liberté de se saisir du dispositif qui est évoqué avant sa capacité à pouvoir y répondre. Dans le cas de l'alimentation, elle doit manger ce qui lui est proposé dans l'espace qui y est consacré et dans un temps précis (lié aux dates courtes). Le second résulte dans le fait de nier que ce sont les causes de la situation qui doivent être modifiées et non les conséquences, qui n'en sont que les effets. Dans le cas de l'obésité par exemple, expliquer à la personne ce qu'elle doit manger, quand et comment à travers quelques ateliers cuisine imposés, sans lui donner les moyens de se prendre en main dans un choix libre de sa nourriture est particulièrement violent. La tension rend compte d'un état permanent de violence, dans lequel la moindre étincelle rappelle toute la détresse et la souffrance du quotidien. « C'est l'expérience de la violence qui cause la souffrance », souligne Didier Fassin[140]. Les effets qui s'en font sentir impactent alors le corps et l'esprit.

Le visible : des atteintes physiques

Une des atteintes physiques les plus visibles a déjà été citée. Elle tient dans cette observation faite par les bénévoles sur plusieurs années : « Ici, tu le vois vite, les gens ils prennent du poids. » Loin d'être infondée, cette remarque est scientifiquement étayée dans l'étude Abena (2011-2012)[141] déjà mentionnée, qui alerte sur les problèmes de santé en général et de l'obésité en particulier chez les bénéficiaires de l'aide alimentaire. Il apparaît entre autres que ce sont spécifiquement les femmes qui sont touchées[142]. Face à ce constat, la politique publique conseille l'intervention de diététiciens et diététiciennes dans les organisations pour que des repas équilibrés soient distribués. Les consommations d'huile, de sucre sont surveillées, et il revient au bénévole de noter sur sa feuille les dates de ces dons pour ne pas en donner plus que prévu au cours du mois. Cette forme de rationnement n'a pourtant aucune retombée positive sur le terrain, les personnes continuent de grossir. Depuis plusieurs années, malgré les limites fixées et l'équilibre alimentaire respecté sur le papier, le phénomène demeure et tend à s'amplifier. La dotation qui est faite lors des distributions des Restaurants du cœur ne permet pas aux familles de se nourrir toute la semaine, c'est un complément. Tout comme la nourriture de la maraude, qui n'est distribuée qu'une fois par jour et pour théoriquement un seul repas. Ainsi, les personnes « se débrouillent » pour le reste de leurs repas. Alors que je propose lors d'une distribution des sachets de thé ou un paquet de café à une personne âgée, elle m'explique : « Le thé c'est bien, vous savez, nous, le soir, un thé sucré et des petits biscuits secs, on a dîné ! »

Manger équilibré nécessite une vie équilibrée, sans grand stress, il est nécessaire d'avoir une certaine disponibilité d'esprit pour donner de l'importance à son régime alimentaire. La précarité économique, sociale et sanitaire ne permet pas de faire de l'équilibre alimentaire une priorité, car ces situations sont hautement anxiogènes et les personnes n'ont pas la possibilité de choisir, elles composent. Quand bien même elles souhaiteraient s'appliquer à tenir un régime prescrit par le corps médical, elles ne le peuvent pas. Encore une fois, la réponse est toute trouvée dans le choix entre un mauvais plat et rien : manger, parce que la faim est là.

Face aux manques, au stress, des logiques de compensation se mettent en place de manière plus ou moins consciente, la préférence allant généralement vers le gras et le sucré. D'autant que cette période est censée être transitoire. Le problème tient donc aussi au fait que ce qui devait être ponctuel devient une façon de s'alimenter. Dans les centres, particulièrement celui des Platanes, j'ai vu, comme les bénévoles, des corps qui stockent et font des réserves dans l'ignorance de ce dont demain sera fait. Les dernières enquêtes sur l'aide alimentaire le montrent : ce qui fait défaut, ce sont les fruits et les légumes frais. Il s'agit aujourd'hui de la part la plus importante d'un budget alimentaire, et ces produits deviennent parfois encore plus chers que la viande dont il semble impossible de se passer. C'est donc en les supprimant que les personnes peuvent ajuster leurs faibles budgets. La nutritionniste Nicole Darmon, de l'Inra, indique qu'il existe un seuil de 3,50 euros par jour et par personne en dessous duquel il existe des risques pour la santé :

> Pour un même niveau d'apport énergétique, plus le coût estimé de la ration (en euros/jour) est faible, plus la quantité de fruits et légumes consommés (en g/jour) est faible et plus la densité énergétique (en kcal/100 g, indicateur de mauvaise qualité nutritionnelle) est élevée[143].

Pour rappel, un repas à la maraude coûte 2 euros et les personnes comptent souvent sur celui-ci pour tenir vingt-quatre heures. Il se dégage alors une violence sournoise dans le discours des pouvoirs publics, qui dispensent des conseils en termes nutritionnels sans donner les moyens de leur mise en œuvre ni aux personnes, ni aux structures qui leur viennent en aide. Il est particulièrement brutal d'ajouter à la détresse de la pauvreté une forme de culpabilisation et de jugement sur ces personnes en mêlant l'aide alimentaire à une éducation à la diététique et en accusant les personnes de grossir parce qu'elles s'alimentent mal ou les bénévoles de les faire grossir parce qu'elles les nourrissent mal. De plus, si un équilibre alimentaire est garanti dans les produits commandés par les Restos du cœur, la ramasse, qui devient une part importante de la nourriture à donner, ne permet en rien de garantir cet équilibre, bien au contraire : viennoiseries, plats cuisinés, chocolats de Noël et de Pâques y sont donnés en grande quantité à certaines périodes.

Le travail que les étudiants d'AgroParisTech ont mené aux Restos du cœur a abouti à l'élaboration d'un fascicule qui donne des idées, des possibilités d'harmonisation des repas afin d'assurer l'équilibre alimentaire. Si l'idée est intéressante, un reproche peut toutefois être fait : celui de ne pas vouloir voir ce que disent les corps des personnes. Le fait de se mettre à compter des protides, des accompagnements, des kilocalories dans une fiche, d'élaborer un régime prescriptif est tout de même une situation paradoxale. Ceux qui n'ont pas de quoi se nourrir se retrouvent au régime. Cette pratique qui tend à se développer – parce que l'équilibre alimentaire est un axe du Programme national pour l'alimentation – est une facilité qui déculpabilise celui qui porte le discours prescriptif, malgré l'impossibilité pour les personnes de s'y conformer.

Cela rend compte des effets pervers du système, de la prédominance d'une violence structurelle qui ne corrige pas ce qui est fait au corps de l'autre. Cette atteinte visible, que les personnes ne peuvent pas cacher, tend à en faire de mauvais bénéficiaires, de mauvais pauvres. À cela s'ajoute une analyse simpliste : « S'ils sont gros, c'est bien la preuve qu'ils ont assez à manger ! »

Si l'obésité est un point remarquable, une pandémie à laquelle les pouvoirs publics devraient s'attaquer autrement que par des mots et des recommandations, d'autres impacts sur la santé sont à déplorer, notamment ceux des anémies, de l'hypertension artérielle, dont les effets sont visibles.

Les carences en vitamines, le manque d'hygiène, l'alcool, le tabac se manifestent sur le corps par la perte de cheveux, un mauvais teint et des problèmes de dents. Elles sont jaunes, noires, elles tombent. Elles font souffrir. Des bus dentaires passent, des prises en charge gratuites sont possibles à Paris et ses alentours, mais encore une fois c'est agir *a posteriori*. Les soins dentaires ne vont pas rééquilibrer les apports en vitamines ni permettre à ceux qui ont accès à un espace pour se laver seulement une fois par jour, et parfois moins, de se laver les dents après chaque repas. Quand les soins dentaires nécessitent un suivi régulier, l'oubli des rendez-vous traduit aussi le fait que la projection, et notamment vers un bien-être, n'est pas le fort de ces personnes. Il n'y a rien de voulu dans le fait de ne pas aller aux rendez-vous, simplement un décalage dans la temporalité entre ceux pour qui une projection dans le temps est possible, et ceux pour qui le temps, au-delà de demain, est trop incertain pour y inscrire quoi que ce soit.

Un autre aspect visible des effets à long terme des violences alimentaires va devenir flagrant dans le rapport à la nourriture : il s'agit de l'attitude des personnes tant au cours d'un repas que lors de la distribution. Pour bien comprendre cet aspect, l'exemple récent des émeutes du Nutella, s'il ne concerne ni les centres ni la rue – le phénomène ayant eu lieu dans un magasin avec toutes sortes de participants –, peut tout de même donner une idée fine de ce dont il s'agit.

Le 25 janvier 2018 ont eu lieu en France ce qui a été nommé les « émeutes du Nutella »[144] : la vente de pots de 950 g de ce produit à 1,41 euro au lieu des 4,50 euros habituellement pratiqués par l'enseigne Intermarché a déclenché des réactions inattendues. Les gens se sont battus, les rayons ont été pris d'assaut, et parfois la violence a été telle que la police a dû intervenir. Sur les vidéos amateurs qui ont circulé sur les réseaux sociaux, des cris, des insultes, des personnes âgées à terre et des couples très organisés qui se font passer trois ou quatre pots au milieu de la cohue.

D'après ce que l'on peut voir, les personnes ne se sont pas cantonnées à prendre un pot pour ainsi disposer des 3 euros de réduction pour acheter d'autres produits, non, elles ont dépensé à peu près la même somme d'argent pour la pâte à tartiner en augmentant la quantité. Suite à cet événement, différentes prises de parole, tant du monde politique que du milieu associatif, sont venues dénoncer les effets de la précarisation, de la baisse du pouvoir d'achat des personnes, qui veulent tout de même pouvoir offrir « le meilleur » à leurs enfants, une gouvernance des personnes par le marché, ou encore une infantilisation des consommateurs entraînés dans ces émeutes par une forme de chasse au trésor. Le journal *La Croix* dans son analyse s'est interrogé sur des images dignes d'un temps de pénurie en pleine abondance. Le quotidien *Le Monde* quant à lui a parlé de « totalitarisme de la consommation »[145].

Le fait est que les personnes ont dépensé tout autant et n'ont pas dédié les 3 euros à un autre achat. Ce produit, utilisé comme le symbole d'une famille unie qui prend un petit déjeuner en commun et commence la journée du bon côté, s'affiche comme équitable et soucieux de l'environnement. Toutefois, ce ne sont pas ses vertus que les consommateurs sont venus acclamer dans les supermarchés. Ils se sont rués sur les pots, sans penser à la personne qui était juste à côté d'eux. C'est ce point précis qui permet de faire le lien avec les distributions alimentaires et de comprendre pourquoi des bénévoles accompagnent les personnes dans leur parcours. L'attitude que les personnes pourraient avoir face aux produits désirés mais insuffisamment disponibles pourrait être semblable.

Hélène explique qu'elle retire les emballages des boîtes de céréales, car sinon les personnes choisissent la marque et non le contenu. Pour elle, cela permet de limiter la déception et la pression liées aux marques. Hélas, elle ne peut pas le faire sur les tablettes de chocolat, les yaourts, biscuits, etc. Dans ce cadre, il ne s'agit pas de dire « une pomme est une pomme », mais que l'image, la marque n'est pas forcément la qualité, et de ne pas donner à certaines personnes l'impression d'être lésées. Réguler les potentiels débordements grâce à la présence d'un tiers qui a pour mission d'assurer le partage est donc important quand la situation des personnes fait qu'elles agissent dans un « chacun pour soi » digne de la survie et qui n'a rien de semblable à la situation de celui qui s'en va faire des courses le porte-monnaie plein.

Cette même pression est en jeu lors de la maraude, ce qui est mis dans les assiettes, dans les sacs est scruté pour vérifier qu'on ne se fait pas avoir, c'est-à-dire que l'on n'a pas moins que l'autre. Il va de soi que celui qui est mieux servi ne se plaint jamais, il saura d'ailleurs le cacher très rapidement et protéger ce petit plus.

Lorsque j'ai débuté les maraudes, une scène qui s'est déroulée place aux Fleurs m'a marquée. La place aux Fleurs étant le dernier arrêt de la tournée, une des difficultés principales est liée au fait que les bénévoles ont petit à petit habitué les personnes à avoir des plus – soit une deuxième assiette, ou même certaines fois des barquettes entières, soit d'autres produits comme les yaourts, les sandwichs, les gâteaux. Ce soir-là, ce sont des biscuits au chocolat, des biscuits de marque, qui n'ont pas une date dépassée. La cagette est déposée sur une table, la bénévole tente de donner son dû à chacun, mais le groupe se bouscule, il n'y a plus de file mais une masse, ceux qui ont déjà eu leur part ne partent pas, ils ont enfoui le gâteau dans leur poche et réclament comme s'ils venaient d'être oubliés. La bénévole est débordée. Elle a sorti cette cagette de son initiative, nous pensions avec l'autre collègue que la distribution avait été suffisante et que nous pouvions la garder pour un autre jour. Pour nous, ce n'était pas parce que nous étions sur le dernier arrêt que tout devait être donné, ces produits pouvant se conserver. Pour elle, c'était là pour eux, il fallait rentrer le camion vide. La situation entre elle et nous était donc un peu tendue. Je ne m'attendais pas à ce débordement et, lorsque nous avons compris qu'il fallait réagir, notre collègue était au milieu de la place en train de jeter les biscuits en l'air, en criant, les jeunes hommes, majoritaires ce soir-là, se précipitaient au sol pour en ramasser le plus possible. Si je m'étais dit par intuition que nous pouvions conserver la cagette, j'ai pris la mesure de ce que pouvait déclencher le fait de ne pas être organisés au sein de l'équipe quant à ce que nous devons distribuer ou pas.

Les effets de la violence alimentaire se manifestent dans la tension permanente, la pression. Les corps, les visages en portent les marques et un type de comportement les accompagne. Le passant peut observer les soirs de maraude l'attitude des personnes qui engloutissent une assiette qu'elles tiennent serrée contre elles, assises sur un morceau de trottoir ou debout, parfois sous la pluie. Le plat complet est ainsi assimilé en moins de 5 min, gobé et non mastiqué.

Réapprendre à manger, prendre le temps de la mastication est un processus lent. Lors de mon stage de professionnalisation d'éducatrice spécialisée auprès de personnes ayant vécu dans la rue, j'avais déjà remarqué ces anciens de la rue qui lors du repas mangeaient seuls, protégeant leur assiette grâce à leur corps penché au-dessus, rétrécissant au maximum le geste de l'assiette à la bouche qu'accomplit la fourchette, scrutant du regard leur entourage, agissant vite, dans des déplacements très précis et efficaces pour se resservir. Ils étaient à table, une première étape avant de réapprendre à partager.

Un des effets visibles à long terme des violences alimentaires est donc une forme de désocialisation par un mécanisme que la quête de survie impose de mettre en place.

L'invisible : des atteintes morales

Les violences alimentaires ont des effets sur le corps et la santé des personnes qui sont connus et évaluables par des données anthropométriques. La forme moins visible consiste dans les atteintes morales, qui doivent être décrites et prises en compte tels des faits graves. Dans son ouvrage *Dans la détresse. Une anthropologie de la vulnérabilité*, Michel Naepels alerte ainsi sur la difficulté de transcrire le point de vue de ceux qui souffrent. « C'est aussi le fondement d'une exigence, chercher une écriture qui n'efface pas celles et ceux qui sont les plus exposés. Une écriture exigeante et sensible[146]. »

Pour répondre à ces exigences, je reprendrai certains exemples déjà cités dans la perspective de représenter ces atteintes. La difficulté est que, contrairement à des violences chaudes, dans lesquelles les phénomènes explosent, il s'agit ici de montrer une autre facette de la violence alimentaire, une forme qui s'exerce sournoisement, de manière cachée, par petites touches. La mise en parallèle d'observations de terrain avec la définition que la psychiatre Marie-France Hirigoyen a donné aux violences psychologiques dans le cadre du couple, du travail ou de la maltraitance infantile, montre le caractère répétitif et sournois de nombreuses situations qui doivent être mises en visibilité. Consciente des dérives et surinterprétations auxquelles un tel parallèle pourrait conduire, je précise donc que ce qui est ici remis en cause est la structure politique d'un système global qui produit les violences, et non les bénévoles qui font de leur mieux pour les contenir.

Marie-France Hirigoyen, psychiatre, a qualifié la violence psychologique ainsi :

> La violence psychologique est constituée de paroles ou de gestes qui ont pour but de déstabiliser ou de blesser l'autre, mais aussi de le soumettre, de le contrôler, de façon à garder une position de supériorité[147].

Les effets liés à cette forme de violence sont selon elle dévastateurs tant sur la santé physique que mentale. Elle note l'importance de l'intentionnalité qui est perçue par la personne à qui s'adressent ces agressions et en limite la réaction. L'autre caractéristique de ces atteintes est la dimension diffuse et récurrente de petits actes, de paroles qui, prises individuellement, ne semblent pas représenter une si forte atteinte, mais qui forment un ensemble. C'est l'accumulation de paroles, de gestes imposés ou absents qui vont permettre de définir ces atteintes, notamment en observant les conséquences que cela a sur la personne : perte de l'estime de soi, de son assurance, sentiment de vulnérabilité. Dans le cadre du droit à l'alimentation, l'identification d'une situation de vulnérabilité permet d'observer le traumatisme des personnes dans une perspective politique et sociale. Car c'est bien parce que l'objectif de la politique sociale devrait être de garantir de la solidité, une assise morale et non de la fragilité – une attention particulière clairement mentionnée dans la définition du droit à l'alimentation proposée par Jean Ziegler : « [...] qui assure une vie psychique et physique, individuelle et collective, libre d'angoisse, satisfaisante et digne » – qu'il est ici question de violences.

Savoir ce qui assure une vie psychique libre d'angoisse et un bien-être ressenti est complexe. Seuls la personne et ses pairs perçoivent cet ensemble dans ce qu'ils éprouvent au quotidien. Leur silence non seulement interroge, mais rend d'autant plus pertinente la qualification de violences psychologiques, par rapport à ce qui fait taire, « On ne parle pas la bouche pleine ! », « On ne crache pas dans la soupe ! ». L'enjeu est donc de mettre en lien tout ce qu'il se passe et se produit pour celui qui est nourri de l'aide alimentaire et d'évaluer concrètement ce que génère chez lui un parcours d'obstacles qui se répète et non un inconfort temporaire. Les personnes ne passeront pas à autre chose en rentrant chez elles, quand elles ont cette possibilité (c'est-à-dire un chez-soi), elles se situent dans un enchaînement dont le principal risque est de s'habituer. Plongées dans un climat de tension, comme dans un moment de conflits, leurs repères changent, le seuil de l'intolérance se déplace et, afin de survivre, les émotions ressenties sont refoulées, mises en doute.

Ce qui est violenté est l'identité, comme cela a été présenté dans le précédent chapitre. Les liens sociaux qui se tissent entre les personnes sont des baromètres individuels, être reconnu permet de s'estimer, de percevoir sa propre valeur. Dans le cas inverse, ce que la personne retient, c'est qu'elle ne vaut rien, ou pas grand-chose, nous l'avons vu avec les sous-produits, l'image renvoyée est de valoir moins que les autres. Une fois cette perte opérée, un effet cascade constitué de plusieurs phénomènes va renforcer ce sentiment. Je reprendrai ici huit des neuf catégories proposées par Marie-France Hirigoyen pour caractériser la violence psychologique dans le cadre des violences alimentaires : l'isolement, la frustration, l'intimidation, le contrôle, le harcèlement, les menaces, l'inversion de la faute et la culpabilité.

L'isolement

Cela fait cinq ans que Salia constate jour après jour qu'elle ne peut pas offrir à ses enfants une vie normale. Ils ne peuvent pas inviter leurs amis chez eux, parce que ce n'est pas un chez-soi mais un hébergement d'urgence. La famille ne peut pas rendre les invitations, alors celles-ci sont rares, et dures à accepter. Bruno vit dans sa voiture, il s'accroche à un projet de formation, un potentiel travail, mais dans cette attente il a trop honte de dire ce qu'il traverse, la journée il donne le change. Le soir, il reste seul, la visite de l'équipe de bénévoles sur son parking est une bouffée d'oxygène, il peut enfin parler et n'a plus besoin de jouer un rôle.

L'isolement qu'engendre la structuration de l'aide alimentaire est lié à l'accès mais également au non-choix et aux quantités parfois insuffisantes dont il faut se contenter. Les mères de famille rapportent deux aspects de l'auto-exclusion à laquelle elles se livrent par gène ou rejet des autres. La première concerne l'école. Elles ne peuvent offrir le goûter que leurs enfants réclament et doivent leur expliquer les raisons d'une telle différence. Ces femmes, comme Salia, racontent également l'impossibilité de répondre à des invitations qu'elles ne pourront pas rendre, et puis de quoi parleraient-elles ? La structure même de l'aide alimentaire a pour effet de ne pas permettre à ces femmes d'avoir une indépendance suffisante pour continuer à avoir une vie sociale ordinaire. La vie des personnes se trouve alors mises à l'écart de certains liens qui impliquent souvent une participation, quand elles ignorent si elles auront les moyens de rendre. Elles redoutent que les gens sachent, car elles sont conscientes que leur situation est stigmatisante pour l'ensemble de la famille tant au niveau du travail que de l'école. Les activités qui se développent dans les centres permettent d'ouvrir de nouvelles perspectives, mais ce que révèle Anna (bénévole en charge de l'accompagnement culturel au centre des Platanes) dans l'analyse de ces accompagnements vers les activités extérieures, c'est que des choses sont à reconstruire pour que les personnes accèdent à une vie sociale.

Le public dit « Restos du cœur » n'est pas n'importe quel public ; recourir à un dispositif pour se nourrir, quel qu'il soit, stigmatise et isole. Je précise que le sentiment de honte que génère l'inscription a été repéré dans les études FORS et Abena précédemment citées comme un problème sanitaire, car les personnes qui s'isolent et survivent comme elles le peuvent, sans rien demander, prennent le risque de se dénutrir, de tomber malades et de se laisser mourir. Enfin, l'isolement s'accompagne d'un repli et d'un comportement qui devient de moins en moins adapté aux attentes d'une société qui évolue rapidement.

La frustration

Lorsqu'en fin de matinée la jeune femme que je sers au centre des Platanes s'énerve parce que je l'accompagne devant les produits et l'empêche de se servir, elle exprime sa frustration. Un cas rare, car la majorité des personnes ne dit pas un mot. Le bénévole voit un visage qui se ferme, des dents qui se serrent. Monique explique comment elle, bénévole/bénéficiaire, s'organise pendant les campagnes d'hiver pour stocker un nombre suffisant de boîtes de conserve qui lui permettront de tenir pendant les mois de fermeture du centre (avril, juillet, août et septembre). Elle n'aime pas trop le goût de ces boîtes, mais elle s'impose cette discipline pour avoir un minimum de sécurité, pouvoir se dépanner. Au cours de la campagne d'hiver, elle sait que non seulement elle a sa dotation, mais qu'en plus elle peut manger au centre chaque midi avec les autres bénévoles, elle se sent privilégiée de pouvoir alors se constituer une réserve quand elle sait que pour d'autres, il n'y aura rien. Cela signifie que, pour un grand nombre de personnes – les bénévoles-bénéficiaires étant une catégorie à part –, les périodes de fermeture sont des périodes encore plus angoissantes. À la frustration du refus pour cause de carte et de répartition, s'ajoute la frustration du calendrier. Raymond explique : « Quand on est pauvre, on n'a pas de vacances. » Ainsi, que le centre soit ouvert ou fermé, l'insécurité alimentaire est là, pour les personnes la question est alors : « Vais-je avoir assez ? et comment je vais faire sans rien ? » Un climat hostile qui ne permet pas de se dégager l'esprit et de penser à autre chose. Le système est ainsi fait qu'il fait éprouver aux personnes plusieurs niveaux dans la souffrance et les difficultés. La frustration fait ressentir toute la vulnérabilité et la dépendance qui mettent les personnes à la merci d'autres.

Les intimidations

« Casse-toi de là, Ouagadougou ! » lance le bénévole à cette femme et son enfant qui se trouvent sur son passage. « Si vous continuez, demain on ne viendra pas ! » déclare le bénévole devant une file qui ne s'organise pas comme il l'a demandé.

Les intimidations que subissent les personnes sont de différents niveaux. Tout d'abord, il y a celles liées à la position de dominé, déjà évoquées dans le précédent chapitre, puis celles liées au fait d'être au sein d'un groupe très hétérogène, dans un climat de tension où tout peut arriver. C'est particulièrement le cas lors des maraudes : le mélange que génèrent les rendez-vous collectifs fait que des intimidations peuvent avoir lieu entre les personnes qui viennent chercher à manger. Rita, mère de cinq enfants, est habituée à venir à l'arrêt du cinéma, elle nous dit avoir été suivie en retour de maraude ; son beau-père, présent lors de ce récit, s'est arrangé depuis pour faire le trajet avec elle. Elle raconte également qu'au cours d'une distribution des jeunes garçons ont profité de l'obscurité pour se rapprocher un peu trop de sa fille, alors elle a trouvé la solution de changer de point de rendez-vous, parce qu'elle se sentait en insécurité. Mais que se passerait-il pour elle si à cet arrêt aussi des pressions se faisaient sentir ?

La nuit, rien ne protège ces femmes, ces hommes et leurs enfants qui les accompagnent. Leur vulnérabilité s'accroît. L'histoire suivante, rapportée par Anna, traduit une forme de soumission et d'intimidation qui peut avoir lieu en plein jour en dehors des murs des Restos. Anna suit une famille depuis plusieurs mois, ce sont des personnes qui apprécient les sorties qu'elle propose et qui peuvent s'y rendre seules. Réfugiée en France, ayant tout abandonné, cette famille peine à se reconstruire, mais elle n'a pas oublié les règles sociales d'une classe plus aisée à laquelle elle appartenait. Anna a donc réussi à leur trouver des billets pour un match de foot, et plus tard pour un concert assez prisé. Deux jours après la date de l'événement, elle croise la dame au centre et, très enthousiaste, s'approche d'elle pour savoir si la famille a apprécié. La dame est un peu gênée, son regard est fuyant. Anna questionne davantage et apprend que les gens chez qui elle effectue quelques heures de ménage ont demandé des places, la famille n'est pas sortie à quatre, seuls deux d'entre eux ont pu en profiter. Anna est en colère, car elle sait que la dame ne pouvait pas refuser, sa colère est dirigée vers ces employeurs qui ont osé leur prendre des places ! « Non, mais je te jure, y en a qui ne se rendent vraiment pas compte ! » dit-elle. L'intimidation est possible dans la prégnance d'une domination qui est établie. Elle s'exprime dans la soumission de celui qui est en situation de demandeur.

Le contrôle

Afin de rendre compte du contrôle que subit la femme victime de violences psychiques, Marie-France Hirigoyen explique :

> […] pour s'assurer que la femme ne soit pas trop indépendante, il faut la surveiller, contrôler ses heures de sommeil, ses heures de repas, ses dépenses, […] c'est la suspicion constante

> et l'attribution d'intentions non fondées au comportement de la femme[148].

Le contrôle ne prend pas une forme aussi intrusive que peut l'être celui d'un homme jaloux. Toutefois, la conditionnalité de l'aide qu'impose le système utilise le contrôle sur un acte qui devrait s'exercer en toute liberté, pour manger les personnes doivent accepter de donner de nombreuses informations. Si aux Restos du cœur la plupart des bénévoles sont bienveillants, nous avons vu que, dans certaines situations, le contrôle permet d'émettre un jugement. Puis, après l'octroi de la carte, le soupçon de fraude est toujours présent dans l'esprit de certains qui ne veulent pas « se faire avoir », ils surveillent. Pourtant Coluche disait : « Il vaut mieux nourrir un faux pauvre que refuser à un vrai. » Aussi, encore une fois, c'est précisément la structure du système qui rend possible ce rapport de pouvoir.

Assises au bureau des inscripteurs, ma collègue et moi avons à charge de contrôler les documents d'identité : je lis chaque carte, les dates et lieux de naissance, je consulte le livret de famille, j'apprends beaucoup de choses sur la personne. Puis je parcours les justificatifs de domicile, les entrées et les sorties d'argent. Nous posons des questions intimes pour reconstituer une histoire, nous vérifions que la personne entre dans le barème, et de ce contrôle peut découler un rejet. Face à nous, les personnes se plient à nos demandes et répondent à toutes nos exigences. Les ateliers cuisine sont également perçus comme une façon de contrôler, de dire comment il faut faire, surtout dans les structures qui assujettissent l'octroi de l'aide à la participation à ces ateliers. Et puis, le contrôle, c'est aussi décider pour l'autre ce à quoi il a droit, jusqu'à lui imposer un paquet de riz premier prix quand la personne voit face à elle une majorité de paquets de marques. Que génère une telle remarque par la suite ? Comment conserver de l'estime de soi face à la récurrence de ces mises à nu ?

Le harcèlement

Quand Mme Zaoui sort de son sac toutes les lettres de relance des factures qu'elle ne peut pas payer, ses mains tremblent, son regard se mouille, elle dit qu'elle ne comprend pas pourquoi on s'acharne comme ça sur elle. Face à ces courriers administratifs qui s'accumulent, alors que la personne ne peut rien apporter comme réponse et se trouve face à des guichets fermés et à des logiciels informatiques qui la relancent sans cesse, elle vit un harcèlement, une répétition qui aura lieu jusqu'à ce qu'elle puisse payer. Aussi, l'ensemble des demandes de papiers est assimilé à ce harcèlement tant l'oppression est forte.

Les menaces

« Si vous ne vous mettez pas en file bien droite, je sers personne ! » crie le bénévole. « Si on ne voit pas monsieur demain, on ne renouvelle pas votre carte ! » explique la responsable à une femme à qui une carte provisoire a été donnée dans l'attente de voir son mari. « Bon, quand tu en es à la moitié du café, tu arrêtes ! », crie une bénévole à son collègue – la file entend et les derniers savent alors qu'ils auront moins que les premiers. Les menaces sont directement adressées à la personne ou peuvent être dites de façon indirecte. Elles se caractérisent par la projection vers un ressenti douloureux, un mal peut-être pire que celui que pourrait faire un coup réel, alors les mots plongent dans l'angoisse, une inquiétude permanente de pouvoir être sanctionné, ou privé. La plus grande des menaces en ce qui concerne l'aide alimentaire consiste certainement dans les choses qui ne sont pas dites, la précarité du système qui peut d'un coup disparaître.

L'inversion de la faute

Bella n'est pas restée à l'hôpital, elle n'a pas fait de cure de désintoxication, elle a choisi de fuguer de l'hôpital et de retourner dans le métro auprès de ses amis. Par son comportement, elle a refusé l'aide médicale qui lui était proposée et en porte la responsabilité, pourtant le manque de personnel, l'impossible prise en compte dans un système de santé qui n'a plus les moyens de soigner sont ici au cœur du problème.

« C'est moi qui ne me sens pas d'aller travailler ailleurs, eux ils m'aident », explique Monique, qui à 58 ans ne souhaite pas reprendre une activité salariée parce qu'elle sait qu'elle ne répondra pas aux exigences d'un poste à temps complet. Un témoignage qui fait écho à l'histoire de Raymond, extraite des *Naufragés* de Patrick Declerck. Il y a des parcours où l'exclusion subie traduit une impossibilité de s'adapter au système. Aussi, si le système n'a pas changé, voire s'est développé, ces personnes ne parviendront pas à y trouver une place. Leur a-normalité, leur incapacité à entrer dans les normes, les renverra dans la marge. L'inversion de la faute se manifeste par ces personnes qui sont désolées de venir faire leur carte, de prendre du temps aux bénévoles, de leur imposer leurs histoires affligeantes – et elles le sont. Elles s'excusent de devoir demander de l'aide pour manger, quand l'alimentation est un droit non réalisé.

La culpabilité

Ainsi, pour les personnes qui ont recours à l'aide alimentaire, il y a cette forme de culpabilité qui justifie à leurs yeux ce qu'elles subissent – elles auraient dû faire d'autres choix, ce qui leur arrive est en partie de leur faute. Bien évidemment, il ne s'agit pas de nier la part de responsabilité qu'a chaque personne dans son histoire, mais de prendre conscience que pouvoir se nourrir est un droit. Il apparaît donc complètement paradoxal de se sentir coupable de la violence qui est faite. L'admission du fait que la nourriture est devenue un bien marchand a pour conséquence, du fait de l'inversion de la faute, que ceux à qui un droit est retiré ne se plaignent pas, ils restent silencieux dans leur culpabilité. Quand seulement quelques-unes osent un mot : « J'ai pleuré pendant deux jours », dit Olivia, « Heureusement que mon père est mort, s'il me voyait là ! » déplore Pascaline. Cette injonction de devoir « gagner son pain » apparaît comme une vérité dominante, qui ne remet pas en question l'organisation politique dans laquelle il est devenu impossible de rendre chacun capable de gagner son pain. Le sentiment de culpabilité devient exponentiel, quand l'aide s'installe dans la durée. Les personnes disent alors que sans les Restos elles ne s'en sortiraient pas. De ce coup de pouce, de cette dépendance naît l'humiliation de ne pas avoir été capable de s'en sortir, ce qui plonge la personne dans la culpabilité. Il faut reconnaître que ceux qui sont toujours donnés en exemple dans les documentaires, à de rares exceptions près, sont ceux qui s'en sortent[149].

*

Isolées d'une société qui les prive de l'accès à l'alimentation, frustrées de ne pouvoir parvenir à se nourrir par elles-mêmes, intimidées par les dispositifs où le contrôle prend une place importante, harcelées par des institutions qui exigent de remplir des formulaires, de rentrer dans les normes, menacées de perdre ce qui garantit la survie, prises de honte et de culpabilité, les personnes qui ont recours à l'aide alimentaire vivent une violence psychologique intense. Elle est différente pour chacun, certaines atteintes pouvant être plus ou moins nuancées, mais elle est présente dans le quotidien de tous. Les effets se manifestent par une forme de passivité face à la violation des droits humains, ce qui caractérise les violences structurelles. Ainsi, dans les distributions alimentaires, si la violence semble pouvoir exploser à la moindre étincelle, c'est précisément parce qu'il y a un enchaînement d'actes répétitifs, qui sont devenus le lot d'un quotidien en pleine tension.

Quel courage ont ces personnes d'encaisser et de supporter d'être sermonnées, quelle ironie de leur demander à elles d'avoir un esprit de partage, et de les suspecter de fraude ! Si les bénévoles font des remarques, aucun d'eux ne pense à mal. C'est précisément ce qui rend essentiel le fait de nommer et de caractériser les violences alimentaires : faire en sorte qu'elles puissent être repérées et combattues.

En termes de droits

Car, au-delà de l'intérêt de caractériser les violences alimentaires, il semble important de considérer le droit existant sur certaines formes d'atteintes et de violences. L'aspect juridique étaye l'importance de cette prise en compte, car les violences alimentaires se définissent aussi parce qu'il y a violence et que faire acte de violence à l'encontre d'une personne est interdit. La caractérisation des diverses atteintes met en exergue que le fait d'humilier, le fait d'avoir des propos racistes sont des actes condamnables en tant que tels, pourtant dans ce cadre aucun précédent ne montre que des cas aient été portés devant les tribunaux. Dans un dictionnaire de droit[150], il est écrit que :

> [...] La violence au sens du droit civil, est l'acte délibéré ou non, provoquant chez celui qui en est la victime, un trouble physique ou moral comportant des conséquences dommageables pour sa personne ou pour ses biens. [...]

Dans les situations qui viennent d'être relatées, je propose de considérer le choix de la politique publique d'organiser les aides alimentaires sous ses différentes formes comme un acte délibéré de l'État qui a des conséquences physiques et morales sur les personnes. Si l'intention n'est pas de nuire directement à la personne, elle n'est pas de lui venir en aide, il y a abandon de la part de l'État, d'une certaine manière non-assistance à personne en danger. Le cas de Paulo est révélateur de cela, car malgré le plan hivernal, malgré l'alerte grand froid, un homme qui fait une demande de mise à l'abri va passer la nuit dehors en espérant y survivre, mais s'il mourait, personne ne serait responsable. Il n'est pas suffisant de faire état de la souffrance de Paulo, il s'agit de comprendre comment cette situation est devenue possible et qui doit en porter la responsabilité.

Aujourd'hui, les responsables politiques, qui commandent les études afin d'évaluer le travail social et l'accompagnement des bénévoles, formulent des injonctions et des reproches à ces derniers. Il faut se mettre aux normes, il faut signer des conventions. Une machine administrative en train de broyer la population est mise en marche. Un niveau de violence entre un État prescripteur et les organisations s'installe. L'inversion de la faute permet de ne pas avoir à remettre en question ce qui se pratique et de donner l'illusion d'une politique réactive et agissante. « Faut le dire, on a de moins en moins à manger », déplore Monique. D'après Agnès Thouvenot :

> L'optimisation des stocks et des invendus de viande depuis trois ou quatre ans par la grande distribution avec la généralisation des prix cassés un jour avant la date de péremption a enlevé aux associations une part importante jusque-là de leurs ressources en viande[151].

Des observations qui appuient ce qu'Olivier Assouly nomme « une organisation criminelle de la faim ». Lorsque, au sein des maraudes du 93, un livret à l'intention des maraudeurs des Restos du cœur a été rédigé, le national a réagi avec inquiétude au fait que les bénévoles expliquent comment ils sont obligés de reconditionner le lait pour pouvoir en faire profiter plus de personnes. La diffusion de ce guide fraîchement imprimé a donc été interdite. Ainsi, alors que les bénévoles permettent le don gratuit des aliments à ceux qui n'y ont pas accès, l'État, qui devrait en garantir l'accès, renverse la faute sur ceux qui donnent, quand ces derniers ne disposent pas des produits adaptés. Cette violence compromet l'équilibre fragile trouvé sur le terrain. L'inversion de la culpabilité, l'inversion de la faute est flagrante et montre que les violences alimentaires sont à considérer à plusieurs niveaux : celui des atteintes à la personne, et celui qui pèse et menace les associations, ce niveau permettant d'explorer le niveau de contrôle de la population. Une forme de banalisation du mal qui interroge. Comment l'inacceptable devient banal ? Comment la société en arrive à rendre invisible une partie de sa population, sans aucun recours à ses droits, le droit à l'alimentation bien sûr, mais également celui de ne pas être insulté, violenté, traité comme un sous-homme. Ainsi, les violences alimentaires sont une des formes de petites misères qui participent à une grande misère, qui, loin de disparaître par l'engagement des États vers plus de droits humains, est la conséquence du développement du libéralisme et de son économie.

Les règles du marché ont une part de responsabilité conséquente dans le triste tableau qui vient d'être dressé. Aussi, le chapitre suivant va s'efforcer de donner au lecteur de quoi accroître sa compréhension des mécanismes économiques du « don » alimentaire, afin qu'il puisse mieux savourer le « plat de résistance » dont bénévoles et bénéficiaires partagent la recette.

11.

LE PLAT DE RÉSISTANCE

Quand la distribution alimentaire révèle une économie morale dans un marché immoral

Lors de mon travail sur le terrain, je me suis observée en train de servir, et j'ai observé de nombreux bénévoles en train de réaliser ces mêmes tâches. Dans notre exercice du don, nous avions tous notre façon de faire, une approche, un geste, un mot différent en fonction du moment, des personnes, de notre fatigue, de notre enthousiasme. Ces différences agissent sur le contenu de l'assiette et également sur les liens qui se tissent entre les personnes. Un plat distribué avec humanité peut sembler plus chaud, avoir plus de goût, et inversement. J'ai parfois eu des difficultés à cacher mon étonnement, après avoir servi des pâtes collées entre elles, accompagnées de steaks trop cuits, en entendant : « Hum c'que c'est bon ! » Moi, j'avais dissimulé la gêne que je ressentais de ne pas pouvoir offrir mieux (au moins des pâtes avec une cuisson normale et des steaks fondants), en donnant autre chose : de l'attention, un sourire, une blague. Le retour de la personne m'indiquait que mon don avait « fonctionné », il avait permis de faire circuler autre chose que la chose donnée. La nourriture avait été le vecteur d'un message, elle passait au second plan, servant à transmettre de l'attention, et à recevoir un compliment. Cette magie, générée par le don, s'offre comme une réelle alternative à l'ensemble des violences qui viennent d'être décrites. Pourtant elle y participe…

Depuis plusieurs chapitres, je vous plonge dans le fonctionnement de l'aide alimentaire, je vous montre ce qui la lie au système alimentaire. Je vous propose dans ce chapitre d'aller encore plus loin en décrivant les liens de ce système alimentaire avec l'économie et les choix de gouvernance. Nous l'avons vu, l'aide alimentaire provient d'une surproduction agricole et c'est à ce titre qu'elle joue un rôle important dans le système alimentaire et par conséquent dans la programmation agricole et l'impact écologique de cette dernière. Les plats distribués sont constitués majoritairement de produits de la gamme la moins chère possible (ce qui impose une certaine manière de produire), d'invendus et d'invendables (qui ne sont pas dus au fait des personnes concernées mais du refus de ceux qui peuvent choisir).

Malgré tout, la magie opère, alors imaginons ce qu'il se produirait avec des aliments produits dans un autre cadre (pour les personnes et dans le respect de l'environnement) ! La période du Covid et l'après-Covid (à travers le plan de relance) donnent lieu à de nouvelles expérimentations à la marge, qui vont dans le sens d'un travail sur l'introduction de plus de produits locaux et frais dans les distributions[152]. La crise sanitaire a eu un impact sur le fonctionnement de l'aide alimentaire. Elle a transformé l'opinion publique en rendant visible la réalité d'une aide alimentaire indispensable pour des publics potentiellement proches de tout un chacun : les jeunes, les travailleurs précaires, les personnes âgées. Soit des personnes que l'on peut connaître ! Confinées, les gens ont eu envie et/ou besoin de mieux s'alimenter, d'expérimenter les circuits courts, et ils voyaient aux infos les files d'attente des centres de distribution alimentaire grossir. Ce paradoxe s'est concrétisé en actions. Une population encouragée à consommer autrement, soucieuse de ne pas perdre la production des agriculteurs dont les circuits de vente étaient également impactés, a pensé qu'il serait bien que les produits agricoles puissent aller aussi à ceux qui en avaient besoin. Ainsi, ces prises de conscience ont conduit à encourager l'usage des circuits courts au sein de l'aide alimentaire. Notons que si des projets solidaires et durables ont émergé avant la crise sanitaire, ils ont pu bénéficier d'un autre éclairage. En termes de « nouveauté », les Restos ont approché les AMAP (associations pour le maintien de l'agriculture paysanne) afin de construire des partenariats.

Ces partenariats ne se limitent pas à remplacer les boîtes par des légumes frais. Ce don de légumes dans le cadre de l'aide alimentaire relie à la terre, au vivant. Surtout lorsque, comme pour les AMAP, il s'agit d'une agriculture paysanne. Le cadre de l'agriculture paysanne a la particularité de ne pas produire en excès, mais de produire dans le respect de l'environnement ce qu'il est nécessaire de vendre pour vivre dignement. Cette agriculture est non extractiviste des ressources, puisqu'elle s'intègre à un écosystème, de la même manière que l'agroécologie évoquée dans le chapitre 7. La qualité gustative du produit n'est pas un argument de vente mais une nécessité pour le producteur, en lien étroit avec la terre qu'il soigne pour qu'elle lui donne. Cette économie de la subsistance (car précautionneuse des ressources) transforme le régime alimentaire en évitant les excès. Recevoir cette nourriture ce n'est donc plus absorber un surplus non voulu, mais manger un produit choyé, désiré car indispensable à l'équilibre d'une ferme, d'un paysage, d'un écosystème. La conséquence est alors de participer à un équilibre, et non à un déséquilibre ! L'impact sur le corps et l'esprit ne peut être ignoré. Je donnerais pour illustration cette réplique d'une personne en situation de précarité alimentaire qui participe à un groupement d'achat organisé par un CCAS (centre communal d'action sociale) : « Si j'avais imaginé qu'avec mon RSA j'aiderais un agriculteur[153] ! » L'initiative dont il est ici question est Le cabas des champs[154] organisé sur Brest. Des habitants se sont organisés avec le centre social pour mettre en place un groupement d'achat. Ils choisissent ce qu'ils mangent, qui le produit, quelle quantité ils désirent et à quelle fréquence. Ce système solidaire et durable a permis à des personnes d'améliorer leur situation grâce à une meilleure qualité des aliments, mais aussi grâce aux liens sociaux et au rôle qui leur a été donné. Elles ont cessé d'être des bénéficiaires d'une aide, ils sont devenus des citoyens organisés pour manger mieux et en mesure de soutenir plusieurs agriculteurs.

Il est important de comprendre qu'au cœur de la distribution la fonction d'un plat évolue selon un ingrédient invisible. Il peut nourrir, il peut relier, il peut faire les deux et peut-être plus encore. Sa valeur est variable sans dépendre uniquement de son prix, de sa fraîcheur et de son goût. Je n'avais pas trouvé de qualificatif particulier à cette observation. Puis, lors d'une formation à destination des bénévoles de la maraude, Alya, 25 ans, a qualifié *l'esprit Coluche* comme un lien de partage ayant pour particularité de distribuer *un plat de résistance.* Elle a trouvé la formule pour décrire l'importance d'offrir quelque chose de consistant, au sens propre et au sens figuré, à ceux qui attendent le passage de la maraude. Cette expression traduit de manière simple ce qu'est devenu l'esprit Coluche en trente ans, une action de longue durée, une forme de résistance en perpétuelle évolution, en constante adaptation aux dérives du système alimentaire.

Dans le monde agricole, la résistance s'opère également afin de faire perdurer une agriculture « paysanne », une agriculture qui joue un rôle dans la société en entretenant les paysages et en étant proche des personnes qu'elle nourrit (je m'appuie ici sur une série d'entretiens menés par les Civam du Finistère dans le cadre du projet Accessible). Il s'agit pour ceux qui en font le choix d'ajouter de la valeur à leurs productions en donnant du sens à leur activité. Produire ne s'entend pas simplement comme extraire une matière de la terre, mais dans une forme de coopération avec cette dernière auprès de laquelle l'agriculteur s'engage à rendre. C'est pour cela qu'il y a si peu de déchets. Vous devez vous dire, mais qu'y a-t-il de si résistant là-dedans, mon grand-père faisait ça dans son jardin ! Eh bien, ce qu'il y a de résistant, c'est que pour vivre de cette agriculture il faut aller à contre-courant, renoncer à certaines aides PAC, se battre pour conserver la liberté d'utiliser ses propres semences, se battre pour ne pas être contaminé par certains pesticides ou par des semences transgéniques. Cultiver « autrement » aujourd'hui demande de la résistance, car il est nécessaire de s'informer, de comprendre pour garder une certaine liberté d'entreprendre dans un système agricole où les normes transforment de plus en plus les agriculteurs en exécutants et leur font petit à petit perdre la main sur leur activité (perte du choix des variétés cultivées, perte du choix des modes de culture, perte du choix des modes de distribution, etc.)[155].

Ainsi, les dysfonctionnements du système alimentaire conduisent à des entrées en résistance aux deux extrémités de la chaîne alimentaire. L'enjeu de leur réunion sera pour moi l'indicateur de sa transformation, d'où le choix dans ce dernier chapitre de vous montrer des orientations communes.

Lorsqu'Alya explique son choix de devenir maraudeuse, elle précise qu'« on est tous des êtres humains », elle mentionne un principe d'égalité important pour elle, une évidence. Ce qui est intéressant dans l'expression de sa certitude est que l'égalité dont elle parle n'est pas liée aux droits, mais à la vulnérabilité de chacun, la chute possible, l'échec qui peuvent du jour au lendemain dévaster l'individu. Son expérience du droit est celle du quotidien d'une femme qui a grandi en banlieue et qui sait que sa vie aurait été différente si elle était née blanche au cœur de Paris. Elle ne veut pas hiérarchiser la valeur des gens, elle utilise le dénominateur commun d'être humain. Elle rend compte de sa vulnérabilité, de la précarité qui apparaît dans le fait de pouvoir un jour tout perdre. Au même titre, lorsque Jean-Claude Balbot, éleveur à la retraite, explique pourquoi il pense urgent de transformer le système alimentaire, ce n'est pas pour lui. D'une part il est à la retraite, et d'autre part son système a fonctionné. Non, Jean-Claude souhaite que chacun puisse avoir le choix de son alimentation et condamne le fait que les pauvres puissent être utilisés comme une variable d'ajustement. L'agir qui découle de leurs discours permet de saisir l'*Eigensinn*[156], la capacité des personnes à agir en fonction du sens qu'elles donnent aux choses. Alya ne récite pas une définition qu'elle a lue, elle ne s'inspire pas d'un discours entendu, elle rend compte de sa perception, de sa capacité d'agir au sein d'un groupe. Prendre en compte cet agir offre donc la possibilité de questionner le modèle social, économique et politique, à partir du point de vue de personnes qui se considèrent comme vulnérables et qui ont mis en œuvre ce qu'il fallait pour devenir capables d'agir sur ces choses qui les révoltent. Dès lors, les questions quant à leur rôle s'affinent et dévoilent l'esprit qui lie ces êtres humains, bénévoles et bénéficiaires, producteurs et mangeurs, dans leur manière de se rencontrer : la liberté d'imaginer d'autres possibles. Dans leur entièreté, ces groupes divulguent les ingrédients qui rendent les plats consistants, quel qu'en soit le contenu. Car les valeurs qui circulent dans les échanges de nourriture (dons/ventes) dépassent les constituants de base.

Au cours de mon enquête, j'ai pu mesurer l'importance de l'organisation d'une résistance citoyenne de plus de trente ans qui s'érige entre la politique publique et le droit à l'alimentation. Par la défense d'un accès à l'alimentation s'ouvrent de petites passerelles vers la reconnaissance des droits communs. Par ailleurs, le mouvement des AMAP s'inscrit lui aussi dans une résistance qui répond à la vulnérabilité du monde paysan. L'urgence de maintenir cette forme particulière d'agriculture a été ressentie au point de donner naissance à ce mouvement qui est devenu incontournable aujourd'hui en France ! La différence entre ces formes de résistance est liée au choix du don ou de l'échange monétaire. Mais dans les deux cas, c'est un principe de justice qui tend vers des formes d'économies morales liées à l'insoutenabilité de la confiscation de la nourriture. Or, rappelons-le, la nourriture est un droit, car à l'origine la terre nous la donne en abondance ! Comme le précise James Scott[157], c'est dans les situations de dépendance et de domination que s'observe le mieux la résistance des subalternes, ceux qui de par leur naissance n'ont pas les mêmes droits civiques et politiques que les autres. Si dans le cas de cette étude ce n'est pas toujours la naissance qui est marqueur de différence, il est important de rappeler le moment de perte de droits déjà largement évoqué, la mise à nu d'un être, de sa vulnérabilité, ce déclassement dans la marge que les personnes subissent. La résistance qui révèle la *puissance des pauvres*[158] est saisissable par l'alliance qu'il y aura entre ceux qui donnent à manger et ceux qui mangent, ceux qui soutiennent les paysans et ceux qui produisent. Ces personnes éprouvent ensemble les conséquences de la domination. Si des frontières ont été décrites à certains moments de ce travail, il est important de prendre la mesure de leur porosité qui naît de la résistance. Une porosité indispensable à la survie de tous et à une adaptation transgressive du système. Les bénévoles de l'aide alimentaire ou engagés dans le secteur agricole occupent une place intermédiaire, ils connaissent très bien le système dominant et son discours et savent comment y manœuvrer pour faire exister autre chose. L'alliance avec les gens de la rue, ou avec ceux qui viennent fréquenter les centres et autres activités, est forte, il devient parfois difficile de savoir qui vient chercher quoi car, loin des besoins matériels, une force et de l'espoir circulent. Soraya en rend compte dans cette interpellation qu'elle fait au groupe lors d'une formation des maraudeurs :

> Quand tu parles avec quelqu'un qui est dans la rue, tu comprends qu'il est beaucoup plus fort que toi psychologiquement pour endurer ce qu'il endure… Toi, tu as l'impression en arrivant là, à la maraude, que tu l'aides ! Non ! C'est lui qui t'aide !!! Parce qu'il a déjà un mental beaucoup plus puissant que le tien ! Parce qu'il a subi la faim, la chaleur, le froid, la soif, tout, tout, tout, les maladies, les parasites, tout ce que tu veux, et il est là, il est debout et il te sourit encore le mec, c'est qui le plus fort ?

Ce regard que porte Soraya révèle sa capacité de rencontrer l'autre là où lui-même ne se perçoit presque plus comme un homme, ou tout au moins dans l'intégralité de ses droits fondamentaux. Un tel regard permet à celui qui le reçoit de garder la tête hors de l'eau, il en va de sa survie. Les bénévoles des Restos du cœur savent faire cela avec une grande simplicité et une grande efficacité.

De la même manière, dans le secteur agricole, les bénévoles ne tarissent pas d'éloges pour les paysans dont ils saluent un travail difficile et mal rémunéré. Ils s'engagent, ils vont dans les champs si nécessaire, ils alertent les autorités pour améliorer les conditions de vie des agriculteurs, ils réfléchissent à la manière de leur offrir à tous une rémunération juste.

L'agir politique des bénévoles est lié à une structure choisie, et aux personnes avec lesquelles il devient possible d'agir. Un lien fort, consolidé par la circulation de valeurs symboliques et identitaires propres au don, va alors se créer. Cet agir s'affirme d'autant plus comme une alternative lorsque les bénévoles révèlent être eux aussi bénéficiaires d'un échange. La réciprocité dont il est question permet d'ouvrir la réflexion sur un système dans lequel les positions de donateur et donataire sont interchangeables. Dans la rue la nuit, ou bien dans les centres, les personnes marginalisées se montrent et prouvent que malgré les exclusions, la *mise au ban* qu'elles subissent, elles parviennent à défendre une inclusion dans un pan de la société qui les reconnaît. Elles n'obéissent pas à l'injonction de disparaître, elles ne se laissent pas mourir. Alors que le système d'aides sociales est d'une lenteur décourageante et incite les personnes à abandonner leurs droits, dans le non-abandon des bénévoles vis-à-vis des plus démunis apparaît, non pas une organisation à la marge voulue, mais une organisation de la marge choisie. Il s'agit, par exemple, de l'interdiction d'une quelconque utilisation d'argent dans les activités des Restos du cœur, que Monique ou d'autres légitiment lorsqu'ils mangent en échange de leur travail. Les dons monétaires qui proviennent de l'extérieur cessent d'être des euros pour devenir des repas. Nul ne peut briller en offrant des produits de prestige, car au final ce qui est retenu, c'est le poids et la consistance dont parlait Alya, la masse qui rend possible la résistance.

Dans les AMAP et autres structures de défense du monde paysan qui requièrent des bénévoles, là aussi c'est contre la disparition des personnes que les bénévoles s'engagent. Ils luttent contre l'ethnocide paysan[159] qui découle du choix d'une politique agricole commune faite pour de grosses exploitations qui vivent grâce à des subventions de la PAC.

C'est dans ces liens directs et la transformation de la valeur des marchandises que le concept *d'économie morale* fait sens par le choix de ces deux termes enchevêtrés, l'économie et la morale[160]. L'économie du don pratiqué sous toutes les formes de bénévolat montre ce qui est juste et injuste : ce qui est moral. La résistance s'observe dans le fait de faire vivre ceux que l'État laisse mourir[161] en limitant leur accès aux ressources alimentaires. Elle s'observe dans l'ingéniosité, le bricolage des bénévoles qui rendent possible l'accès à une ressource vitale et des bénéficiaires qui survivent dans des conditions parfois extrêmes. Pour bien comprendre l'imbrication de cette résistance produite par le système alimentaire en place, ce chapitre propose d'exposer dans un premier temps l'organisation d'un marché de la faim, pour ensuite percevoir l'économie morale non seulement comme réponse, mais aussi comme point de départ pour penser l'après-résistance.

État des lieux d'un marché de la faim

Si le système de l'aide alimentaire a prouvé une réelle efficacité par un développement impressionnant ces trente dernières années et a été qualifié d'« efficient » par la Cour des comptes dans son rapport de 2009, il est aujourd'hui soumis à d'importantes modifications. Il est structurellement orienté dans le cadre d'un marché formel où la force de production va être utilisée, et réutilisée jusqu'à disparaître. En plus d'être efficace, le système de l'aide alimentaire reçoit l'injonction de se développer pour répondre aux besoins du marché en absorbant ses surplus, cela doit permettre à l'aide alimentaire d'augmenter ou de stabiliser son approvisionnement en réduisant ses coûts. Les règles propres au marché (appel d'offres, libre concurrence, respect des règles d'hygiènes, traçabilité des aliments, etc.) sont en train de devenir les normes et fixent les conditions à l'exercice de l'aide, comme l'illustre la loi Garot, qui interfère dans le circuit du don par le fait de contractualiser ce dernier, mais aussi par la perte de liberté des organisations. Celles-ci n'ont plus seulement la charge de nourrir les personnes dans le besoin, mais aussi de répartir des surplus alimentaires. Ce qui est aujourd'hui proposé comme voie d'approvisionnement favorise la ramasse, qui coûte moins cher que l'achat de produits, et impose de contractualiser l'échange entre le supermarché et l'association qui vient récupérer la nourriture. Comme cela a été explicité, les ramasses ne garantissent aucune régularité dans le système d'approvisionnement. La source de provenance des denrées n'est pas anodine, de même que la manière dont les organisations constituent leurs stocks. Le lien recherché dans le don devient de cette manière de plus en plus fragile et précaire. Les choix ne sont pas neutres car ils consolident des liens marchands. Ce qui est visé n'est plus le don/contre-don, mais un dispositif de gagnant-gagnant. Distinguer les différentes valeurs : la valeur d'usage et la valeur d'échange des produits, renseigne sur les liens, leurs origines et leurs significations économiques et politiques.

Car à travers les dons de nourriture s'exerce le contrôle des populations. Il révèle la tension entre résistance et soumission aux lois de l'Organisation mondiale du commerce (très présente dans les lignes directrices du Comité pour la sécurité alimentaire) qui régulent l'offre et la demande, et peuvent créer le manque, quand le propos est pourtant de répondre aux droits humains là où il y a abondance.

Suite au lancement des Restos et à l'afflux des dons, Coluche voulait créer une fondation qui permette à toutes les associations qui distribuent de la nourriture de bénéficier des avantages de la loi Coluche pour réduire le coût des repas. D'après les chiffres qu'il donne, à son époque les Restaurants du cœur parviennent grâce aux dons à faire des repas à moins de 5 francs quand d'autres structures ont besoin de 26 francs. L'écart est lié à l'achat des denrées et aux salaires. Coluche, lui, a misé sur les excédents alimentaires et le bénévolat afin que tout le monde puisse donner selon ses moyens. Cette dimension est très importante, car il s'attaque à deux choses : la première, les stocks et la spéculation sur des produits de première nécessité (il les récupère et les considère comme des communs), la seconde, recréer du lien social et donner la possibilité à n'importe qui d'agir. Ensuite, ce qu'il souhaitait aussi, c'est une qualité alimentaire et une qualité du don :

> Celui qui vient chez nous, il passe devant un comptoir, il dit ce qu'il veut, y compris pour sa voisine, personne ne lui demande une vérification quelconque, il emmène tout ça chez lui, et il est obligé de le dire à personne qu'on lui a donné, c'est une nourriture qui a l'air de sortir de Prisunic[162].

Comme cela a été expliqué précédemment, cette formule de départ – le don inconditionnel – a été transformée à cause d'une hausse exponentielle de personnes à nourrir, puisqu'il s'agit aujourd'hui de plus de 5 millions de personnes. Toutefois, il reste de ce projet la valeur qui a été donnée au « don » en opposition à la charité mais dans l'idée de faire circuler, et de rétablir de la justice. À l'esprit du don, le « *hau* » de Marcel Mauss, succède l'esprit Coluche.

La persistance de cet esprit du don permet d'identifier, dans l'organisation contemporaine, deux circuits d'échange imbriqués, mais aux objectifs différents, qui organisent l'économie des dons nécessaires à la mise en œuvre de l'aide alimentaire : celui du don direct, qui impose le fait de se connaître, de s'être présenté et d'avoir donné des justificatifs, et celui du don indirect dans lequel les acteurs principaux sont des donateurs qui ne rencontrent pas ceux à qui est destiné le don. Ce regard en deux angles, certes caricaturaux, permet de comprendre que face au modèle économique formel, où rien n'oblige à se dévoiler (quand le don en ligne préserve l'anonymat), une autre approche permet de se rencontrer. Cet autre circuit garantit une inclusion des personnes exclues du circuit du don indirect dans lequel le destinataire principal ne peut pas rendre, puisque des échanges ont été organisés à son insu. À l'étonnement de constater que l'organisation de l'aide participe dans un premier temps à laisser en dehors ceux à qui elle s'adresse, l'intérêt de penser l'ambivalence de l'exclusion et de l'inclusion préfigure l'utilisation de la population. Soit cette dimension biopolitique que développe Michel

Foucault et qui a été précédemment expliquée. Par la gestion de la nourriture grâce à leur propre personne, les bénévoles peuvent dans un système qui n'assure plus « le droit » être détournés de leur objectif et finir par nourrir le capitalisme. En effet, en courbant le dos, le bénévole évite aux grandes surfaces de payer par du travail salarié le tri des aliments à donner, le bénévole et participe ainsi à l'enrichissement d'un acteur qui, lui, participe à la confiscation de la ressource. Le marché de la faim, c'est donc ce système qui profite de la misère pour extraire malgré tout une marge économique. Les conventions de dons ne sont pas l'expression d'une quelconque générosité, mais celle d'un gain recherché que nous pouvons observer en tant que don indirect.

Le don indirect

Il s'agit d'un mécanisme où le donateur ne rencontre pas celui à qui est destiné le don. Comme dans n'importe quel commerce, un ou plusieurs intermédiaires sont requis. Le don nous permet ici de voir l'absence et/ou l'impossibilité de la circulation des valeurs qui accompagnent l'aliment. Dans la majorité des systèmes de l'aide alimentaire, ce ne sont pas les producteurs de nourriture qui donnent aux personnes qui en ont besoin. Les producteurs peuvent avoir à répondre à des appels d'offres dans lesquels ils vont vendre à un prix défiant toute concurrence et récupérer un avantage fiscal. Le prix des aliments ne correspond en rien au prix du travail nécessaire à leur fabrication. Ce qui permet aux agriculteurs de dégager un revenu, ce sont les subventions et/ou le marché qu'ils remportent pour nourrir les plus pauvres. Le modèle agricole qui permet de fournir les produits au prix attendu est un système intensif. Dans le cadre de cette agriculture, le retour à la terre n'est pas privilégié et souvent impossible. Plus de ressources sont extraites par rapport à ce que la terre peut produire et rien ne lui est rendu. Aussi, pour que cette chaîne opératoire fonctionne, des intrants sont nécessaires. Ce qui est alors « donné » à la terre tue sa force vitale en déséquilibrant le système (pesticides, herbicides, engrais de synthèse). Dans ce cadre, des experts « conseillent » les agriculteurs sur comment et quand faire. Cela transforme le métier des agriculteurs, ils deviennent les actants et non les acteurs dans leurs propres fermes[163].

Dans le cadre de l'aide alimentaire, des marchés existent pour des denrées de base : lait, œufs par exemple. Les producteurs n'ont pas affaire à des commerçants ordinaires, mais à des intermédiaires avec très peu de budget, qui doivent donner ou faire payer très peu cher (dans le cadre des épiceries sociales et/ou solidaires), aussi ces derniers vont chercher à acheter à moindre coût ou proposer de récupérer des produits qui ne peuvent pas être vendus (problème de calibrage pour les fruits et légumes, par exemple). Les agriculteurs peuvent aussi choisir de réaliser un don pour obtenir une défiscalisation plus intéressante qu'une perte brute (qui coûterait de l'argent) lorsqu'ils n'ont pas pu vendre leur production. Ce mécanisme, associé à celui des fonds d'aide, des ramasses et des collectes alimentaires, construit des modes de production indispensables au fonctionnement de l'aide alimentaire.

L'aide alimentaire est constituée de produits particuliers qui agissent comme un marqueur de classe, des produits qu'on n'achète pas dès lors qu'on en a les moyens. Ces dons indirects sont à considérer dans une économie formelle qui interroge l'usage du terme de don pour désigner ces produits en circulation. Car il y a d'une part l'impossibilité de rendre pour ceux à qui il est destiné en bout de chaîne (puisqu'un retour a déjà eu lieu du fait de la défiscalisation). D'autre part, le rendu est la condition du don, or comme nous l'avons vu la conditionnalité du don en détruit le sens. Ainsi, la contractualisation qu'impose l'application de la loi Garot rend compte d'une transformation de la forme des dons et de leurs usages dans la politique alimentaire. Sur le terrain, cela se traduit par la perte de liberté ressentie par les acteurs de l'aide alimentaire, qui ne peuvent pas se retirer de ces échanges mais déplorent que l'intérêt du donateur ait pris le dessus sur celui des destinataires, à qui ils ne peuvent pas fournir ce qui correspond à leurs besoins.

Cet écart entre les besoins des personnes et la chose reçue ne s'arrête pas là. Dans cette configuration, le retour à la terre n'est pas possible car une valeur est ajoutée au produit pour qu'il génère un profit économique de plus. La ressource alimentaire est utilisée pour autre chose que pour participer à la régénération du système. Cette étape, gage de vitalité, disparaît en prétendant lutter contre le gaspillage alimentaire et en se revendiquant d'une économie sociale et solidaire. Or, deux choses indispensables sont oubliées : la première est que l'être humain fait partie d'un écosystème et qu'il ne peut ni s'en extraire, ni en extraire les ressources sans en subir les conséquences. Ainsi, certains produits ne peuvent pas entrer dans une économie dite sociale et solidaire alors qu'ils sont issus d'une économie de marché libérale et concurrentielle. Ils ont un impact économique et social qui disparaît sous prétexte de les utiliser jusqu'à la dernière miette, mais il est intéressant de comprendre le coût social de cette miette pour la société. La seconde est que le don alimentaire de la terre ne devrait pas être accaparable, dans la perspective du droit à l'alimentation. Or, la spéculation sur les prix des denrées alimentaires en confisque l'accès sans que les agriculteurs en perçoivent un quelconque bénéfice. Le don indirect a donc pour conséquence d'intervenir dans le système alimentaire en introduisant des acteurs – qui participent à l'appauvrissement des ressources nécessaires à la production alimentaire –, comme étant vertueux et généreux.

Comme cela a été rapidement évoqué, plusieurs acteurs participent à l'organisation de l'aide alimentaire. Il y a l'Europe, à travers le FEAD[164], le Fonds européen d'aide aux plus démunis qui remplace le PEAD, le Plan européen d'aide aux plus démunis. Le PEAD avait été mis en place en 1987 et consistait en une forme de troc de matières premières issues du stock d'intervention de la politique agricole commune (céréales, riz, sucre, poudre de lait, beurre). Puis, en 1995, comme les stocks ne permettaient plus de réaliser ce troc, des contreparties financières ont vu le jour. Finalement, c'est un dispositif d'appel d'offres géré par FranceAgriMer (organe qui dépend du ministère de l'Agriculture) qui répartit aujourd'hui les aliments du FEAD pour la France. En 2018, les crédits européens dont bénéficiait la France s'élevaient à 499 millions d'euros pour la période de 2014 à 2020, soit six ans. Cela représente 83,166 millions d'euros par an. Les rallonges opérées au cours de la crise sanitaire portent à environ 100 millions d'euros la part annuelle de l'aide alimentaire dans le budget de l'État. L'État français finance l'aide alimentaire à travers les communes, les départements, les régions et anciennement les réserves parlementaires. Dans ces sommes, une grande partie est destinée au fonctionnement, il s'agit de subventions pour les locaux, ou d'investissement dans du matériel, la tendance visant à limiter de plus en plus les coûts pour ce qui concerne les denrées. La décentralisation donne lieu à une forme de précarité, puisqu'en cas de changement de majorité politique, l'association peut voir sa subvention « indispensable à son fonctionnement » être réduite et/ou disparaître, les locaux récupérés.

Il ressort des chiffres actuels est que si en 2009 le rapport de la Cour des comptes faisait état de 2,6 millions de personnes bénéficiaires des aides alimentaires, il soulignait que, d'après les chiffres de 2006, 7,2 millions de personnes vivaient sous le seuil de pauvreté et pourraient donc prétendre à des aides. En 2018, la barre des 4 millions de personnes ayant recours à l'aide alimentaire a été franchie quand le nombre de personnes vivant sous le seuil de pauvreté est passé à 8,8 millions. Si le nombre de personnes qui ont besoin d'aide pour accéder à l'alimentation augmente, il reste toutefois toutes celles qui ne demandent rien. Par ailleurs, si de manière théorique ces aides devraient permettre aux personnes de s'en sortir et non de s'y installer, de tels chiffres associés aux témoignages des structures en charge de la distribution montrent le contraire.

Enfin, le troisième acteur qui permet de remplir les stocks a deux visages : il s'agit tant des particuliers que des entreprises, tous considérés comme donateurs exerçant des contributions privées. Le chiffre global est compris entre 300 et 330 millions d'euros, il englobe les dons en nature (200 à 230 millions d'euros), les dons monétaires (65 millions d'euros), l'organisation de manifestations (35 millions d'euros). Les chiffres disponibles sont toujours ceux du rapport de la Cour des comptes de 2009.

Il peut être retenu qu'en 2009, sur environ 590 millions d'euros dédiés à l'aide alimentaire, si l'aide publique représente 160 millions d'euros, le secteur privé fournit 310 millions d'euros.

Comme il a déjà été mentionné, ce qui concerne les dons en nature et particulièrement « la ramasse » est en pleine transformation *via* la loi de lutte contre le gaspillage, loi Garot[165], et le contexte particulier lié à la crise sanitaire. Une enquête Ipsos[166] révèle quelques observations, par exemple : que la principale motivation des supermarchés est d'ordre financier (avantages fiscaux et baisse de la taxe de traitement des déchets). Aussi, les chiffres à venir devraient montrer une hausse de la part de l'État liée à la défiscalisation. Un procédé qui transforme les dons de particuliers en une chose qui s'apparente davantage à un marché puisqu'il est lié à la recherche d'un intérêt, de plus en plus contractualisé en amont, ou dont on connaît la « compensation » liée à l'avantage fiscal.

Afin que l'on se figure ce que représentent ces chiffres, je joins à cette explication un schéma. Si les chiffres peuvent évoluer, la mécanique tend, elle, à se renforcer. Elle souligne qu'entre ces acteurs, des cercles complets d'échanges apparaissent dans lesquels le bénéficiaire ne peut pas prendre part.

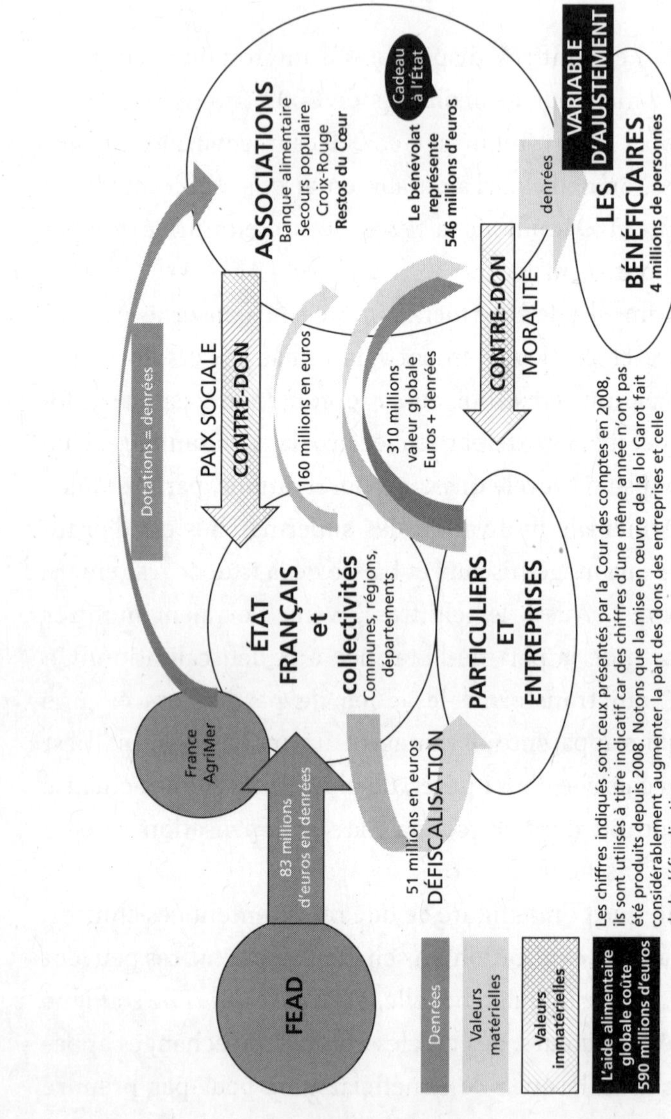

Circuit du don indirect

Le fonctionnement de l'aide alimentaire est basé sur des chaînes d'achat et de dons, dont l'enchevêtrement prête à confusion. À partir du niveau européen, force est de constater que ce ne sont plus des excédents qui sont gérés, mais qu'il s'agit d'appels d'offres liés à une politique d'achat. Par exemple, pour ce qui concerne les Restaurants du cœur, ils reçoivent 30 produits différents achetés à 8 grossistes. Parmi eux, le groupe Ovimpex, qui appartenait au groupe Louis Dreyfus jusqu'en 2001 et qui répond à 12 appels d'offres pour une valeur de 5 927 233,04 euros, soit environ 25 % du total. C'est par l'intermédiaire de cette filiale qu'en 2015 de la viande contaminée par la salmonelle, en provenance de Pologne, avait été distribuée par l'organisation.

Autre caractéristique : les pauvres, les « bénéficiaires » de l'aide, apparaissent ici comme une variable d'ajustement chargée d'absorber des surplus de production et de permettre et encourager des déductions fiscales en se situant complètement à la marge du système. Il y a un double avantage pour les donateurs qui paient des impôts. Ainsi, sur 100 euros, comme 75 sont rendus, on ne donne que 25. Cette déduction est valable jusqu'à 500 euros de dons, ensuite elle est de 66 %, avec un plafond de 20 % du revenu imposable, ce qui peut représenter une somme conséquente sur des gros montants. Le don monétaire nécessite de posséder de l'argent afin d'en avoir un retour, celui qui ne paie pas d'impôt ne retire aucun avantage de son don, qu'il soit d'argent ou de temps. Ce dernier partage vraiment, car ça lui coûte quelque chose dont il n'aura pas de retour matériel.

Si la compassion est reconnue par la société, qui gratifie ce sentiment et exerce une forme de contre-don, l'effet pervers d'un système dans lequel l'action intervient *a posteriori,* sans prise de risque pour le donateur, est que le don se fait sur une représentation, une image que l'on se fait de l'autre, image cultivée par les médias et utilisée dans les campagnes de dons des ONG. Cet écart souligne la non-reconnaissance de ce qu'est l'autre, de son identité, de ses besoins et de sa liberté, alors qu'il est assigné à un rôle qu'il n'a pas choisi, celui de permettre à ceux qui donnent en un clic d'avoir le sentiment de lutter contre la pauvreté, d'améliorer une situation qui pourtant empire ! Ce sentiment qui permet de cocher une case dans la liste des bonnes actions ne permet pas de savoir si ce don a atteint la cible espérée.

D'où l'importance des retours immatériels et la force des liens qui vont donner l'envie de donner, cette force qui conduit à devenir un *homo donator.*

Le don direct

Pour éviter de faire un don dont on ignore s'il va atteindre son but, le don direct permet d'être en première ligne. Il s'agit d'un moment de rencontre entre bénévoles et bénéficiaires de l'aide alimentaire, mais aussi entre individus lors d'échanges qui pourraient être monétaires et contenir une part qui ne peut pas être vendue, car la valeur ne peut pas être chiffrée. Ce moment ne répond plus aux règles de l'économie de marché basées sur l'offre et la demande, mais obéit à ses propres critères, ses propres obligations tournées vers l'intérêt collectif. Dans le cas des bénévoles des Restaurants du cœur, ce sont les intérêts des plus pauvres qui guident l'action, un groupe dans lequel, comme cela a déjà été souligné, une majorité d'entre eux s'inclut. Dans le cadre de l'agriculture, c'est le don de soi des paysans qui est reconnu par des personnes qui souhaitent soutenir un autre système alimentaire. Différents échanges ont alors lieu, des échanges formels à travers la circulation de nourriture, et d'autres moins formels inhérents aux personnes. Le bricolage, l'adaptation permanente, le faire ensemble et le faire avec permettent de réaliser avec très peu de moyens ce qui ne se fait pas toujours avec de l'argent : la nourriture est chargée de valeurs impossibles à chiffrer. La débrouillardise offre la possibilité d'aller plus loin et de s'approprier l'action du début à la fin, d'en comprendre les détails, de s'en sentir pleinement responsable et d'en retirer une certaine fierté. L'impossible est devenu atteignable. Car les personnes gardent la maîtrise du système en désobéissant si nécessaire. C'est pour ces raisons que la part identitaire associée au don de nourriture est importante.

Les bénévoles n'exécutent pas seulement une tâche dans un ensemble, ils sont un ensemble qui a besoin de tous pour fonctionner et bien faire les choses. Bien que la structure soit hiérarchisée, chacun joue sa propre partition, une véritable polyphonie s'accorde pour agir. Aucun jour ne ressemble vraiment à un autre. Alors que dans le discours tous les bénévoles vont dire appliquer les règles et obéir aux chefs, dans mes observations, je vois qu'ils disposent de marges de manœuvre dont ils profitent, car bien souvent personne ne les surveille. Le flou est leur liberté, il leur offre la possibilité d'être eux-mêmes. Pour certains, ils vont se trouver pour la première fois de leur vie en position de faire comme ils le pensent en fonction de leurs valeurs, et prendre la mesure du fait que ces valeurs qu'ils portent font du bien à celui qui est en face d'eux. La revalorisation est réciproque. Elle met en capacité d'aller plus loin, de réfléchir à l'éventualité d'un autre devenir commun. Au final, le seul mot d'ordre est cette phrase de Coluche : « Faire les choses sérieusement sans se prendre au sérieux. » Bien entendu, comme dans tout système, il y a des exceptions, mais ce qui domine, c'est la possibilité donnée à chaque bénévole d'appliquer son sens de la justice. (Dans le cas de l'agriculture, la désobéissance civile est un outil qui a été revendiqué et qui a porté ses fruits dans la possibilité de cultiver sans OGM et plus récemment dans celle de reproduire et de commercialiser à partir de ses propres semences.)

Dans la bulle du don direct, c'est une économie alternative, revendicative qui se met en place. Si l'argent a disparu de ce système d'échanges, les valeurs en circulation dans ce dispositif enrichissent les participants dans un autre partage. Toutefois, il est essentiel de comprendre que ce partage nécessite un retour. L'impossibilité de rendre pour celui qui reçoit illustre les limites du don, une force « maléfique » qui prend différentes formes dont celle de la domination. Le travail des résistants face aux dérives du système alimentaire est de faire en sorte d'inclure toutes les composantes du système, humaines et non humaines, en opposant une force qui contre et/ou contient la violence structurelle. Ils doivent maintenir la paix. Pour eux, le système doit pouvoir s'adapter à la situation la plus exceptionnelle. La résistance est donc un exercice d'adaptation et de reconfiguration qui nécessite de la flexibilité pour ne pas perdre de vue l'objectif poursuivi. Résister, c'est créer des liens !

Le schéma ci-dessous montre les échanges propres au don direct et les situe au cœur d'une économie morale et d'un principe de justice, considérés ici comme les poumons des résistances en cours face aux dérives du système alimentaire propre au capitalisme.

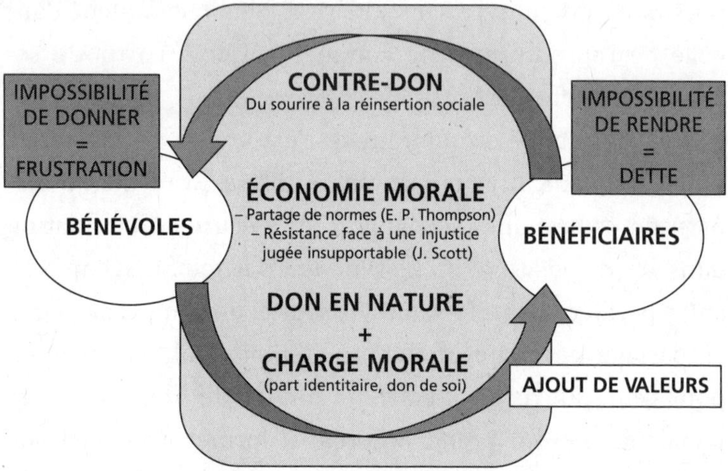

Circuit du don direct

Comme je viens de le mentionner, ce qui se passe dans le don direct tient pour une grande partie du système D. La « débrouille », ou pour le dire autrement : la liberté de faire selon son bon sens en ajoutant des valeurs propres à chacun. L'improvisation est pour les bénévoles comme pour les paysans un ingrédient du quotidien. Le cadre des normes et des lois est restrictif quand les règles doivent changer pour adapter les réponses à ce qui se vit, selon le temps de l'urgence (besoin immédiat de la terre, besoin immédiat des personnes). Comme cela a été expliqué, le barème qui donne droit aux prestations des Restos du cœur est tenu secret et ne correspond pas aux calculs des aides sociales. Aucun document qui pourrait servir de preuve n'est conservé. Les personnes qui fréquentent les Restos peuvent ne pas avoir de papiers. Un accord est passé avec les services de police pour qu'ils n'entrent pas dans les lieux, que ce soient les centres ou les points de distribution. Les calculs se font sur le reste à vivre, ce qui signifie que les critères fixés par l'État ne sont pas ceux sur lesquels s'appuie l'organisation. Elle se réfère à ses propres valeurs, dont la dignité est une pierre angulaire. Les bénévoles ne comptent pas leurs heures, ils ne prétendent pas à des récupérations, ils demandent à être là. Si jusque-là les personnes dans le besoin n'ont pu prétendre à aucune aide, aucun soutien de l'État pour des raisons administratives ou juridiques, ici, elles vont pouvoir exister. Après l'examen de leur situation, une carte leur est donnée avec leur nom. Ils ont un droit. Et c'est ainsi que les personnes en parlent : « J'ai droit aux Restos du cœur. » S'ils n'ont pas obtenu de titre de séjour, de logement, etc., ils ont enfin été entendus, ils ont pu demander de la reconnaissance à travers la nourriture, on a pu leur donner un peu des deux, et ce qu'ils ont reçu, ils vont pouvoir le faire circuler. Le dispositif, en dépit de ses contradictions internes, permet cela. C'est dans cette recomposition que la résistance existe et se transmet, celui ou celle à qui une carte a été donnée reprend courage et va petit à petit se nourrir de différentes choses pour enfin exprimer sa véritable faim, celle de justice, qui se manifeste dans l'ouverture des droits.

Dans les champs ou avec ses animaux, le paysan qui se revendique d'une pratique paysanne observe et donne selon des besoins qu'il est souvent le seul à savoir identifier. Le produit non standardisé est donc le résultat d'une relation intime entre celui qui cultive et/ou élève et le vivant (végétal ou animal). Ce monde vivant est considéré par rapport à ce qu'il peut donner. La terre donne, l'homme rend. L'homme donne, la terre rend. C'est un cercle vertueux qui est ici recherché et qui permet de développer une économie au plus juste. Une économie basée sur l'équilibre de l'écosystème dont l'homme est un élément parmi d'autres et non un être supérieur qui aurait le droit de prendre plus qu'il ne pourrait rendre, et d'extraire de la terre des ressources en quantité excessive (pratique qui conduit à la surproduction).

Lorsque E. P. Thompson a proposé de parler d'économie morale, il voulait alors qualifier la forme d'action dans laquelle les ouvriers entraient en lutte et s'entraidaient. Sa proposition a dérangé par ce qu'il qualifiait alors comme moral :

> Peut-être le problème réside-t-il dans le mot « moral » : il a suscité une montée de sang polémique à la tête du monde académique. Rien ne pouvait produire plus de colère chez mes critiques que la notion qu'un émeutier de la faim pouvait avoir plus de « morale » qu'un disciple d'Adam Smith. Mais ce n'était pas le sens que je donnais à ce mot. J'aurais aussi bien pu parler d'« économie sociologique », une économie

> prise dans sa signification originelle (*œconomia*) d'organisation de la maison, dans laquelle chaque part est reliée au tout et chaque membre reconnaît ses devoirs et ses obligations. Ce qui est, au fond, autant, voire plus, « politique » que ne l'est l'« économie politique », mais les économistes classiques se sont déjà saisis de ce terme[167].

Il est intéressant d'observer, dans sa définition, le fait que chaque part de soi est reliée à un tout. Il s'agit d'un ensemble qui va agir en cohérence et s'organiser. C'est cette pensée qui a inspiré James Scott lorsqu'il qualifie les luttes paysannes d'économie morale. Et c'est ce qui m'inspire lorsque j'observe les bénévoles des Restos du cœur. Ce que ces auteurs décrivent, c'est un moment de réunion d'une classe qui est dominée, appauvrie, voire affamée, et qui va donc en toute légitimité construire ses réponses et s'entraider. Leurs révoltes ne visent pas la prise de pouvoir mais la justice nécessaire pour obtenir des conditions d'existence dignes. Une réplique à la violence structurelle et à la tension permanente. La morale désigne alors un seuil de dignité auquel il ne doit pas être fait d'entrave. Il s'agit de sortir de la misère et en rien de viser l'enrichissement matériel. Les moyens développés peuvent aller jusqu'à la désobéissance à la loi, car l'État qui a produit cette loi ne les protège pas. S'ils ne sont pas protégés mais exposés à certains risques vitaux, pourquoi devraient-ils obéir en retour ?

L'art de SE gouverner. En résistance vers la Sécurité sociale de l'alimentation ?

Comme nous venons de le voir, le mécanisme du don indirect intervient dans un dispositif légal et encouragé, révélateur de choix politiques, législatifs et de gouvernance. La France est un pays pourvu de dispositifs, de normes, de contractualisations, de règlements. La concomitance des règles de l'Organisation mondiale du commerce, des directives volontaires du Comité de la sécurité alimentaire, des lois françaises sur le droit à l'alimentation, met en exergue d'une part des contrastes importants quant au traitement des demandes, d'autre part la manière dont sont gouvernés la politique alimentaire et les appétits. En effet, étant donné que ceux à qui l'aide est adressée vivent des situations limites (sans papiers, squat, surendettement, longues maladies, invalidité, etc.), où la transgression de la règle devient parfois nécessaire pour survivre, ils n'osent ou ne peuvent pas faire de requêtes. Et cela, le décideur le sait. Se trouver dans une situation transgressive vis-à-vis de la loi (impayés, illégalité administrative, etc.) rend délicat le fait d'exiger le respect de son droit individuel, de ses droits fondamentaux (logement, santé, nourriture, habillement). Du fait de la prégnance de violences structurelles subies, dont les violences alimentaires, les personnes ne sont pas en situation d'engager des procédures, dans lesquelles elles ont peur de perdre ce qui ne leur permet déjà pas de vivre.

Il est possible d'envoyer un courrier dans le cadre d'un recours Dalo (droit au logement opposable) à une famille de cinq qui vit dans deux pièces d'un hôtel social depuis cinq ans pour signifier que le délai d'attente sera de 36 mois avant d'être relogé. Il est possible de voir dans la rue des femmes qui viennent d'accoucher, seules avec leur nourrisson, des enfants mendier avec un écriteau « j'ai faim » quand leur place serait à l'école. Ces non-respects font courir des risques vitaux et sociaux, et pourtant cela semble insuffisant pour permettre l'application des textes qui parlent de protection et d'égalité. L'application stricte de certaines règles classe et hiérarchise l'accès aux droits. Procéder au dévoilement d'un marché de la faim, c'est montrer la rigueur et la rapidité de la prise en compte de certains textes (règles d'hygiène, obligation d'acheter, de donner dans le respect strict des normes sanitaires, etc.) par rapport à l'application des droits humains. Les faveurs sont données non pas à ceux dont la vie et le bien-être sont en danger, mais à ceux qui font circuler l'argent et engendrent des profits. La nourriture qui circule ne répond pas aux exigences du droit à l'alimentation, mais favorise des formes de profit sous couvert de « sécurité alimentaire ». Des personnes physiques ou morales trouvent dans ce mécanisme leur intérêt propre au détriment de l'intérêt collectif.

En bout de chaîne, les pauvres restent pauvres et leur masse ne cesse de s'accroître puisqu'elle permet l'enrichissement de certains !

L'appel de Coluche, tout comme celui de l'Abbé Pierre, sont des oppositions fortes à ce système. Il s'agit de formes de résistance basées sur les droits de l'homme, la sacralité de la vie de l'*homo sacer*. Dès lors, les règles de l'OMC et le culte du profit de l'*homo œconomicus* sont condamnés. Dans son approche de l'homme nu, Agamben mentionne une ambivalence : d'une part il s'agit de situer la naissance du politique, et d'autre part de percevoir à quel moment une personne devient un citoyen et va être considérée comme tel. Dans le cadre des Restaurants du cœur, l'organisation des distributions alimentaires et les mécanismes du don permettent de percevoir la naissance du politique tant dans sa dimension surplombante d'une politique instituée par le haut, que dans sa dimension pragmatique, d'une organisation par le bas. De la même manière, ce qui garantit à l'ensemble des personnes de parvenir à l'exercice de leur citoyenneté s'observe par des traitements différents selon les revenus des personnes. L'histoire a forgé une représentation du pouvoir et des droits des personnes. Malgré soi, chaque personne est imprégnée d'une lecture politique dans laquelle elle considère l'autre comme capable ou pas de décider, de désirer, de prendre part à la vie de la cité. Il s'agit de la capabilité chère à Amartya Sen, que nous avons évoquée comme constitutive du principe de justice. La capabilité pose ici la question du choix du gouvernement d'associer et de faire participer tout le monde ou seulement certaines tranches de la population *via* le don indirect dans une forme de gouvernance des pauvres. Pourtant, la démocratie consiste à considérer que tout le monde doit avoir la liberté de faire ce dont il est capable. Ne pas pouvoir faire ce dont elle est capable est une entrave à la prise en compte de la personne dans la cité, et revient à ne pas la considérer comme citoyenne dans un cadre démocratique. Dès son propos introductif, Agamben explique : « La politisation de la vie nue comme telle, constitue l'événement décisif de la modernité et marque une transformation radicale des catégories politico-philosophiques de la pensée classique[168]. »

Puis, tout au long de son ouvrage, l'auteur constate l'ambivalence, l'ambiguïté du pouvoir qui s'exercer sur la vie de l'autre, et comment c'est en pensant cette vie nue de l'homme sacrée à l'époque moderne qu'il est donné de comprendre la biopolitique, dans ses aspects historiques comme dans son expression contemporaine. C'est après avoir constaté que des personnes meurent d'abandon dans la rue, ou même chez elles, que la vie nue apparaît dans toute son essence. Certes, la vie ne peut plus être donnée en sacrifice, mais elle peut être jugée si indigne de valeur qu'elle est abandonnée, et la conséquence de cet abandon est de laisser mourir. « Je suis quoi ? » interroge le jeune homme qui reçoit chaque jour des gâteaux périmés. « Tu nous déranges pour elle, mais elle va pas partir avec les pompiers, t'as pas de vie ou quoi ! » me lance cet agent de la RATP excédé de devoir prendre en charge une femme tordue de douleur mais tellement en marge qu'il n'existe aucune solution.

Dans la charte *Éthique et maraude*, on peut lire que :

> La maraude représente l'engagement solidaire de bénévoles et de professionnels. Ils témoignent au quotidien, dans les espaces méconnus de la cité et face aux situations parfois extrêmes, du devoir de sollicitude et de non-abandon. Dans la continuité de leurs interventions, ils privilégient l'exigence de relation, soucieux qu'ils sont du respect de l'autre dans sa dignité, ses attachements et ses droits.

C'est dans le choix de ce qui fait loi pour eux que les bénévoles développent une puissance d'agir et l'expression politique d'une justice. Aussi, je repose la question : par le choix de déléguer son pouvoir aux associations pour nourrir les personnes, l'État abandonne-t-il ceux envers qui il a une dette, puisque les moyens dédiés sont simplement insuffisants ? Un budget dédié à l'aide alimentaire annoncé de 869 millions pour une période de six ans signifie que la somme annuelle est d'environ 145 millions. Si l'on estime que ce sont 5 millions de personnes qui vont demander de l'aide, cela revient à allouer environ 30 euros par personne et par an. Par ailleurs, les 60 millions évoqués par Mme Borne pour aider l'aide alimentaire à intégrer de l'alimentation durable représentent une dotation de 12 euros par personne et par an.

La résistance qui consiste à parvenir à faire vivre s'oppose à un pouvoir économique colossal, doté d'outils puissants, dont des outils d'annonces. Pour repenser le système alimentaire, il est indispensable de comprendre à quoi les acteurs de l'aide alimentaire résistent. Et comment un tel fonctionnement est devenu tellement évident que le remettre en cause semble impossible ! Dans son introduction de la biopolitique[169], Michel Foucault pose pour base que la biopolitique intervient lorsque l'économie politique propre au néolibéralisme dicte au gouvernement comment agir. Le mécanisme qu'il décrit ne s'arrête pas à ce qui pourrait être une limitation de l'action de l'État, il rend compte d'une imbrication dans la gouvernementalité. Le marché est perçu comme une vérité, l'intérêt est ce qui est recherché par tous, y compris le gouvernement. À ce titre, des instruments sont mis en place, qui permettent de gouverner *un ensemble de vivants constitués en population*. Ainsi, par rapport au mécanisme du don, la participation sera restreinte à ceux qui permettent un enrichissement économique. Car, dans une pensée néolibérale, il est tout naturel que celui qui ne permet pas directement un enrichissement n'entre pas dans la boucle et soit mis au ban, hors la loi puisqu'au-dehors de la loi. La pauvreté a un coût, loin de penser son éradication, la gestion publique du social en fait un objet que le marché peut absorber, contenir, réguler. C'est en cela que, dans son analyse de la Sécurité sociale sous le prisme de la biopolitique, Foucault voit un système destiné à la prise en charge de ceux qui ne rentrent pas dans le jeu économique, mais non une façon de changer les règles qui les ont exclus du jeu économique, ni une aide pour s'y réintégrer facilement. Selon lui, un gouvernement pour le marché est un gouvernement dans lequel la prise en compte du risque devient un instrument de contrôle de la liberté, un moyen de faire accepter une gouvernance intrusive et restrictive de la liberté individuelle. Les piliers fondateurs de la Sécurité sociale sont pourtant loin du modèle libéral, ils en sont à l'opposé puisqu'ils ont été pensés par des communistes dont le plus célèbre, Ambroise Croizat[170]. Ainsi, la Sécurité sociale de santé est à l'origine basée sur l'universalité (tout le monde y a droit), le conventionnement (des collectifs de citoyens décident de ce qui va être remboursé ou pas et comment), et la cotisation (c'est la force de travail qui donne les moyens de se prémunir contre certains risques : santé, chômage et vieillesse).

La politique actuelle de gestion de la pauvreté ne consiste pas à améliorer les conditions des personnes durement impactées par cette dernière, ou à les prémunir contre un risque avéré, mais elle préserve les plus riches et protège le marché. L'émergence d'un marché de la pauvreté permet de donner et de se déculpabiliser sans même s'interroger sur les causes de la situation de ces personnes aidées, elles sont utilisées comme des objets pour répondre au besoin de bienfaisance. L'État n'est plus responsable, c'est un ensemble de donneurs qui a en charge de continuer à donner. Parce que des personnes volontaires et libres de donner ou pas donnent et participent, la critique est difficile à adresser. C'est en cela que le contrôle de la population s'observe à différents niveaux : de celui qui donne directement, à celui qui donne indirectement et au destinataire. Si ce dernier reçoit moins que ce dont il a besoin pour sortir de la survie, il reçoit assez pour ne pas entrer dans une rébellion. Chaque donateur est à la fois rendu responsable de la gestion et remercié, certains se trouvent même gratifiés afin que le système puisse perdurer et s'intensifier. C'est à cette condition qu'il est possible de continuer à constituer les stocks indispensables à l'action. Dans l'analyse foucaldienne, la biopolitique s'exerce parce que la population participe. Il y a une acceptation de cette forme de gouvernement, une acceptation des risques liés à la pauvreté, mis à distance de sa situation personnelle par un don monétaire ou en nature. Des risques qui ne sont pas gérés à l'échelle de la collectivité, mais par la volonté individuelle de chacun. Alors, chaque année s'organise la collecte des Restaurants du cœur, un appel aux dons en nature, et aussi en argent à l'occasion du concert des Enfoirés et de la diffusion de reportages. Le malaise ressenti par les donateurs qui ne sont pas bénévoles est capté grâce au don en ligne, mais cette captation ne va pas jusqu'à un agir politique dans lequel s'engage le corps jusqu'à l'expérience d'une rencontre, d'un moment de communauté, qui transforme ceux qui le vivent.

État des lieux de la résistance

Au moment où les règles de la concurrence interviennent dans le domaine de l'aide alimentaire plus vite que l'application des droits de l'homme, le marché de la faim détourne la loi Coluche de son plan initial en appelant « don » ce qui a cessé de l'être – il s'agit d'un financement, d'une prise en charge ponctuelle mais régulière. Ainsi, la concurrence entre associations pour récupérer des produits, et la concurrence avec des nouveaux acteurs de l'économie sociale et solidaire (plus professionnels, qui respectent les normes de l'industrie agroalimentaire) imposent aux associations des investissements, des réaménagements de leurs locaux pour pouvoir continuer à aider. Si cette transformation influe de plus en plus sur les dons directs et redessine les règles du jeu, elle s'attaque aussi à la résistance et vient l'affaiblir par l'exercice de plus de contrôle. L'imbrication des lois du marché dans la gouvernance alimentaire nationale et internationale, très présente dans les textes de la FAO en général et dans le cadre de son Comité pour la sécurité alimentaire (CSA) en particulier, domine sur les valeurs de justice et d'égalité contenues dans les mêmes documents. La question des droits humains est alors bien loin du centre de préoccupation de l'État, qui délègue son devoir d'agir aux associations en évoquant l'humanité, la générosité et le partage, mais protège l'économie néolibérale et ses acteurs.

Ainsi, dans son laisser-faire, l'État met en compétition les associations distributrices, ce qui renforce le pouvoir du marché. Lorsque plusieurs responsables de centres de distribution des Restaurants du cœur utilisent la métaphore de l'entreprise pour qualifier leur action et la manière dont ils doivent fonctionner, ils indiquent bien le virage qui vient d'être pris dans la gouvernance de l'aide alimentaire. Être considéré comme une entreprise, c'est devenir un interlocuteur économique pour l'État, penser qu'il faut être efficient, voire entrer dans une forme de cogestion de la pauvreté. Engagés pour ne pas regarder mourir les gens dans la rue, les bénévoles des Restaurants du cœur ont senti naître en eux un nouveau risque sur lequel s'appuie le marché de la faim pour justifier ses pratiques : faire mourir en donnant à manger, puisqu'ils deviennent les seuls responsables en cas de problème sanitaire (peu importe s'ils n'ont pas reçu les moyens nécessaires à leur action). Ils interviennent désormais chargés de la responsabilité du produit qui serait arrivé sans que les normes soient respectées à la lettre et qui serait alors cause de mort. Par conséquent, ils se soumettent aux contrôles et subissent des transformations. Pourquoi ces bénévoles qui agissent et nourrissent seraient responsables, si celui qui affame ne peut pas l'être ?

C'est à travers ces niveaux de détails que s'impose l'immoralité de ce marché. D'une part parce qu'il affame et maintient dans la souffrance et la pauvreté des personnes qui demandent de l'aide, et d'autre part parce qu'il souhaite contrôler ceux qui nourrissent. Trente-cinq ans après leur naissance, non seulement les Restaurants du cœur font toujours partie du paysage, mais tout le monde s'est habitué à leur présence. La pérennisation de l'urgence s'explique. Rosa, bénévole de la maraude, a vu les changements qui se sont opérés dans le secteur de l'hébergement social et établit une comparaison avec l'aide alimentaire en général. Pour elle, si certains gagnent leur vie avec la pauvreté, il n'y a aucune raison de la voir se réduire. La structuration du modèle économique qui encadre le marché de la faim en atteste. L'expression d'un biopouvoir revêt au moins deux facettes : la gouvernance des corps dont on a besoin, car ils permettent d'assimiler les surplus, les déchets, et la gouvernance des corps qui doivent consommer toujours plus, vouloir choisir et ainsi permettre l'essor de la production agroalimentaire dans tous les excès et dérives qu'elle génère.

L'exclusion-inclusion dont sont victimes les personnes qui se nourrissent de l'aide alimentaire montre comment leurs corps sont utilisés. Aux expressions de vie nue et d'Homme sacré, une autre proposition peut être faite, celle de l'homme nu, un homme dévêtu de ses droits et empli d'une nourriture qu'il n'a pas choisie. Cet état de nudité et de remplissage souligne la vulnérabilité déjà évoquée, mais fait aussi référence aux droits de l'homme qui ne sont pas honorés. Dans un État dit de droit, aucun homme ne devrait se voir ôter ses droits, ni être abandonné, et si cela arrive, des sanctions devraient alors être prises à l'égard du responsable qui impose cette violence de la mise à nu. Dans le schéma du don indirect précédemment proposé, les bénéficiaires apparaissent dans un double mouvement. Ils sont des extériorités intériorisées dans l'utilisation qui est faite de leur condition de pauvre, dépendant d'aides qui permettent la régulation économique des produits après la perte de leur première valeur. Tout ce mécanisme se déroule dans un cadre parfaitement légal, entouré par un flou qui rend possible un traitement inégalitaire du droit des personnes.

Dans la caractérisation des violences alimentaires, l'inversion de la faute rend explicite cette décision d'inclure ou d'exclure par rapport à une norme, quelle qu'elle soit, qui souligne des différences et non l'appartenance à la même société de droit, au même corps politique. Face à ce constat, une question se pose : quelles normes doivent être acceptables et prioritaires ? Le discours accompagnant la politique sociale du gouvernement Macron affirme que la faute, la responsabilité du chômeur lui revient. « Traversez la rue ! » recommande le président de la République à cet horticulteur qui se plaint de ne pas trouver de travail. Les causes de la détresse de cet homme sont ignorées, l'objectif est de travailler. Quel travail ? Quel épanouissement de la personne ? Il s'agit de questions secondaires. L'injonction du système est forte, il faut participer à l'enrichissement dit « collectif », sans quoi la personne assiste à la perte de ses droits. Si elle entre dans le monde du travail, consomme et cotise, elle pourra choisir ce qu'elle mange. En attendant, l'État considère que ce n'est pas sa faute à lui, il a organisé de quoi la laisser vivre.

La mise en exergue d'un marché de la faim montre que par la violence qu'il engendre, ce cadre n'est plus propice à un don chargé de valeurs morales, à un esprit du don tel qu'il a été décrit par Mauss, Godbout, Caillé, Godelier, car il agit dans une économie formelle et devient un objet utilisé par celle-ci. Or, le don désigne aussi le travail effectué par les bénévoles. Il s'agit alors de dons de temps et d'attention, mais aussi d'une opposition forte à l'organisation sociale, imprégnée des valeurs d'une économie morale fondée sur un principe de justice et capable de faire face au marché de la faim.

Donner pour résister ?

Le don alimentaire permet la compensation, le coup de pouce, mais il comprend d'autres valeurs que sa matérialité nourricière, ce « *hau* », une part de soi qui est associée au don. Il peut alors s'avérer que cette part soit intéressée ou désintéressée, chargée de justice ou d'indifférence selon l'endroit de la chaîne opératoire du don qui est observé.

Dans une économie libérale, le producteur dépend de la possibilité de vendre, d'accéder au marché, il n'est pas forcément plus libre que celui qui ne peut pas consommer, il ne peut pas donner gratuitement ce qu'il produit, car il doit en vivre et aussi pour ne pas être accusé de concurrence déloyale. Quant au bénéficiaire de l'aide alimentaire, sa dépendance n'est pas vis-à-vis du producteur, mais d'intermédiaires qui l'aident à accéder aux produits dont il a besoin. Rétreindre l'accès à l'alimentation à son acquisition par le don, dans une société où exister et consommer tendent à se confondre, pose différentes questions : comment considérer les liens entre celui qui produit et celui qui reçoit sans échange monétaire ? Qui paie le coût de la gratuité ? Quels impacts engendre la disparation de la valeur monétaire pour celui qui produit et pour celui qui ne peut pas consommer ? De quels échanges, réciprocité et contrepartie se nourrissent les acteurs d'un don direct ?

Répondre à ces questions ouvre au moins deux perspectives. La première, situer le don alimentaire dans notre époque et notre contexte. La seconde, envisager la limite du don comme un chemin vers autre chose.

Recevoir. Le destinataire de l'aide n'obtient rien de sa propre capacité de travail, ce qui le rend malléable, et limite ses choix. Il est considéré comme un assisté. Il est jugé « inutile » dans une société où il faut produire de la valeur pour avoir de la valeur. « On n'est pas payé pour ce qu'on vaut mais pour ce qu'on rapporte[171] », disait Coluche. Le raccourci est alors pris de se dire qu'il profite, quelles que soient l'aide et les conditions de cette aide. Mais, tandis que le chercheur expérimente et accompagne la distribution, il saisit le sentiment de honte de la personne qui a recours à l'aide alimentaire. La distribution peut humilier l'homme ou la femme, qui n'obtient plus sa nourriture grâce à sa force de travail ; elle prive du plaisir de choisir de cuisiner un repas et de s'organiser dans les tâches domestiques pour celle ou celui qui est contraint de rester à la maison. Mais la distribution apporte aussi considération, écoute et respect, elle restaure de la dignité. C'est parce qu'elles se sentent bien que les personnes reviennent. Majda, mère de cinq enfants, explique lors d'une distribution :

> On est aidé, on est vraiment aidé ! On a un crédit et franchement... mais avec ça on arrive à s'en sortir. D'ailleurs, si ça n'aide pas, pourquoi on vient ? En plus ils accueillent bien, ils sont gentils, ils ne sont pas en train de nous montrer qu'on est en train de demander. Ils veulent nous dire : on est là pour vous ! D'ailleurs, s'il y a une place au paradis, c'est les chrétiens qui vont l'avoir, et je suis musulmane, la vérité ! Des fois il y a quelqu'un qui vous donne, et il dit voilà je t'ai donné, mais ici non, et c'est très important parce que la dignité compte. Moi, si quelqu'un me

donne une chose et me dit je t'ai donné, je vais la jeter sur son visage avec une claque en plus ! Quand je viens ici, je me sens bien, comme dans un magasin !

Ici, ce qui confère un sens particulier au don est que les bénévoles ne sont pas en train de distribuer à manger, mais de redistribuer la nourriture. À ce titre, les valeurs en circulation sont transformées, ce qui est visé, c'est l'inclusion sociale, qui ne devient possible que dans un changement de modèle économique. Les bénévoles doivent sortir d'un marché classique de l'offre et de la demande pour opposer une résistance à ce dernier. *C'est comme dans un magasin,* mais ce n'est pas un magasin.

C'est dans ce moment précis qu'intervient la force créatrice du don, et dans ce moment précis il est important de penser une seconde étape. Définir à quoi ces dons peuvent participer dans la transformation du système alimentaire.

La motivation personnelle de chaque bénévole, les liens divers qui se tissent entre eux et avec les personnes qu'ils viennent nourrir génèrent un quelque chose qui est au cœur du don alimentaire. Cette phrase que répète Jeannot à chaque nouveau maraudeur en rend compte : « La nourriture est un prétexte, ce qui compte, c'est la rencontre. » L'intention portée par les bénévoles lors de la distribution des repas se situe alors dans la droite ligne du projet initié par Coluche en 1985 : rétablir de l'égalité, répondre à l'injustice, et utiliser un levier économique du bas vers le haut. Rendre compte de l'intention que ces personnes donnent à leur action permet alors de la situer dans la continuité d'un projet politique, qui se voulait résistant à l'État, un bras de fer : « Ils disent toujours on va voir, nous on sait, alors on fait », déclare Coluche au lancement des Restos. L'ambiance qui règne dans les centres et à la maraude permet de prendre la mesure du caractère viscéral des réactions spontanées et de l'empathie qui accompagnent chaque geste et chaque parole.

Rosa déclare :

> Moi, je dirais que je suis un peu prédéterminée à l'engagement… Rosa Parks, Rosa Luxembourg, je ne me vois pas rester chez moi sans rien faire ! Alors, je vais leur donner ce qu'ils devraient tout simplement avoir, JUSTICE ! Rien d'autre. On vit dans un monde très injuste, c'est de pire en pire, les 500 familles les plus riches en 2017, elles se sont encore enrichies de plus de 27 % ! Alors que les pauvres, eh bien, on est pauvres et là c'est catastrophique ! Il faut savoir qu'avec 1 % de leurs richesses sur une année on nourrit la planète !

Rosa s'inclut dans le groupe des pauvres, c'est ce qui justifie l'action qu'elle ne mène pas pour les autres mais pour un ensemble dont elle fait partie – le corps social auquel elle appartient. Si ses mots m'ont semblé les plus parlants, ce discours est largement partagé, il est le moteur d'un groupe de personnes unies dans une forme de résistance qui ont besoin les unes des autres pour agir. Seules, elles cessent de faire. C'est un des points qui permettent de parler d'économie morale. Ils sont cette foule que décrit E. P. Thompson, une foule trahie, mise en danger par ceux qui cessent de faire circuler les richesses et imposent une plongée dans la misère. L'économie morale est donc une réponse à une violence qui engendre un fort sentiment d'injustice, le moteur de l'action. Les bénévoles n'hésitent pas à dénoncer l'inefficacité des politiques : « Ici, on fait de la politique avec nos mains, pas avec notre bouche », explique Paul lors d'une distribution. Ce que chacun pense, vit, il en est rarement question, l'important c'est ce qui a pris cette place particulière au fond du ventre et qui rend possible d'aller la nuit dans la rue ou dès 7 heures du matin dans un centre de distribution. Dans la force du travail bénévole se déploie une organisation qui rétablit des droits humains à travers le droit à l'alimentation. Les bénévoles savent qu'ils font au mieux mais pas ce qu'il y aurait de mieux, ils n'en ont pas les moyens, et ils n'y prétendent pas, ils pallient dans l'attente d'autre chose. Personne n'est satisfait, bien au contraire, l'inquiétude est extrêmement présente dans les centres de distribution. Les files d'attente augmentent, les stocks diminuent, comment ne pas s'interroger ? Aussi, si un objectif atteignable est fixé – rompre l'isolement et faire société avec ceux que le système exclut –, ce n'est hélas pas suffisant.

Comment aller plus loin ? Qu'il s'agisse des bénévoles ou des personnes qui reçoivent de la nourriture, le collectif qui se crée dans le cadre de l'aide alimentaire donne de la valeur et de la force à chacun. Lola en témoigne :

> Sauver le monde, ça semble un peu trop, alors quand finalement tu te rends compte qu'on est là pour donner quelque chose qu'on a : un peu de temps, tu respires ! Tout d'un coup, t'es dépressurisée ! Ça devient possible, crédible, facile, facile enfin, c'est une soirée par semaine, deux soirées !

Lola, comme d'autres, ne s'est pas impliquée uniquement aux Restaurants du cœur. Habituée à suivre la vie politique, à défiler dans la rue pour les droits sociaux, elle a participé aux Nuits debout. Elle est sortie de cette expérience de plusieurs mois avec une certitude : la réponse n'est pas dans les mots mais dans les actes. Désormais elle souhaite « agir concrètement, faire des choses ensemble. » C'est pour ça qu'elle a rejoint les bénévoles de la maraude. Ici, elle se sent utile et surtout fière d'avoir réussi à rencontrer des gens différents, elle ne pensait pas éprouver des liens si forts, avoir envie d'aller marauder, de revoir les personnes. Ce qui lui manquait dans ses autres engagements, c'était l'ouverture. Elle a eu le sentiment de faire de l'entre-soi et non pas de résister. Dans les activités des Restos, si Lola s'exprime très bien, ce n'est pas par l'éloquence que les personnes brillent mais par leur résistance à la confrontation de la rue. Une réalité qui peut parfois être oubliée et qui devient réelle et concrète dans l'engagement associatif. Le don permet que chacun apporte en fonction de ses moyens, de sa capabilité et offre la possibilité de construire une résistance par la force qu'il faut opposer à la violence rencontrée. S'il y a l'envie de vouloir voir les choses changer, comme l'explicite Yann – « J'aimerais un jour voir la fin de la faim ! » –, pour le moment la résistance consiste à contenir la violence sans pour autant analyser ses causes et son ampleur, à défendre le droit à la subsistance, quand le droit de propriété rend inaccessibles des ressources vitales. Ensemble ils sont obligés d'agir, car il serait indigne, immoral de ne rien faire.

Toutefois, cet esprit Coluche qu'incarnent les bénévoles n'est plus identifié comme une force résistante. Lors de la crise sanitaire, des brigades populaires ont été créées afin de répondre dans l'urgence. Certaines de ces cantines existent encore aujourd'hui. Elles fonctionnent majoritairement sur un modèle d'autogestion. Il n'y a pas de chef, pas de responsable, ce qui se distingue de l'organisation interne des Restos. Tout le monde peut venir cuisiner, et manger, chacun paie selon ses moyens, les repas sont à prix libres, les normes, les règles sanitaires sont remplacées par du bon sens et une responsabilité partagée souvent par la prédominance de l'informel. Pas de statut associatif, pas de déclaration, pas de président pour porter le chapeau. Les aliments sont issus de récupérations, de glanages. Ce système permet de nourrir autrement quelques dizaines de personnes, mais il est très insuffisant pour répondre aux besoins actuels. Le faire nécessiterait de « grossir » et de s'organiser peut-être autrement. L'existence de ces initiatives basées sur le partage et le vivre ensemble ne s'oppose en rien aux Restaurants du cœur. Elles ont le même but : nourrir pour rester lié, faire partie de la même société parce que l'on partage le pain. Il n'y a pas de bons dispositifs et de mauvais dispositifs, mais des moyens divers et variés de résister et de passer à l'action. Dans l'ensemble des propositions qui existent aujourd'hui, ce qu'il est important de saisir est leur capacité à résister aux violences alimentaires. Dans le fait que les personnes préfèrent créer de nouvelles structures plutôt que de rejoindre les associations existantes, il y a un message fort. L'efficacité et le fonctionnement sont remis en question. Ainsi, si les nouvelles propositions sont plus participatives, plus inclusives, globalement l'origine de la nourriture est la même. Ce sont les surplus de l'agro-industrie. Cependant, ces initiatives plus récentes ont du mal à résister au temps, elles sont basées sur quelques personnes et peuvent s'essouffler rapidement. Cela ajoute à la précarité du système.

Les Restos du cœur sont depuis plus de trente ans sur la ligne de front, à ce titre ils font partie des acteurs qui écrivent l'Histoire. Le rapport de forces dont ils disposent est vertigineux. Ainsi, lors du premier confinement, quand il a été demandé aux bénévoles de plus de 70 ans de cesser leurs activités et que de nombreux centres de distribution ont fermé, le préfet du département du 93 a craint des émeutes de la faim. Des agents de certaines mairies ont été mis à disposition pour aller prêter main-forte aux associations et distribuer de la nourriture. Parce que le rapport de forces institué est toujours là, l'économie morale que les Restos ont su développer peut-elle encore avancer d'un cran dans la transformation du système vers plus de justice ?

Passer de l'aide à la démocratie alimentaire

La réflexion sur de nouveaux possibles, et notamment autour de la proposition de la Sécurité sociale de l'alimentation[172] (SSA), pourrait bien prolonger la riche histoire des Restos du cœur. Nous l'avons vu, l'aide alimentaire est avant tout un moyen de lutter contre la pauvreté. L'objectif est de permettre aux personnes de s'en sortir. L'analyse que nous venons de faire permet de relier les difficultés de l'aide alimentaire et celles de l'agriculture en identifiant des causes communes. Aussi, transformer l'aide alimentaire nécessite de transformer le système agricole et inversement. La perspective de ces transformations est aussi de répondre aux enjeux du changement climatique et environnemental au cœur des préoccupations. Salaire à vie, revenu universel, chèque alimentaire, gratuité de l'alimentation, etc., différentes propositions existent pour donner les moyens aux personnes de choisir leur alimentation. Toutefois, répondre aux enjeux agricoles, environnementaux et sociaux de manière systémique ne s'envisage que dans le cadre de la Sécurité sociale de l'alimentation.

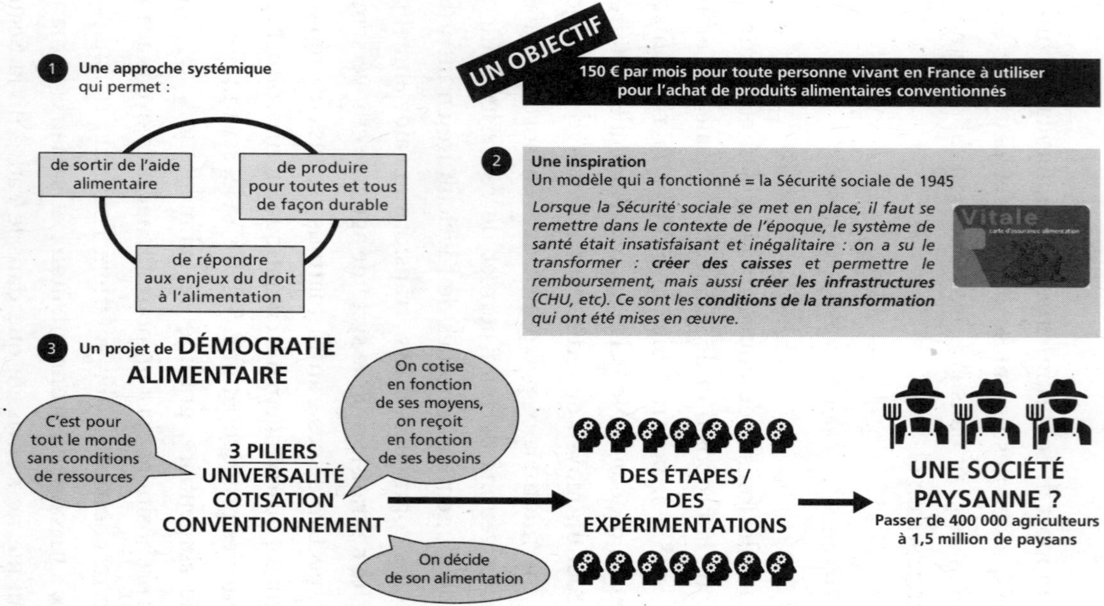

La Sécurité sociale de l'alimentation

Le projet de Sécurité sociale de l'alimentation consiste à verser à chaque personne vivant en France 150 euros chaque mois pour qu'elle accède à des produits issus d'une agriculture durable. Ce projet s'inspire du modèle de la Sécurité sociale de 1946. À l'époque, le système est géré à 75 % par des travailleurs – des travailleurs qui gèrent un système bancaire lié au financement et des infrastructures comme les hôpitaux, etc. La Sécurité sociale de santé repose sur trois piliers. L'universalité : tout le monde a droit. La cotisation : on cotise en fonction de ses moyens, on reçoit en fonction de ses besoins. Lors de la création il est proposé de construire ce système sur la cotisation et non la taxe ou l'impôt, dans la perspective de mieux répartir les richesses. Il s'agit de ramener le travail au centre. Le conventionnement : des citoyens se réunissent et choisissent les produits qui seront pris en charge. La Sécurité sociale de l'alimentation permettrait quant à elle une transformation systémique et modifierait complètement la société, les cotisations permettraient la création d'une sorte de caisse d'investissement qui rendraient possibles l'achat de terres, le financement de la transition des modes de culture, l'aide à l'installation, la transformation des unités de production alimentaire et de ventes qui devraient être repensées. Ce projet a besoin d'expérimentations (elles sont en cours et se développent de plus en plus) et d'une loi pour son déploiement national.

La proposition de Sécurité sociale de l'alimentation a émergé en 2019. Je rédige alors ma thèse et j'angoisse. Je suis effrayée de ce que je décris, je reprends mes notes plusieurs fois, je repose les mêmes questions à mes interlocuteurs. Je n'ai pas fait d'erreur, je ne surinterprète pas : l'aide alimentaire révèle bien des violences structurelles, et les impacts sur les personnes sont souvent irréversibles. Parmi les victimes, trop d'enfants. Je tends alors une oreille plus attentive à ce projet, car il prolonge mon travail à une autre échelle de temps. Je comprends que l'idée d'une Sécurité sociale de l'alimentation ne remet pas en cause les forces créatrices du don. Bien au contraire, cette force peut en être l'origine[173]. J'ai alors en tête l'analyse de Marcel Mauss qui espère dans la Sécurité sociale de santé car il pense qu'elle serait capable de justice là où le don, la charité ne peuvent pas l'être.

Le diagnostic catastrophique que mon enquête a établi sur le fonctionnement du système alimentaire et du don qui lui est associé appelle à tout repenser, à tout changer. Comment faire, par quoi commencer ?

Dès 2019, le collectif pour la Sécurité sociale de l'alimentation se met très vite à expérimenter. Un tel passage à l'acte est possible parce que ce collectif est né de la rencontre de plusieurs pratiques de résistance. Emmanuel Marie, paysan boulanger et porte-parole de la Confédération paysanne, définit le travail du collectif comme un coup à plusieurs bandes. Cela est très juste lorsqu'on analyse la vitesse dans l'enchaînement des étapes de construction politique et de déploiement sur le terrain. Les compétences et les connaissances de ce groupe sont remarquables. Paysans, chercheurs, ingénieurs, citoyens rompus au fonctionnement associatif, aux pratiques collaboratives se rassemblent et réfléchissent régulièrement. Un socle commun va être écrit. Je participe à l'aventure car je suis sollicitée pour expliquer le fonctionnement de l'aide alimentaire, le pourquoi de la définition des violences alimentaires. Le sombre diagnostic que je présente nécessite de proposer autre chose : la Sécurité sociale de l'alimentation est cette proposition de transformation radicale, une manière de pouvoir répondre au fait que, quand même, « dans le pays de la bouffe ce n'est pas normal qu'il y en ait qui n'en aient pas assez » !

Onze structures nationales sont actuellement membres de ce collectif : ISF-Agrista (association pour le développement de la souveraineté alimentaire), le réseau Civam, le réseau Salariat, la Confédération paysanne, le collectif Démocratie alimentaire, l'Atelier paysan, Les Ami·e·s de la Confédération paysanne, L'Ardeur (« éducation populaire politique »), la Mutuale, l'UFAL (union nationale d'associations familiales) et VRAC (Vers un réseau d'achat en commun). Le collectif a été approché par le Secours catholique, qui participe et suit les travaux sans être membre, toutefois les autres structures historiques de l'aide alimentaire n'ont pas encore franchi ce pas. Cela tient sans doute aux balbutiements du projet, où il a souvent été dit qu'il fallait sortir de l'aide alimentaire car elle était mauvaise, voire violente. Or, il est indispensable de comprendre que ce qui est mauvais, c'est que l'aide alimentaire qui devrait répondre à une situation exceptionnelle d'urgence soit devenue une façon de s'alimenter. L'aide alimentaire à travers le don des bénévoles n'est en rien mauvaise, elle a au contraire su trouver des moyens d'inclure des personnes abandonnées par la société. Si elle contient la violence, elle n'en est pas à l'origine. De plus, dire que l'alimentation distribuée dans le cadre de l'aide alimentaire est mauvaise appelle une réponse simple : proposer une offre de meilleure qualité. Or, le principal problème n'est pas là. Améliorer les produits de l'aide alimentaire ne permettra pas de répondre aux violences structurelles qui lui sont concomitantes, améliorer l'aide alimentaire n'est toujours pas répondre au droit à l'alimentation. C'est bien dans cette perspective de répondre au droit à l'alimentation que le Secours catholique s'est rapproché du collectif, pour ne pas donner un poisson mais apprendre à pêcher.

Dans les éléments de réflexion au sein de la Sécurité sociale de l'alimentation, l'impossibilité technique de pouvoir intégrer des produits locaux et des produits bios dans l'aide alimentaire est centrale. Ainsi, Romain Henry, apiculteur membre de la Confédération paysanne et actif dans des expérimentations de Sécurité sociale de l'alimentation sur son territoire, explique les enjeux économiques de la Sécurité sociale de l'alimentation pour le monde paysan. Selon lui, les produits locaux, le bio sont une niche qui concerne 20 % de l'offre, et cette niche arrive à saturation. Cela signifie que ceux qui veulent s'installer dans des pratiques durables n'ont pas forcément les débouchés et que, dans le système actuel, cette concurrence pourrait conduire à la chute des prix, donc de la niche. Ce qui se produirait serait une perte de la valeur ajoutée, soit de la rémunération de son travail. Pour Romain, le projet de Sécurité sociale de l'alimentation permet de repenser la structuration économique en se basant et en agissant sur la demande. La Sécurité sociale de l'alimentation donne les moyens aux personnes de choisir le local et le bio au prix juste. La transformation du système alimentaire doit s'attaquer à la capacité de produire autrement. Pour le collectif :

> [...] la coexistence des modèles agricoles n'est pas suffisante pour remettre en cause le système agro-industriel, loin de là : il s'agit d'un état permanent de prédation du système agro-industriel sur toutes ses formes d'alternatives. [...] L'agriculture et l'alimentation regorgent d'alternatives au système de production industrielle, dont la population est de plus en plus consciente des dégâts qui ne sont plus à démontrer. Mais la problématique de l'accès de tous et toutes à une alimentation de qualité est encore trop peu ancrée, dominée par des slogans expliquant que manger bio ne coûte pas plus cher et qu'avoir une alimentation de qualité ne serait qu'une question de volonté.

Défendre une meilleure alimentation pour toutes et tous, c'est trouver un système qui permette l'installation de plus d'un million de paysans (passage de 400 000 à 1,5 million) et l'accompagnement de tous les agriculteurs vers une économie qui les fasse vivre dignement, et non qui les laisse vivre pauvrement.

La perspective développée par Romain montre que la Sécurité sociale de l'alimentation est un outil capable de combattre les violences alimentaires, y compris lorsqu'elles s'abattent sur le monde agricole. Là où le don ne permet que de résister, la Sécurité sociale de l'alimentation permet d'agir à la racine.

Aussi, à mon constat déprimant et révoltant sur la réalité vécue de l'aide alimentaire s'est peu à peu ajouté un enthousiasme. L'enthousiasme à entrevoir que, comme lors de la création de la Sécurité sociale de santé, des hommes et des femmes qui ont résisté par le don de soi pendant des années pourraient faire naître un modèle que le monde entier envierait à la France. Un modèle basé sur la justice, la solidarité et l'amour de l'autre, rien de très compatible avec le marché, mais tellement proche de l'esprit Coluche et de tous ces bénévoles qui répondent aujourd'hui encore à l'appel d'une France qui a faim !

En quelques mots

« ÉCRIVEZ-NOUS DE QUOI VOUS AVEZ BESOIN, ON VOUS EXPLIQUERA COMMENT VOUS EN PASSER ! »

Cette dernière partie entre dans deux réflexions. La première à propos de l'importance de mettre la violence en mots afin que la justice et la responsabilité puissent s'exercer. J'ai souhaité articuler les dimensions visibles et invisibles pour révéler la face obscure du fonctionnement de l'aide alimentaire. Cette mise en visibilité des violences alimentaires permet de poser la question de la responsabilité dans ses dimensions juridique et pratique afin d'établir un lien entre un individu et des actes. Le lien qui unit la situation, l'action à son acteur peut permettre de définir un processus d'attribution de la responsabilité[174]. Ainsi, dans le cadre de l'aide alimentaire, l'action sociale de l'État vis-à-vis des individus montre sa responsabilité vis-à-vis des citoyens, parce qu'il se doit de faire respecter leurs droits et ses lois. Ce qui peut être observé est donc la capacité de l'État à répondre et comment il s'en sert pour faire fonctionner la justice. C'est à travers cette description que la responsabilité ou la déresponsabilisation deviennent visibles et qu'elles rendent possible de mettre des mots sur ce qui ne parle pas, puisqu'il s'agit d'un droit non appliqué. C'est dans cet esprit que j'ai choisi de décrire les violences alimentaires, d'une part pour proposer un discours cohérent autour d'une notion nouvelle, et d'autre part pour amorcer un processus de réparation des victimes.

Aujourd'hui, la rue et les centres de distribution peuvent être considérés comme des zones de non-droit, des lieux de déresponsabilisation. Bien qu'ils se situent dans la cité, le principe de responsabilité semble être neutralisé dès lors qu'il s'agit des personnes vulnérables qui ne réclameront rien. Or, la responsabilité dans ceux qu'elle met en lien offre le pouvoir de dire. Lorsque l'agent du 115 qui répond au téléphone ne se sent pas responsable de Paulo qu'il laisse dormir dehors, ce constat révèle une forme de déshumanisation. L'agent se dissocie du sujet. Il applique ce qu'on lui dit : « Il n'y a plus de place ce soir, rappelez demain. »

La seconde réflexion de ce chapitre est à l'inverse. Il s'agit de considérer l'action des bénévoles rencontrés, jusqu'à l'esprit d'une résistance menée en parallèle avec celle construite par les paysans. En effet, Jeannot, Rosa, mais aussi Emmanuelle, Romain et tant d'autres forment un corps collectif, ils perçoivent la douleur et mettent en scène une économie morale, une résistance qui permet aux corps de chacun de tenir ensemble dans le partage de nourriture et des valeurs qui lui ont été associées au nom d'un principe supérieur : la justice. Par leur agentivité, ces autres acteurs font preuve de discernement face à ce qui est juste « ne pas laisser une personne mourir de faim et/ou de froid ».

C'est dans ce sens qu'il est essentiel d'observer sur le terrain quelles sont les intentions de la politique sociale de l'État. L'analyse des textes dans leur application, leur création et leur hiérarchisation montre un écart flagrant entre ce qui devrait être fait et est annoncé, et ce qui se met véritablement en place. L'observation des mécanismes économiques, juridiques et politiques révèle ainsi la réorientation de l'argent vers ceux qui en possèdent, soit l'exercice d'une déresponsabilisation du politique qui délègue à la société un problème qui perdure.

Une injustice face à laquelle un autre groupe tend, lui, à prendre ses responsabilités vis-à-vis d'autrui sans intermédiaire ni compensation, mais en réplique à un tel choix politique. Comprendre ce qui motive ce groupe à exercer sa responsabilité face à un État qui lui abandonne son rôle au point de le rendre responsable à sa place est également essentiel dans ce travail.

Ainsi, cette partie permet d'ouvrir une piste : la Sécurité sociale de l'alimentation. Quand, à la suite de l'appel de Coluche, une volonté politique a jailli d'un groupe de personnes, vers quoi peut-elle tendre aujourd'hui ?

Les membres des Restos du cœur s'inscrivent dans un agir politique. Comme je l'ai montré, il y a dans ce qui les pousse à s'engager une réaction viscérale, qui ne comprend alors aucune connotation morale, au sens moralisateur. L'important, c'est de réaliser une action concrète, la spontanéité et l'implication du corps et des sens précèdent la réflexion qui leur permet de s'inscrire dans la durée. À une situation d'injustice, ils font face de manière efficace et pragmatique, « sans attendre de médaille ». Il y a en effet une grande pudeur des bénévoles ; bien sûr, certains d'entre eux vont fanfaronner et faire valoir leur engagement, mais pour la plupart celui-ci est normal, nul besoin de le crier sur les toits. Ainsi, il semble intéressant de dépasser mon propos introductif d'une potentielle dépolitisation du mouvement pour mieux percevoir l'adaptation et le jeu qui se poursuit avec le pouvoir politique. Les Restos du cœur ont su conserver depuis trente ans la sympathie des citoyens, ils sont devenus une pierre angulaire de l'aide alimentaire, mais ils ne sont pas que ça. Dans leurs rangs, les personnes sont confrontées à tout ce qui dysfonctionne et elles exercent leur solidarité avec une grande lucidité et une expertise issue d'expériences fortes, qui ont eu pour rôle de repenser le sens commun, afin d'organiser ensemble un art de la résistance.

CONCLUSION

Quand on ne peut pardonner, il reste la justice...

Février 2019, je suis en train d'écrire les dernières lignes de la thèse dont est issu ce livre ; mon compagnon, de retour de maraude, me raconte que, tout de même, ils sont incroyables ces bénévoles. Il a tourné avec Chantal, éducatrice spécialisée à la retraite. Ce qui la caractérise sur le terrain, c'est une grande efficacité, beaucoup d'humour et une touche de vulgarité : Coluche en femme ! Chantal maraude depuis sept ans, toujours le même jour et essentiellement sur une tournée. Un soir de novembre 2018, elle avait sur sa liste le numéro de téléphone d'une jeune femme à contacter avant le passage du camion. Cette dernière, au bout du fil, ne savait pas expliquer où elle se trouvait. Ce soir-là, Chantal a dû se résigner à poursuivre sa route sans parvenir à honorer ce rendez-vous. Elle a toutefois continué à la chercher pendant plusieurs jours après la maraude jusqu'à parvenir enfin à la localiser. Elle découvre une jeune femme de 24 ans, enceinte de 7 mois, vivant à la rue. Chantal a tout de suite alerté le 115. Pas de place. Les hôpitaux non plus n'en veulent pas. « La grossesse n'est pas une maladie ! » Son acharnement auprès du 115 finit par payer. Au bout de plusieurs jours d'attente et de relance, la jeune femme est mise à l'abri. L'enfant né en bonne santé quelque temps plus tard sera nommé Marie-Chantal, soit en partie le prénom de la maraudeuse qui les a sorties, sa mère et lui, de la rue.

Cette énième histoire révèle que les bénévoles des Restos du cœur ne se contentent pas de donner à manger et de maintenir la paix sociale. Ils agissent pour que cesse *ce qui n'est quand même pas normal.* Ils contiennent de la violence en montrant avec force leurs résistances dès qu'ils le peuvent. Cette violence est présente dans chaque lieu de distribution, puisqu'elle est la manifestation d'un droit à l'alimentation bafoué. Elle est structurelle, les personnes sont privées d'un accès régulier à la nourriture, elles n'ont pas le choix de ce qu'elles vont manger et enfin elles reçoivent de plus en plus les restes, les invendus et/ou invendables des grandes surfaces, une pratique humiliante. Cette violence se matérialise à travers l'aide alimentaire, mais elle est présente tout au long de la chaîne alimentaire, dès le champ des agriculteurs. La loi Garot est à ce titre un nouveau risque et non une solution. Petit à petit, la prépondérance de règles marchandes déstructure ce que donner veut dire. Les plus pauvres ont pour rôle d'assimiler les excédents de l'industrie agroalimentaire, les causes et conséquences de la surproduction ne sont pas remises en question, l'agriculture *in fine* pâtit aussi de l'aide alimentaire, qui nécessite de produire trop et pas cher.

Comme je l'ai montré, le gouvernement organise le mouvement des corps en fonction des besoins du capitalisme, il exerce son biopouvoir de la graine à l'aide alimentaire. Des corps sont là pour faire fonctionner un premier marché générateur d'excès et d'abondance, d'autres font fonction de régulateurs de déchets. Telle une variable d'ajustement, les plus vulnérables apparaissent comme une externalité dont on ne prend pas soin, mais qui permet d'organiser un marché de la faim. Les personnes qui se retrouvent dépendantes de l'aide alimentaire sont atteintes par les conséquences de l'aide reçue. Leurs corps subissent des maladies liées à une alimentation déséquilibrée, pauvre en vitamines, et développent des comportements résultant d'une forme de violence psychologique. Recourir à l'aide alimentaire pour se nourrir n'a rien d'anodin, les personnes, en miroir des produits qui leur sont proposés, sont déclassées, elles perdent leur place au sein de la société. Incapables de se nourrir par elles-mêmes c'est la reconnaissance de leur citoyenneté qui s'estompe et les conduit à cette vie nue. Cela a pour conséquence la perte de dignité. Une perte de dignité que l'on retrouve dans le témoignage de certains agriculteurs, dont le travail toujours aussi dur est de moins en moins rémunéré. La distinction introduite par le respect des droits de certains et non de tous montre que le système alimentaire ne répond pas au problème de se nourrir mais l'*utilise*. L'injustice sociale, la violence apparaissent dans ces doubles injonctions, dans l'inversion de la faute. Au lieu de prendre en compte les corps et les vies dans la reconnaissance première de leur humanité, ils sont utilisés à d'autres fins et doivent se justifier et rendre des comptes.

Face à tout ça, les bénévoles des Restos du cœur interviennent depuis bientôt trente-cinq ans. Ils ne le font pas parce que c'est facile, rester bénévole dans la durée demande beaucoup de rigueur. Ils ne le font pas parce qu'ils y ont été incités. Chantal ne paiera pas moins d'impôts pour son intervention. Rien ne l'oblige, ni à marauder, ni à se soucier de ce que devient une jeune femme qu'elle ne retrouve pas. Mais pour elle, comme pour de nombreux bénévoles, la liberté, c'est de pouvoir apporter des réponses concrètes, de ne pas se résigner. Les bénévoles ne visent ni efficience ni magnificence, mais l'efficacité de contrer les violences parce qu'ils se sentent responsables de ce qu'il se passe dans leur ville, leur quartier. Ils sont aussi lucides, ils savent que s'ils ne font rien, très probablement rien ne se passera. Si au départ l'engagement aux Restos peut être juste une façon d'aller voir et d'avoir le sentiment de faire le bien, au fil des années, ce sentiment s'estompe, les bénévoles sont de moins en moins là pour se sentir dans un rôle de bienfaisance, ils sont là pour les autres. Petit à petit, ils entrent en résistance. Le rôle qu'ils jouent lors des distributions alimentaires consiste alors dans l'amélioration de la vie des laissés-pour-compte, ce qui donne un sens à la leur, car ils ont le sentiment de pouvoir rétablir de la justice. Ils développent ensemble une économie morale. L'analyse fine de leur engagement, mis en parallèle avec d'autres formes d'engagement pour une agriculture nourricière, montre comment, dans l'action collective, grâce à la circulation de valeurs autour de l'alimentation, naît du politique. Un corps social se forme et transforme des individus qui ne se connaissaient pas en personnes capables de résister ensemble. Chacun est pris tel qu'il est et est encouragé à faire les choses à son rythme, sans injonction de temps ou de réussite.

Dès lors que la nourriture fait circuler des valeurs, le don alimentaire est sublimé, les bénéficiaires de l'aide alimentaire peuvent faire quelque chose de la relation qui se tisse avec les bénévoles. Ils mettent alors en scène ce qui ne va pas dans la société et forcent le regard de celui qui pénètre dans les lieux intimes où vivent les grands exclus. Les bénévoles deviennent des témoins privilégiés d'un quotidien invisible et inimaginable, tellement il est effroyable. Cela est possible parce qu'il y a de la confiance. Cette confiance est considérée comme un retour pour les bénévoles qui donnent à manger. Toutefois, la souffrance des bénévoles réside dans le fait de recevoir un message de détresse fort sans pouvoir fournir une réponse adéquate.

Face à eux, les pouvoirs publics n'engagent pas une politique sociale suffisante. Alors, confrontés à une urgence qui dure, ils résistent à la folie du système alimentaire sans être en mesure de transformer les choses à la base tout de suite. Peut-être attendent-ils le bon moment.

Dans cette attente, les bénévoles réalisent alors un « vrai don » ! Un don qui n'attend pas de retour, qui implique l'autre dans l'échange tout en comprenant cette part d'incertitude. Un don qui assure la mise en circulation de valeurs morales grâce à la nourriture. Les déchets, les bénévoles s'en emparent et les transforment avec leurs mains pour que ce qu'ils donnent corresponde à ce qu'eux-mêmes pourraient acheter. La dignité qu'ils font alors circuler se trouve accompagnée de beaucoup d'amour de l'autre et d'un amour pour soi qui nécessite de faire les choses justes, de se situer dans « le vrai » sans en tirer un quelconque intérêt personnel. Cette transparence et cette vérité sont d'autant plus faciles à exercer que, face aux bénévoles, les personnes qui viennent chercher à manger, surtout dans la rue, ne jouent pas la comédie, elles sont authentiques parce qu'elles n'ont rien à perdre.

Ce don direct des bénévoles s'oppose aux dons organisés par l'État qui apparaît comme extrêmement froid envers les plus vulnérables dans la superposition d'espaces économiques (économie du don et économie de marché). Il est important de distinguer la violence contenue dans le don, de la violence structurelle génératrice de violences alimentaires, afin de ne pas croire que la part de violence contenue dans le deuxième cas est inéluctable. Car le cadre de la violence structurelle implique que le circuit du don est rompu par avance, la non-réciprocité, l'impossibilité de rendre et le contrat en sont les marqueurs. La particularité d'une économie du don dans les caractéristiques attribuées par Mauss, Godbout, Godelier et Caillé est en ce moment galvaudée, englobée dans une politique néolibérale qui se réfère à un seul format économique possible et transforme alors un acte désintéressé en intéressement. Assimiler l'économie du don dans l'économie capitaliste fait disparaître toute la singularité d'un autre système d'échange capable de garantir les liens sociaux. Afin de ne pas m'inscrire dans une analyse réductionniste, j'ai dissocié le don direct des bénévoles du don indirect des donateurs qui obtiennent une contrepartie de l'État sans que le receveur puisse rendre et soit inclus dans le circuit d'échange. Dans les nouvelles perspectives d'organisation de la politique alimentaire en France, la place offerte aux intermédiaires, les différents niveaux qui empêchent la rencontre et le contre-don, représentent un risque, une menace pour la paix et la justice sociale. Alain Caillé a souligné l'importance de la demande, pour pouvoir donner, recevoir et rendre. Aussi, quand l'État institutionnalise les DNP (demandes non pourvues), cette étape révèle les obstacles dans l'accès aux dons, une pratique d'exclusion. Elle montre également que dans cette gestion tout le monde a accompli un acte et personne ne se sent responsable de la tragédie que vit la personne restée sans réponse à sa demande.

Revendiquer une économie propre au don, c'est également ouvrir la question de l'aide alimentaire à une économie circulaire de l'alimentation durable, capable d'inclure les besoins, les limites et les demandes de la terre. C'est chercher une ligne de fuite où puissent se rencontrer les résistances nécessaires aux deux extrémités de la chaîne alimentaire.

En 2009, le rapport rendu par la Cour des comptes a jugé l'aide alimentaire *efficiente*, il a établi le constat de la capacité à faire beaucoup avec peu d'argent grâce au bénévolat, c'est-à-dire à du travail gratuit et aux dons des particuliers. Or, l'aide alimentaire n'est pas *efficace*, puisqu'elle ne peut pas répondre au droit à l'alimentation. En valorisant l'efficience et en ne cherchant pas l'efficacité, de nouveaux risques vis-à-vis des plus vulnérables apparaissent dans les orientations politiques qui touchent à l'équilibre des associations d'aide alimentaire. De plus en plus, il leur est demandé de porter la charge de nourrir plus et mieux avec moins, ils doivent lutter contre le gaspillage alimentaire, introduire des produits frais, bios, locaux, etc. Si le terme de don est toujours utilisé, les particuliers et les entreprises deviennent les responsables du financement en échange de contreparties *via* la défiscalisation, et les associations et leurs bénévoles de la prise en charge de l'aide alimentaire. Les injonctions adressées aujourd'hui aux acteurs de l'aide alimentaire à propos de l'introduction des circuits courts et de produits issus d'une agriculture durable doivent interroger. Les agriculteurs français sont aujourd'hui dans l'incapacité de nourrir toute la population avec des produits locaux et bios. Aussi, que signifie une telle demande sans une profonde réflexion sur les moyens à mettre en œuvre ? Il est urgent d'entendre les demandes qui sont adressées de part et d'autre de la chaîne alimentaire, car personne ne demande à vivre d'aides, tous demandent de la dignité et, si l'on s'en réfère aux droits humains, les résistances identifiées attendent la réalisation d'un droit.

Un droit qui est présent, dès l'origine du projet de Coluche, dans l'obligation de rendre qu'il impose à l'État. Si Coluche n'a pas eu besoin de définir le droit à l'alimentation pour être compris et suivi dans son projet, le contexte actuel montre un recul concernant le partage et l'accès inconditionnel à la nourriture pour tous. Lui qui voulait mettre le petit doigt du gouvernement dans la redistribution pour que ce dernier s'y engage pleinement, dénoncerait certainement avec fermeté la situation actuelle. En effet, la loi dite Coluche sert de plus en plus aux plus riches au détriment des plus pauvres, notamment dans le cadre de la loi Garot, où la défiscalisation s'opère sur des produits qui ont perdu toute valeur marchande mais qui vont par le « don » assurer une compensation à la grande surface. Cet homme ingénieux avait fait rire en disant que son agent le vendait comme un paquet de lessive. Comment vivrait-il le fait que l'organisation qu'il a créée pour montrer l'exemple à l'État soit aujourd'hui en charge des obligations de ce dernier ? Coluche nous bousculerait, Coluche nous réveillerait avec de nouvelles idées, de nouveaux projets !

Il dénoncerait l'abandon de l'État vis-à-vis de ceux qu'il devrait nourrir, loger, soigner et instruire tout en conservant son pouvoir d'orchestrer le fonctionnement global.

À travers un discours qui demande à chacun de prendre sa part de responsabilité, l'État se déresponsabilise de son rôle social, de sa fonction d'État providence, il renonce à faire appliquer le droit à l'alimentation. Il exerce une violence contre ceux qui ont besoin que ce droit s'applique pour retrouver leur dignité. C'est cela, la violence structurelle que Coluche ne supporterait pas.

Car, aujourd'hui, ce qui rend différentes les conditions de la vie des uns face aux autres est lié à la reconnaissance de la capacité « laissée » à la personne de faire valoir ses droits. Si un immeuble brûle dans le XVIe arrondissement de Paris une nuit d'hiver, personne ne sera laissé à la rue, mais lorsqu'il s'agit d'une jeune femme sans papiers enceinte de sept mois, il est impossible de gérer l'urgence. La capabilité se trouve alors au cœur des inégalités et révèle que la justice ne se fait pas car elle ne prend en compte ni la vulnérabilité ni les capacités perdues des personnes habituées à ne pas avoir les mêmes droits qu'une autre. Le schéma de Rawls d'une théorie de la justice montre une utopie, un idéal basé sur l'équité de la justice dans la stabilité. Or, ce qui caractérise l'époque présente est le contraire. Crises et instabilités sont des termes répétés en boucle. L'incertitude dont parle Castel[175] vient précisément de ce climat. Il est possible de tout perdre. Alya, Rosa et bien d'autres bénévoles l'ont dit. Leurs propos montrent toutefois une chose très importante : penser la justice dans l'instabilité et la précarité est possible.

Ce que font les bénévoles ne se limite pas à penser la justice : ils ont ressenti au départ un appel à résister de manière viscérale face à ce qui leur était insupportable. Leur engagement leur a montré qu'ensemble ils pouvaient dépasser les limites ressenties individuellement. La déshumanisation évoquée précédemment n'est alors plus si facile à mettre en place, car certains membres de la société savent s'organiser et tendre un filet de sécurité au maillage puissant. Ce qui est également remarquable dans cet agir politique, c'est que ce groupe n'est en rien homogène mais fonctionne ensemble pour quelque chose qui lui est cher – la Justice.

Définir et décrire sont deux actes nécessaires à la reconnaissance des atteintes physiques et morales faites aux femmes, aux hommes et à leurs enfants maintenus dans la survie. Donner une existence à ce phénomène le rend visible, pensable pour agir. Porter le regard sur ceux qu'on laisse mourir devrait être une nouvelle base pour réfléchir à ce qu'il est juste de faire et redessiner les limites qui doivent entourer une vie sacrée que l'État, dit moderne, devrait garantir à chacun.

Cette description permet de comprendre que l'alimentation vient de quelque part. Lier l'aide alimentaire à la production alimentaire, c'est comprendre pourquoi et comment un tel système est aujourd'hui en place. C'est aussi démontrer qu'une transformation radicale du système alimentaire de la graine à l'assiette est indispensable pour appliquer le droit à l'alimentation.

Lorsque Marcel Mauss finalise son essai sur le don, il situe son travail dans l'actualité politique qu'il est en train de vivre. La Sécurité sociale de santé est en train de naître, il la qualifie alors de nécessaire, car le don ne permet pas la justice. La société occidentale ne peut continuer à construire des politiques d'aides basées sur le don qui seront inégalitaires. De même, il est important pour nous, un siècle plus tard, de penser la combinaison de la force du don et l'universalité d'une nouvelle politique alimentaire. Dès lors, pourquoi ne pas ouvrir ce champ des possibles qu'est le projet de Sécurité sociale de l'alimentation ? Pourquoi ne pas penser un système politique et économique basé sur les demandes ? La demande des personnes qui ont recours à l'aide alimentaire est de pouvoir se nourrir comme tout le monde, et la demande des agriculteurs est de pouvoir vivre dignement de leur travail. Godbout soulevait la question « Pourquoi cesse-t-on de donner ? », voyant dans la circulation des objets et des valeurs associées un maintien de la paix. Eh bien, peut-être qu'un élément de la réponse est que l'on cesse de donner quand le don fait autre chose que ce pourquoi on donne, quand il ne répond pas à la demande, par exemple ! Remplir les ventres ne veut pas forcément dire établir la « justice alimentaire ». Il reste aujourd'hui cette faim commune qu'ont bénévoles et bénéficiaires de l'aide alimentaire autant que des agriculteurs (quelle que soit leur manière de cultiver) : une faim de droits ouverts et accessibles à tous qui aujourd'hui s'exprime dans la revendication d'une Sécurité sociale de l'alimentation. Un projet qui permet de transformer le système alimentaire dans son ensemble et de prendre en compte le mal-être des agriculteurs et les urgences sociales et environnementales. Un projet qui fonctionnera dans la rencontre et l'union des résistances sociales et agricoles qui ont en commun de savoir faire beaucoup avec très peu, de savoir régénérer, réinventer... faire vivre et non laisser mourir !

NOTES

1. La maraude alimentaire est une prestation alimentaire inconditionnelle, c'est-à-dire que les gens qui se présentent au camion sont servis sans avoir à fournir de document. Ils reçoivent un plat chaud, de la soupe, du café, et un sac dessert. En Seine-Saint-Denis (93), ce sont sept camions qui effectuent entre six et quinze points de distribution et permettent à environ 500 personnes de manger chaque soir.

2. Les bénévoles des Restos du cœur portent un gilet jaune sur lequel un badge de l'association est accroché.

3. Cf. l'article de Sophie Chapelle : https://www.bastamag.net/Les-Maraudeurs-du-93-ces-benevoles-qui-vont-a-la-rencontre-des-precaires-et

4. Le SIAO est chargé de la plateforme d'appel du 115 dans le département de Seine-Saint-Denis.

5. Giorgio Agamben, *Homo sacer, I. Le pouvoir souverain et la vie nue*, Paris, Seuil, 1997, « L'ordre philosophique ».

6. Louis Malassis, *Nourrir les hommes. Un exposé pour comprendre, un essai pour réfléchir*, Paris, Flammarion, 1997.

7. Thomas Périlleux, John Cultiaux, *Destins politiques de la souffrance. Intervention sociale, justice, travail*, Toulouse, Érès, 2009, « Sociologie clinique ».

8. https://www.consoglobe.com/ademe-gaspillage-alimentaire-cg

9. Paul Ariès, *Une histoire politique de l'alimentation. Du paléolithique à nos jours*, Paris, Max Milo, 2016.

10. Paul Farmer, *La Violence structurelle et la matérialité du social*, Leçon inaugurale, Paris, Collège de France, 2002.

11. Judith Butler, « Contre la violence éthique », *Rue Descartes*, n°s 45-46, 2004/3, p. 193-214.

12. *Ibid.*

13. Cette approche s'inspire du travail de Deborah Puccio-Den sur la mafia. Deborah Puccio-Den, « The Sicilian Mafia : transformation to a global evil », *Ethnografica*, vol. 12, n° 2, 2008, p. 377-386.

14. Pour Amartya Sen, la capabilité est ce que chacun est capable de faire si on lui en laisse les moyens.

15. René Barbier, *La Recherche-Action*, Paris, Economica, 1996. Je définirais la recherche-action comme un procédé créatif et réflexif face à une problématique qui va être explorée à l'aide de regards croisés et complémentaires, cela dans une démarche de coopération entre les acteurs du terrain et les chercheurs. Elle se formalise par l'émergence d'un support ou d'une innovation concrète, et c'est dans la formalisation de cette réponse que le chercheur va pouvoir saisir la capacité d'un groupe à construire lui-même une réponse à ses problématiques.

16. Jean Bazin, « Questions de sens », *Enquête*, n° 6, « La description I », 1998, p. 13-34.

17. Jacques T. Godbout, *Ce qui circule entre nous. Donner, recevoir, rendre*, Paris, Seuil, 2007.

18. Les titres des chapitres 1 et 2, ainsi que ceux des deuxième, troisième et quatrième parties, sont des citations extraites des recueils de blagues, pensées et anecdotes de Coluche.

19. Chiffres clés de 2019-2020 : https://www.restosducoeur.org/chiffres-cles/

20. http://www.senat.fr/rap/r18-034/r18-0343.html

21. Il en est la figure emblématique, mais il est à noter qu'il n'aurait pas pu fonder les Restaurants du cœur sans le concours d'une équipe solide autour de lui.

22. Coluche, *Le Pavé*, Paris, Le Cherche midi, 2010.

23. Ludivine Bantigny, *La France à l'heure du monde. De 1981 à nos jours*, Paris, Seuil, 2013.

24. https://www.ina.fr/video/caa8001765801

25. Jean-Michel Vaguelsy, *Coluche roi de cœur. C'est l'histoire d'un mec politique*, Paris, Plon, 2006, p. 29.

26. *Ibid.*, p. 71.

27. *Ibid.*

28. *Ibid.*, p. 161.

29. https://www.youtube.com/watch?v=_r72TZsJKnU

30. Référence à l'émission de radio animée par Coluche « Y en aura pour tout le monde » diffusée sur Europe 1.

31. https://www.youtube.com/watch?v=FDFbH3WVbWA

32. Birgit Müller, *Agir sur son temps. Une anthropologie de l'action engagée et du Eigensinn*, Habilitation à diriger des recherches, Paris, EHESS, 2014.

33. Paul Veyne, « L'évergétisme et l'esprit du capitalisme », dans *Le Pain et le cirque. Sociologie historique du pluralisme politique*, Paris, Seuil, 1976.

34. Ève Fouilleux, *La Politique agricole commune et ses réformes. Une politique à l'épreuve de la globalisation*, Paris, L'Harmattan, 2003.

35. Ces données sont extraites de journées d'étude sur les violences alimentaires dans lesquelles Henri est venu partager son expérience. Il est important de préciser qu'Henri parle en son nom propre, et s'adresse à des personnes qui se situent dans d'autres syndicats que le sien. Pourtant son propos va toucher toute la salle, car il ne livre pas une analyse des chiffres mais parle avec émotion d'une période qu'il vit intensément.

36. Jules Hermelin, « Les troupeaux humains-bovins dans la tourmente. Anthropologie de la libéralisation du secteur laitier en Finistère (2014-2020) », Thèse de doctorat, Paris, EHESS, 2021.

37. L'Atelier paysan, *Reprendre la terre aux machines*, Paris, Seuil, 2021.

38. Alain Caillé, *Anthropologie du don. Le tiers paradigme*, Paris, La Découverte poche, 2000.

39. « FranceAgriMer, établissement national des produits de l'agriculture et de la mer, accomplit ses missions pour le compte de l'État, en lien avec le ministère de l'Agriculture et de l'Alimentation. Ces missions consistent principalement à favoriser la concertation au sein des filières de l'agriculture et de la mer, à assurer la connaissance et l'organisation des marchés, ainsi qu'à gérer des aides publiques nationales et communautaires. » https://www.franceagrimer.fr

40. Coluche n'est pas le premier à avoir eu l'idée de ce dispositif. Elle vient d'un député de la Creuse et a été proposée pour la première fois en 1956. Après six tentatives avortées, et la mort de Coluche qui va freiner les choses, ce sera grâce à la ténacité de Jean-Michel Vaguelsy, qui accède à la présidence des Restos après la mort de Coluche, qu'elle sera votée et entrera en vigueur.

41. Julia Cagé, *Le Prix de la démocratie*, Paris, Gallimard, 2020.

42. Bénédicte Bonzi, « Dilemme de l'aide alimentaire et conflits de normes », *Socio-anthropologie*, n° 39, 2019, p. 67-82.

43. Dans la préface que Serge Paugam fait dans sa réédition de 2015, il souligne ceci : « [...] le processus analysé à la fin des années 1980 n'était pas conjoncturel. Il s'est au contraire amplifié en touchant des franges de plus en plus nombreuses de la population, non seulement les personnes au chômage et progressivement assistées, mais aussi les actifs en situation de précarité, dont les travailleurs pauvres constituent une des formes les plus caractéristiques. Ce phénomène n'affecte pas que des franges nouvellement précarisées de la population, mais l'ensemble de la société, tant l'insécurité engendre une angoisse collective. » Serge Paugam, *La Disqualification sociale. Essai sur la nouvelle pauvreté*, Paris, PUF, (1991) 2015, p. XXVII.

44. Robert Castel, *La montée des incertitudes*, Paris, Seuil, 2009.

45. https://www.lemonde.fr/politique/article/2019/02/15/edouard-philippe-veut-debattre-de-contreparties-aux-aides-sociales_5424057_823448.html

46. https://agriculture.gouv.fr/guillaume-garot-presente-les-operations-pilotes-de-lutte-contre-le-gaspillage-alimentaire

47. Paul Ariès, *Une histoire politique de l'alimentation. Du paléolithique à nos jours, op. cit.*

48. Les bénévoles de l'aide alimentaire utilisent ce terme pour nommer la récupération de produits dans les magasins en vue d'une distribution.

49. Marcel Mauss, *Essai sur le don. Forme et raison de l'échange dans les sociétés archaïques*, Paris, PUF, « Quadrige », (1924-1925) 2012.

50. Jacques T. Godbout, *Ce qui circule entre nous. Donner, recevoir, rendre, op.cit.*

51. Maurice Godelier, *L'Énigme du don*, Paris, Flammarion, « Champs essais », 1996.

52. Alain Caillé, *Anthropologie du don, op. cit.*

53. John Stuart Mill, *L'Utilitarisme*, Paris, Flammarion, « Champs classiques », nouvelle éd. 2018.

54. Edward P. Thompson, *La Formation de la classe ouvrière anglaise*, Préface par François Jarrigue, Paris, Seuil, « Points », 2012.

55. James C. Scott, *La Domination et les arts de la résistance*, Brezje, Éditions Amsterdam, (1992) 2008. *Id.*, « Afterword to "moral economies, state spaces, and categorical violence" », *American Anthropologist*, vol. 107, n° 3, 2005, p. 395-402.

56. Maurice Godelier, *L'Énigme du don, op. cit.*

57. Luc Boltanski, *La Souffrance à distance*, (1993), Paris, Gallimard, 2007.

58. Jacques T. Godbout, *Ce qui circule entre nous. Donner, recevoir, rendre, op. cit.*

59. Marcel Mauss, *Essai sur le don, op. cit.*, p. 153.

60. *Ibid.*, p. 162

61. *Ibid.*, p. 215.

62. *Ibid.*, p. 231.

63. Jacques T. Godbout, *L'Esprit du don*, Paris, Éditions La Découverte/poche, (1992) 2000.

64. Je paraphrase le titre du premier ouvrage de la nouvelle série semestrielle de *La Revue du MAUSS* (Mouvement anti-utilitariste dans les sciences sociales), publié en 1993 aux Éditions La Découverte.

65. Philippe Batifoulier, Alain Caillé, Philippe Chanial, « Présentation », *Revue du MAUSS*, 2013/1, n° 41.

66. Maurice Godelier, *L'Énigme du don, op. cit.*, p. 21.

67. Alain Caillé, *Anthropologie du don, op. cit.*, p. 124.

68. Alain Caillé, *Anthropologie du don, op. cit.*, p. 263.

69. Jacques T. Godbout, *Ce qui circule entre nous. Donner, recevoir, rendre, op. cit.*, p. 128.

70. Maud Simonet, *Travail gratuit : La nouvelle exploitation ?* Paris, Textuel, 2018.

71. Florence Weber, présentation de l'*Essai sur le don* de Marcel Mauss, Paris, PUF, « Quadrige », 2012.

72. Jacques T. Godbout, *L'Esprit du don, op. cit.*

73. Majid Rahnema, *Quand la misère chasse la pauvreté*, Arles, Actes Sud, « Babel », 2004, p. 12.

74. Les titres des chapitres 4, 5, 6 et de la conclusion de la deuxième partie font référence à un sketch des Inconnus.

75. Giorgio Agamben, *Qu'est-ce qu'un dispositif*, Paris, Payot et Rivages, 2007.

76. Thomas Périlleux, John Cultiaux, *Destins politiques de la souffrance, op. cit.*

77. Michel Agier, *Anthropologie de la ville*, Paris, PUF, 2015.

78. Le baromètre du 115 prend en compte les personnes qui ont formulé une demande, cela signifie que c'est un chiffre minimal.

79. Jean-Michel Vaguelsy, *Coluche roi de cœur. C'est l'histoire d'un mec politique, op. cit.*, p. 219.

80. Je reprends ici la terminologie utilisée par l'association.

81. François Chobeaux, *Les Nomades du vide*, Paris, La Découverte, 2004.

82. Coluche, *Le Pavé, op. cit.*, p. 249.

83. Martine Leibovici, « Biopolitique et compréhension du totalitarisme. Foucault, Agamben, Arendt », *Tumultes*, vol. 25, n° 2, 2005.

84. Je sais que la maraude médicale du Samu social le suit, je leur adresserai un mail dès mon retour dans le camion.

85. « Le 9 mars 1966, Pierre Bellon crée Sodexo à Marseille avec l'ambition d'améliorer la qualité de vie de milliers de personnes. Devenu aujourd'hui leader mondial des services de qualité de vie, Sodexo est implanté dans 80 pays et compte 450 000 collaborateurs dans le monde. » https://fr.sodexo.com/qui-sommes-nous/sodexo-en-france.html. Dans ce cadre, c'est la fabrication des repas qui lui a été déléguée.

86. Éric est bénévole à la maraude depuis six ans, il est également impliqué dans une association qui s'occupe des chiens d'aveugles.

87. Ce témoignage est visible dans les annexes du documentaire *Au bord du monde*, de Claus Drexel.

88. https://eur-lex.europa.eu/legal-content/FR/ALL/?uri=celex%3A41997A0819%2801%29

89. Marc Augé, *Journal d'un SDF. Ethnofiction*, Paris, Seuil, 2011.

90. Le Carillon est une association qui met en lien des commerçants avec des personnes qui vivent à la rue afin de recréer des liens et de l'entraide.

91. http://www.europe1.fr/faits-divers/brest-il-avait-vole-un-sandwich-a-deux-euros-quatre-mois-ferme-3217850

92. https://www.lci.fr/faits-divers/lot-deux-mois-de-prison-ferme-pour-un-sdf-qui-a-vole-des-pates-et-du-riz-1510492.html

93. https://france3-regions.francetvinfo.fr/occitanie/3-mois-prison-ferme-vol-fromage-homme-qui-avait-faim-toulouse-1137481.html

94. Amartya Sen, *Repenser l'inégalité*, Paris, Seuil, (2000) 2010, p. 19.

95. J'entends le déni de droits au sens du déni de justice, toutefois je pense qu'il est également intéressant, dans le cadre du droit à l'alimentation, d'envisager le point de vue analytique développé par Sigmund Freud, pour lequel le déni consiste à ne pas considérer une partie de la réalité bien qu'elle soit indéniable aux yeux de tous.

96. https://www.anses.fr/fr/content/inca-3-evolution-des-habitudes-et-modes-de-consommation-de-nouveaux-enjeux-en-mati%C3%A8re-de

97. Olivier Assouly, *L'Organisation criminelle de la faim*, Arles, Actes Sud, 2013, p. 13.

98. Coluche, *Le Pavé, op. cit.*

99. « Toute personne a droit à un niveau de vie suffisant pour assurer sa santé, son bien-être et ceux de sa famille, notamment pour l'alimentation, l'habillement, le logement, les soins médicaux ainsi que pour les services sociaux nécessaires. »

100. Magali Ramel, « Le droit à l'alimentation et la lutte contre la précarité alimentaire en France », Thèse de droit, Université de Tours, 2022.

101. John Rawls, *Théorie de la justice* (1971), Paris, Points, 2009.

102. Amartya Sen, *L'Idée de justice*, Paris, Flammarion, 2012.

103. John Rawls, *Théorie de la justice, op. cit.*, p. 584.

104. Simona Cerutti, *Étrangers. Étude d'une condition d'incertitude dans une société d'Ancien Régime*, Montrouge, Bayard, 2012.

105. Birgit Müller, *Agir sur son temps. Une anthropologie de l'action engagée et du Eigensinn, op. cit.*, p. 6.

106. https://www.fao.org/3/y7937f/Y7937F02.htm

107. Jean Ziegler, *Le Droit à l'alimentation*, Paris, Fayard, « Mille et une Nuits », 2002, p. 35.

108. http://www.fao.org/right-to-food/fr/

109. Auparavant, il s'agissait de l'article L 230-1 de la loi n° 2010-874 du 27 juillet 2010 de modernisation de l'agriculture et de la pêche cité précédemment.

110. Dominique Paturel et Patrice Ndiaye (coordination), *Le Droit à l'alimentation durable en démocratie*, Nîmes, Champ social, 2020.

111. Je mentionne ici un temps qu'un ami paysan m'a donné pour m'expliquer le calcul de son prix de vente. « Tu sais, les anciens, ils m'ont dit faut toujours anticiper une année blanche tous les quatre ans, à cause des intempéries, ou tout autre problème, et ce que j'ai vu depuis que je suis installé, c'est que c'est vrai ! »

112. Xavier Poux, Pierre-Marie Aubert, *Demain, une Europe agroécologique. Se nourrir sans pesticides, faire revivre la biodiversité*, Arles, Actes Sud, 2021.

113. https://www.littre.org/definition/acc%C3%A8s

114. Jean Ziegler, *Le Droit à l'alimentation*, *op. cit.*

115. Voici un extrait de leur réponse : « [...] Humains, nous ne sommes pas réduits à des besoins alimentaires, nous avons soif de lien social et de SOLIDARITÉ. Qui pourrait de nos jours l'ignorer ?

Nous ressentons que l'esprit Coluche n'est plus qu'un slogan, une façade derrière laquelle se cache une "MULTINATIONALE", tout ce que Coluche combattait, quelle tristesse !

Ce sera donc sans nous, nous avons notre dignité, nos valeurs, une vision commune des relations humaines à construire ensemble et à défendre, et qu'il n'est visiblement pas possible de partager dans ce cadre-là. C'est pourquoi, à regret, nous nous retirons de notre engagement de bénévoles aux Restos du cœur.

Vous nous demandez de quitter l'association ? c'est nous qui démissionnons. »

Lettre de démission du 2 août 2016.

116. Définition du *Petit Larousse*.

117. Selon le *Petit Larousse* : « Partie de la philosophie qui envisage les fondements de la morale. Ensemble des principes moraux qui sont à la base de la conduite de quelqu'un. »

118. Françoise Héritier, « Quels fondements de la violence ? », *Cahiers du genre*, vol. 35, n° 2, 2003, p. 21-44.

119. Françoise Héritier, « Quels fondements de la violence ? », art. cit.

120. Judith Butler, *Ces corps qui comptent. De la matérialité et des limites discursives du « sexe »*, Paris, Éditions Amsterdam, 2009, p. 13.

121. « *Comfort foods were broadly defined as being "foods that provide a dimension of psychological and physiological comfort when they are consumed".* » Brian Wansink, Matthew M. Cheney, Nina Chan, « Exploring comfort food preferences across age and gender », *Physiology and Behavior*, vol. 79, nos 4-5, 2003, p. 739-747.

122. Au cours de ma recherche avec les Restos du cœur, j'ai été contactée par la FN Civam pour prendre part à leur projet et les accompagner dans leurs

analyses. Ainsi, depuis septembre 2017, j'ai rejoint le groupe de chercheurs qui participent au projet. Au-delà des réunions théoriques, j'ai accompagné le groupe dans les différentes rencontres de terrain dans la Drôme, l'Hérault, la Vendée et Paris.

123. Jacques T. Godbout, *L'Esprit du don*, *op. cit.*

124. « Produit dérivé d'un autre. Mauvaise imitation, produit de qualité médiocre » (*Petit Larousse*).

125. http://www.leparisien.fr/aubervilliers-93300/faute-de-benevoles-les-restos-du-coeur-sont-contraints-de-jeter-des-repas-27-02-2017-6717267.php

126. Ayant effectué mon stage de dernière année lors de ma formation d'éducatrice spécialisée dans une pension de famille de la fondation Abbé-Pierre, lorsque j'ai évoqué mon travail de thèse avec mon ancien directeur, ce dernier m'a invitée à prendre contact avec les membres de la fondation en charge de cette initiative, suite à quoi j'ai eu l'opportunité de rejoindre les rencontres gourmandes.

127. Au sens où c'est un ajustement du quotidien avec un fort turn-over des personnes, tant au niveau des bénévoles que des bénéficiaires.

128. Amartya Sen, *L'Idée de justice*, *op. cit.*, p. 155.

129. Charte *Éthique et maraude*, p. 9. https://www.espace-ethique.org//sites/default/files/charte-ethique-maraude.pdf

130. Olivier Assouly, *L'Organisation criminelle de la faim*, *op. cit.*, p. 12.

131. Amartya Sen, *Repenser l'inégalité*, *op. cit.*, p. 246.

132. Boyd A. Swinburn *et al.*, « The global syndemic of obesity, undernutrition, and climate change : *The Lancet* Commission report », vol. 393, n° 10173, p. 791-846, 2019. https://www.thelancet.com/journals/lancet/article/PIIS0140-6736(18)32822-8/fulltext

133. https://www.rtbf.be/info/societe/detail_olivier-de-schutter-on-ne-peut-plus-s-en-tenir-a-un-discours-qui-responsabilise-le-consommateur-individuel?id=10130379

134. Coluche, *Le Pavé*, *op. cit.*, p. 447.

135. Paul Farmer, Leçon inaugurale au Collège de France, 2001.

136. https://www.dictionnaire-academie.fr/article/A8V0570.

137. Selon les chiffres de l'ADEME.

138. Françoise Héritier, « Les fondements de la violence. Analyse anthropologique », *Mélanges de l'école française de Rome*, vol. 115, n° 1, 2003.

139. Michel Agier, Martin Lamotte, « Les pacifications dans la ville contemporaine. Ethnographie et anthropologie », *L'Homme*, vol. 3, n°s 219-220, 2016.

140. Didier Fassin, « Et la souffrance devint sociale. De l'anthropologie médicale à l'anthropologie des afflictions », *Critiques*, vol. 1-2, n°s 680-681, 2004.

141. https://www.banquealimentaire.org/sites/default/files/2018-08/enquete_abena_2013_synthese_0.pdf

142. Des études montrent qu'en situation de stress les femmes auraient plus de réflexes compulsifs vers une « *comfort food* ». Cette piste est intéressante, car l'injonction de manger sainement ne prend pas en compte la situation de stress générée par le fait de recourir à l'aide alimentaire. Cf. Lyman B., « The nutritional values and food group characteristics of foods preferred during various emotions », *The Journal of Psychology*, n° 112, 1982, p. 121-127 ; Grunberg N. E. et Straub R. O., « The role of gender and taste class in the effects of stress on eating », *Health Psychology*, n° 11, p. 97-100.

143. Agnès Thouvenot, « Aide alimentaire : les pauvres doivent-ils être condamnés à manger les surplus de notre société de consommation ? », *Sens-Dessous*, vol. 12, n° 2, 2013, p. 43-50 (p. 46).

144. https://www.la-croix.com/Economie/France/signifient-emeutes-Nutella-2018-01-29-1200909692

145. https://www.lemonde.fr/campus/article/2018/02/07/la-ruee-sur-le-nutella-reflet-du-totalitarisme-de-la-consommation_5253246_4401467.html

146. Michel Naepels, *Dans la détresse. Une anthropologie de la vulnérabilité*, Paris, Éditions de l'EHESS, 2019, p. 134.

147. Marie-France Hirigoyen, *Le Harcèlement moral. La violence perverse au quotidien*, Paris, Syros, La Découverte, 1998.

148. Marie-France Hirigoyen, « De la peur à la soumission », *Empan*, vol. 73, n° 1, 2009, p. 24-30 (p. 27).

149. https://www.tf1.fr/tf1/les-enfoires-restos-du-coeur/news/restos-coeur-battements-coeur-restos-7203610.html

150. https://www.dictionnaire-juridique.com/definition/violence.php

151. Agnès Thouvenot, « Aide alimentaire : les pauvres doivent-ils être condamnés à manger les surplus de notre société de consommation ? », art. cit., p. 48.

152. Frédéric Denhez, Alexis Jenni, *Ensemble pour mieux se nourrir. Enquête sur les projets solidaires et durables pour sortir de la précarité alimentaire*, Arles, Actes Sud, 2021.

153. *La Part des autres*, film de Jean-Baptiste Delpias et Olivier Payage, réalisé dans le cadre du Casdar « Accessible » des Civam, 2019.

154. https://centres-sociaux-bretagne.fr/supers_projets/le-cabas-des-champs

155. Yannick Ogor, *Le Paysan impossible. Récit de luttes*, Le Mas d'Azil, Éditions du bout de la ville, 2017.

156. Birgit Müller, « Special Issue : Politics in the time of "post politics" : Rethinking anthropology's conception of the political for the 21st Century », *Anthopological Theory*, vol. 19, n° 1, 2019, p. 3-215.

157. James Scott, *La Domination et les arts de la résistance, op. cit.*

158. Majid Rahnema, *La Puissance des pauvres*, Arles, Actes Sud, 2008.

159. Pierre Bitoun, Yves Dupont, *Le Sacrifice des paysans. Une catastrophe sociale et anthropologique*, Paris, L'Échappée, 2016.

160. James Carrier, « Moral economy : What's in a name », *Anthropological Theory*, vol. 18, n° 1, 2017, p. 18-35.

161. Giorgio Agamben, *Homo sacer, I. Le pouvoir souverain et la vie nue, op. cit.* Michel Foucault, *Naissance de la biopolitique. Cours au collège de France. 1978-1979*, Paris, EHESS, Gallimard, Seuil, 2004.

162. Coluche, *Le Pavé, op. cit.*, p. 534.

163. L'Atelier paysan, *Reprendre la terre aux machines, op. cit.*

164. La part française du FEAD est répartie entre les Restos, le Secours populaire, la Banque alimentaire et la Croix-Rouge. D'après une enquête de l'Ifop, il y aurait 4 millions de bénéficiaires de l'aide alimentaire chaque année, alors que dans le rapport sur les inégalités en France de 2017, il est fait état d'un chiffre donné par la Banque alimentaire, soit : 1,9 million de personnes. Dans les chiffres imprécis qui circulent au niveau national, l'aide mensuelle est évaluée à environ 92 euros, ce qui est qualifié de « bien » par le président de la Banque alimentaire, Jacques Bailet, qui souligne que cette somme est significative pour les personnes qui ont 800 euros par mois (par foyer), cela permet de faire face aux factures.

165. En ce qui concerne la part de l'État : certaines associations sont subventionnées pour aider à la mise aux normes et à la mise en relation des structures. Si je prends le cas de mon terrain de recherche, la maraude a été contactée par une association du 93, Le bien commun, qui l'a mise en relation avec des cantines collectives de plusieurs municipalités. Pour que ces surplus puissent venir remplacer les repas achetés 2 euros à la Sodexo, il fallait mettre le bâtiment aux normes. Il y a eu un investissement de la région et des Restos du cœur pour modifier le local et construire une chambre froide et un dispositif de remise en température et pouvoir passer l'inspection des services vétérinaires.

166. https://www.ipsos.com/fr-fr/loi-garot-ou-en-est-lapplication-des-mesures-anti-gaspillage

167. Edward P. Thompson, « The moral economy reviewed », *Customs in common*, Londres, The Merlin Press, 1991, p. 259-351.

168. Giorgio Agamben, *Homo sacer, I. Le pouvoir souverain et la vie nue, op. cit.*, p. 12.

169. Michel Foucault, *Naissance de la biopolitique. Cours au collège de France. 1978-1979, op. cit.*

170. Cf. le film documentaire *La Sociale* de Gilles Perret, 2016.

171. Coluche, *Le Pavé, op. cit.*, p. 41.

172. https://securite-sociale-alimentation.org

173. Collectif SSA, dessins de Claire Robert, *Encore des patates ?! Pour une Sécurité sociale de l'alimentation*, BD autoéditée, 2019.

174. Deborah Puccio-Den (dir.), « De la responsabilité », *L'Homme*, n°s 223-224, 2017, Paris, EHESS.

175. Robert Castel, *La Montée des incertitudes, op. cit.*

TABLE

DANS LA MÊME COLLECTION

L'Événement Anthropocène
La Terre, l'histoire et nous
Christophe Bonneuil, Jean-Baptiste Fressoz, 2013

Les Apprentis sorciers du climat
Raisons et déraisons de la géo-ingénierie
Clive Hamilton, 2013

Toxique planète
Le scandale invisible des maladies chroniques
André Cicolella, 2013

Nous sommes des révolutionnaires malgré nous
Textes pionniers de l'écologie politique
Bernard Charbonneau, Jacques Ellul, 2014

L'Âge des low tech
Vers une civilisation techniquement soutenable
Philippe Bihouix, 2014
Prix de la fondation de l'écologie politique 2014

La Terre vue d'en haut
L'invention de l'environnement global
Sebastian Vincent Grevsmühl, 2014

Ils changent le monde !
1001 initiatives de transition écologique
Rob Hopkins, 2014

Nature en crise
Penser la biodiversité
Vincent Devictor, 2015

Comment tout peut s'effondrer
Petit manuel de collapsologie à l'usage des générations présentes
Pablo Servigne, Raphaël Stevens, 2015

Crime climatique Stop !
L'appel de la société civile
Collectif, 2015

Sortons de l'âge des fossiles
Manifeste pour la transition
Maxime Combes, 2015

La Part inconstructible de la Terre
Critique du géo-constructivisme
Frédéric Neyrat, 2016

La Grande Adaptation
Climat, capitalisme et catastrophe
Romain Felli, 2016

Comment les économistes réchauffent la planète
Antonin Pottier, 2016

Un nouveau droit pour la Terre
Pour en finir avec l'écocide
Valérie Cabanes, 2016

Une écosophie pour la vie
Introduction à l'écologie profonde
Arne Næss, 2017

Homo detritus
Critique de la société du déchet
Baptiste Monsaingeon, 2017

Géopolique d'une planète déréglée
Le choc de l'Anthropocène
Jean-Michel Valantin, 2017

Sentir-penser avec la Terre
Une écologie au-delà de l'Occident
Arturo Escobar, 2018

Notre empreinte cachée
Tout ce qu'il faut savoir pour vivre d'un pas léger sur la Terre
Babette Porcelijn, 2018

La Part sauvage du monde
Penser la nature dans l'Anthropocène
Virginie Maris, 2018

Une autre fin du monde est possible
Vivre l'effondrement (et pas seulement y survivre)
Pablo Servigne, Raphaël Stevens, Gauthier Chapelle, 2018

Cyberminimalisme
Face au tout-numérique, reconquérir du temps, de la liberté et du bien-être
Karine Mauvilly, 2019

Le bonheur était pour demain
Les rêveries d'un ingénieur solitaire
Philippe Bihouix, 2019

La Recomposition des mondes
Roman graphique. Postface d'Alain Damasio
Alessandro Pignocchi, 2019

Lettre à la Terre
Et la Terre répond
Geneviève Azam, 2019

Une écologie décoloniale
Penser l'écologie depuis le monde caribéen
Malcom Ferdinand, 2019

L'Aigle, le Dragon et la Crise planétaire
Jean-Michel Valantin, 2020

Lettre à Greta Thunberg
Laurent de Sutter, 2020

Leur écologie et la nôtre
Anthologie d'écologie politique
André Gorz, 2020

La Fin de la mégamachine
Sur les traces d'une civilisation en voie d'effondrement
Fabian Scheidler, 2020

La Servitude électrique
Du rêve de liberté à la prison numérique
Gérard Dubey, Alain Gras, 2021

Nous ne sommes pas seuls
Léna Balaud, Antoine Chopot, 2021

Invitation au vivant
Repenser les Lumières à l'âge de l'Anthropocène
Andreas Weber, 2021

Sous les pavés, la terre
Agricultures urbaines et résistances dans les métropoles
Flaminia Paddeu, 2021

Reprendre la Terre aux machines
Manifeste pour une autonomie paysanne et alimentaire
L'Atelier paysan, 2021

Qu'est-ce que le crime environnemental ?
Grégory Salle, 2022

Greenwashing
Manuel pour dépolluer le débat public
Sous la direction d'Aurélien Berlan, Guillaume Carbou et Laure Teulières, 2022

Ethnographies des mondes à venir
Philippe Descola, Alessandro Pignocchi, 2022

Pesticides
Le confort de l'ignorance
François Dedieu, 2022

La Condition terrestre
Habiter la Terre en communs
Sophie Gosselin, David gé Bartoli, 2022

L'Existence écologique
Critique existentielle de la croissance et anthropologie de l'après-croissance
Christian Arnsperger, 2023

Imprimé avec des encres végétales sur du papier blanchi sans chlore,
recyclé à 100 % pour l'intérieur.

RÉALISATION : NORD COMPO À VILLENEUVE-D'ASCQ
IMPRESSION : NORMANDIE ROTO IMPRESSION S.A.S. À LONRAI
DÉPÔT LÉGAL : MARS 2023. N° 148083 (2300253)
IMPRIMÉ EN FRANCE